SUTER

EINSAME PIRSCH – GESELLIGE JAGD

Stocker
stv

Meinen Söhnen Max und Hannes

HUBERT SUTER

Einsame Pirsch-gesellige Jagd

LEOPOLD STOCKER VERLAG
GRAZ – STUTTGART

Umschlaggestaltung: Atelier Geyer, Graz
Umschlagfoto: Stefan Meyers GDT
Fotos im Text: Autor (4); Bagyi (1); Danegger (2); Hempel (1); Meyers (1); Reinhard (1); Jagdmaler Weidinger (1).

Die Deutsche Bibliothek – CIP-Einheitsaufnahme

Suter, Hubert:
Einsame Pirsch – gesellige Jagd / Hubert Suter. – Graz ;
Stuttgart : Stocker, 1997
ISBN 3-7020-0776-8

Hinweis:
Dieses Buch wurde auf chlorfrei gebleichtem Papier gedruckt.
Die zum Schutz vor Verschmutzung verwendete Einschweißfolie ist aus Polyethylen chlorfrei und schwefelfrei hergestellt. Diese umweltfreundliche Folie verhält sich grundwasserneutral, verbrennt in Müllverbrennungsanlagen völlig ungiftig und ist voll recyclingfähig.

ISBN 3-7020-0776-8

Printed in Austria
Gesamtherstellung: M. Theiss Ges.m.b.H., A-9400 Wolfsberg

Inhalt

Vorwort

Menschsein ist stets ein Stück Jägerseins – und das im allerweitesten Sinne des Wortes, nicht beschränkt auf das Weidwerk selbst. Die Jagd als Tätigkeit hat im Laufe der Evolution Eingang in das biologische Erbe gefunden, wurde manifest in den Jagdgenen, und diese lösen je nach ihrer Konzentration beim einzelnen und im Zusammenhang mit geeigneten äußeren Umständen bis heute noch die mannigfaltigsten persönlichen Aktivitäten aus.

Freuden, wie sie damit verbunden sind, Überraschungen, die unvermeidlich dazugehören, Naturerlebnisse von subtiler wie beeindruckender Art, Strapazen, Nervenkitzel und Grenzerlebnisse, Verstehen und Verbundensein mit der Natur, all das umfaßt das Weidwerken.

Weidwerk ist Handwerk, kann Beruf sein und als Freizeitgestaltung ausgeübt werden. Aber in jedem Fall ist Weidwerk eines nicht: Sport! Unsere Sprache weiß da gar fein zu unterscheiden; man spielt Tennis, man spielt Golf, aber man ist Jäger!

Obwohl archaischen Wurzeln verhaftet, doch gleichzeitig als Kind der Gegenwart den Fortschritt moderner Lebensqualität nutzend, können viele Jäger in heimischen und fremden Revieren – als Wanderjäger unterwegs – zu anspruchsvollem und spannendem Jagen ausziehen. In der Ferne, außerhalb unserer industriellen Ballungsgebiete, bieten sich Erlebnisse wie in deutschen Landen kaum noch möglich. Dabei kann man sich das Staunen bewahren und darf sich Träumen erlauben.

Slowakei, Schweiz und Österreich stehen in diesem Buch für drei verschiedene Wildarten, und der Wanderjäger lernt, wie Wildart und Lokalität dem Menschen seine Grenzen ziehen. Nichts anderes gilt für die hochintelligenten Sauen, gleichgültig, ob sie in der Pfalz, in Ungarn oder in Spanien bejagt werden, ob auf Pirsch, beim Ansitz oder im Rahmen der Gesellschaftsjagd.

Mit all dem soll natürlich unser jagdlicher Nachwuchs vertraut gemacht werden. Es ist deshalb auch Absicht, in den Erzählungen zu verdeutlichen, auf welche Realitäten von Gegenwart und Zukunft alle jene Jugendlichen sich einstellen müssen, die in die Fußstapfen der alten Weidmänner treten möchten. Die Verhältnisse sind nicht vollkommen; das wissen wir. Die Verstädterung unserer Welt, in der die Kühe von den Kindern in Lila gemalt werden, weil sie nur die Milka-Kuh vom Werbefernsehen her kennen, kann und darf nicht unsere ganze Welt sein.

Möge dieses Buch dem Leser Vergnügen bereiten und unseren jagdlichen Nachwuchs neugierig machen, ihm aber gleichzeitig auch bei seinem Jägerwerden hilfreich zur Seite stehen.

Limburgerhof, im Herbst 1996 *Hubert Suter*

Der Karpatentraum lockte: Hirsch und Bär in der Niederen Tatra

Erste Eindrücke – unverhoffte Begegnungen

Der runde Geburtstag meines Freundes Bruno S. hatte die Seßhaften aus der über hundertköpfigen Gästeschar bis weit nach Mitternacht an die Tafel gebannt. Seit geraumer Weile stagnierte das übliche Abbröckeln der ermüdeten Gäste, und der bekannte Kreis der unverwüstlichen Hocker rückte zusammen. Bei einer letzten Atzung mit Schwarzwälder Schinken und bayerischem Bier hatten sie den festen Entschluß gefaßt, dem Jubilar seinen Fünfundsechziger durch die Gemütlichkeit der Stunde und ihre Nachtlichter-Vitalität recht dauerhaft im Gedächtnis zu verankern.

In solchen Augenblicken leuchten die Sternschnuppen des Zufalls auf. Längst aufgegebene Träume werden mit einem überraschenden Gedanken in die Wirklichkeit gestoßen, nehmen wie von selbst Gestalt an und verdichten sich später zu Erlebnissen, die das Leben glückhaft erweitern. Tage von der Sonnenseite unserer Erdenwanderung werden so geboren.

Die Frage von Reinhold K. kam auffordernd über den Tisch: „Mit dir würde ich gern einmal während der Hirschbrunft im Osten jagen. Hättest du Lust dazu?“

„Ja, doch es kommt darauf an, wo im Osten?“

„In der Slowakei, in den Westkarpaten, genauer in der Niederen Tatra. Gute Hirsche, vernünftige Preise. Im wesentlichen Pirschjagd mit dem Hirschruf. Hochsitze gibt es keine. Das bringt allerdings körperliche Anstrengung mit sich.

Bis vor zwei Jahren jagten dort ausschließlich hohe Regierungsfunktionäre aus Prag und Preßburg sowie russische Generäle. Inzwischen bemüht man sich emsig, auf unsere freie Marktwirtschaft umzustellen. Noch sind das mühsame, erste tastende Schritte, geprägt von Unerfahrenheit und gebremst von der fremden, ungewohnten Denkweise. Jäger, die diese Umbruchsituation nicht abschreckt, finden fast so etwas wie ein Jagdeldorado, ein Neuland mit seinen ungeahnten Überraschungen vor.“

Das klang verheißungsvoll und machte mich neugierig. „Woher weißt du das alles so genau?“

„Weil ich heuer die Hirschbrunft dort verbrachte. Ich kam nicht bloß mit einem guten Hirsch nach Hause, sondern bin begeistert von diesem Stück Natur, das hier in Europa auf einige hundert Kilometer im Osten direkt vor unserer Nase liegt. Dort ziehen noch Bär und Wolf ihre Fährte, der Luchs fährtet sich ebenfalls, und die Menschen erfüllt in ihrer Unbelecktheit vom Westen warme Gastfreundschaft. Mir hat es gefallen.“

Bei mir klingelten einige Glöckchen im Kopf. Es bedarf ja nicht immer und bei allem einer gewissen Bedenkzeit. Wenn sich beim Gegenüber Erfahrung mit Verläßlichkeit paart, kann man eine Sache oft schnell gut einschätzen und rasch handeln.

Ein Karpatenhirsch! Der Hirsch, der seit langem durch

meine Träume geistert. Bisher ein Traumgespenst, ein Schatten der jägerischen Phantasie, nur bekannt aus der Jagdliteratur der ersten Hälfte dieses Jahrhunderts und unerreichbar weit entfernt. Einen Augenblick lang trat der Traum wie durch einen Zeitbruch auf die Bühne der Wirklichkeit.

„Einverstanden. Ich mache mit. Wer organisiert?"

„Ich", meinte Reinhold K. Damit kam die Sache ins Rollen.

Die Luftlinie von zu Hause bis zum Brunftplatz betrug rund 1000 Kilometer. Auf der Straße naturgemäß um vielleicht 250 oder 300 Kilometer mehr. Von München aus rund 800, also eine gute Tagesreise.

Meist ist es eine zweifelhafte Sache, in historischen oder gar historisch-heroischen Zeiten zu leben. Die historische Wende von 1989 im Osten Europas, der Zusammenbruch des Marxismus folgten einer inneren konsequenten Gesetzmäßigkeit. Dem dafür blinden Zeitgenossen stießen sie aber schicksalhaft zu. Für die Menschen hinter dem Eisernen Vorhang mischte die Wende alles neu. Die Luft ungekannter Freiheit ließ sie tief durchatmen, die alles überdeckende Haut verschimmelnder Lethargie fortschleudern und neue Wege gehen. Das brachte unserer vierköpfigen Jagdgruppe, die im September aus dem goldenen Westen dem Urlaub im Osten entgegenfuhr, unmittelbar erfreuliche Vorteile. Am Grenzübergang von Österreich zur Tschechoslowakei bei Hainburg gab es die früher so gefürchtete Zollschikane nicht mehr. Kein Stau und eine geradezu lächerliche Wartezeit von 20 Minuten, in der alle Formalitäten erledigt werden konnten. Paß, Gewehrnummer, Patronenzahl, das genügte. Ebenso genügte es, bloß ein paar Deutsche Mark in die unvermeidlichen Kronen umzuwechseln (1 Krone = 5 Pfennig), denn man konnte alles mit der harten D-Mark bezahlen. Es kamen Devisenbringer. Die

Gäste des Westens ließen für ihren Jagdurlaub einen Gegenwert zurück, anders als die Russen, die die Jagd, als sei dies selbstverständlich, gänzlich umsonst für sich beansprucht hatten. Wo war der Eiserne Vorhang geblieben?

Rascher als angenommen, fuhren wir auf der Autobahn um Bratislava herum und ließen uns von den vielen neuartigen Eindrücken einfangen. Gedanken an vagabundierende Erinnerungen blitzten auf. Vor Jahr und Tag stand ich im Bayerischen Wald schon einmal an der Grenze zur Tschechoslowakei. Ein Zaun mit Warnschildern, unterbrochen von Wachtürmen, schottete den Osten damals ab. Die Turmposten ließen ihre Gläser aufmerksam auf jedem deutschen Zaunbesucher ruhen. Jahrzehntelang bestand dieses System, unfreundlich und schikanös gegenüber dem Nachbarn.

Über Nacht gehörte das alles der Vergangenheit an. Der Zaun interessierte niemand mehr, die Wachtürme standen gespenstisch einsam in der Landschaft. Jedermann konnte, so er wollte, die Grenze überschreiten und im Böhmerwald wandern. Doch, seltsam genug, es fiel niemandem ein, das zu tun.

Und hier in der Slowakei taten es auch nur sehr wenige. Und nochmals merkwürdig genug, hier und jetzt zeigte man sich erfreut, wenn jemand kam. Der Durchbruch in aller Friedlichkeit vollzog sich vehement, die Rückkehr zu den normalen Formen des menschlichen Umganges miteinander erschütterte bisweilen. Ein Wahn hatte die Gehirne besetzt und eine Generation damit geknechtet, ja schikaniert.

Zu den ersten, die die Brücken wieder schlugen, zählten Kaufleute und Händler. Bald dahinter gesellten sich die Jäger dazu, Menschen, die in der Unberührtheit der Natur für kurze Zeit zu sich kommen wollten, irgendwo im weiten Rund des Karpatenbogens.

So wie das Land sich uns präsentierte, konnte noch nicht an den Herbst gedacht werden. Im Gegenteil, des Sommers Kraft schien keineswegs abzunehmen. Die Felder lagen großteils abgeerntet da und dehnten sich weit. Die Menschen hatten hier viel Platz, man spürte nichts von unserer bedrängenden Enge.

Langsam zogen sich die flachen Bodenwellen aus dem altrömischen Pannonien höher und höher und verwandelten sich in Mittelgebirgszüge. Sie ließen sich Zeit, bis sie ihren echten Gebirgscharakter zeigten. Viele kleine Wasseradern und Rinnsale suchten sich ihren Lauf und verrieten Urgestein als Quellorte in den Bergen. Mochte die bisherige Planwirtschaft auch wenig effizient gewesen sein, eines hatte sie immerhin zuwege gebracht: sie schuf der Infrastruktur des Landes ein leistungsfähiges Verkehrsnetz. Die Eisenbahnlinien stammten in ihrem Ursprung wohl noch aus den Tagen der alten österreichisch-ungarischen Donaumonarchie, Autobahnen und Landstraßen hingegen waren neu und befanden sich in gepflegtem Zustand. Sie trugen moderne Straßenbeläge bis tief hinein in die Forststraßen der Wälder, und weil die Verkehrsdichte weit entfernt von der unsrigen lag, bereitete das Fahren schlichtweg reines Vergnügen.

Mit einer Fläche von 49.000 Quadratkilometern bei 5,3 Millionen Einwohnern weist die Slowakei weniger als zwei Drittel der Größe von Österreich auf, ohne allerdings vom Gebirge so gewaltig beherrscht zu werden wie dieses.

Bei Banská Bystrica hatten wir, ohne es richtig wahrgenommen zu haben, wechselnde Höhen zwischen 500 und 1000 Metern erreicht und schickten uns an, über einen Paß der Niederen Tatra hinweg unser Ziel, Liptovsky Hrádok im Tal der Vah, anzusteuern. Dieses Tal trennt wie eine breite Hochebene die Hohe von der Niederen Tatra. Um Banská Bystrica herum und bis in die Berge hinein verblüffte der jähe Wechsel des Erscheinungsbildes der einzelnen Orte und Dörfer. Oft ähnlich bescheiden, grenzten sie sich durch Sauberkeit und Gepflegtheit auffallend gegen manche mit ihrer tristen Gleichgültigkeit ab. Unwillkürlich fragte man sich nach den Ursachen dieser augenfälligen Unterschiedlichkeit. Später erfuhren wir von unserer Dolmetscherin, daß seit der Zeit der Fugger, also seit einem halben Jahrtausend, hier deutschsprachige Siedlungsinseln bestanden, aber in diesem Jahrhundert durch das zweifache Kriegsgeschehen weitgehend untergingen. Es hatten also fuggerische Montaninteressen, vor allem im Erzbergbau, vor Jahrhunderten eine wirtschaftlich bedingte Wanderung der Menschen aus dem Westen nach dem Osten ausgelöst. Inzwischen kehrte sich der Trend ja um. Gleichblieb nur der Grund: die Suche nach einer besseren Existenzgrundlage.

Freilich sind heute durch die moderne Mobilität ehedem unendlich scheinende Entfernungen zusammengerückt. Wer, wie ich, sich am Rhein ins Auto setzt und kaum weiter als 1500 Kilometer fahren will, kommt heutzutage damit fast in Tagesfrist bis nach Rom, genauso aber zu einem Randstück vom Ende der Welt, wo es Urwälder gibt, in denen noch Bären, Wölfe und Luchse hausen. Wo Berge aufragen, über denen der Adler kreist, und die Stille erst auffällt, wenn der Schrei des Bussards minutenlang nachschwingt. Dünn besiedelt sind diese Waldregionen. Sie dienten der Bevölkerung als Zufluchtsstätten, wenn die Reitervölker des Ostens hier ihren Weg nach dem Westen nahmen. Die Geschichte des Landes ist mehr mit Blut als mit Tinte geschrieben worden.

Vom Tatrapaß abwärts erreichten wir alsbald unser Zielforstamt. Vieles erinnerte in dieser wunderschönen Gegend an Kärnten oder die Steiermark, was uns die richtige Einstimmung vermittelte. Der Leiter des Forstamtes erwartete uns persönlich und wickelte die ausstehenden Restformalitäten erstaunlich korrekt, einfach und zügig ab. Ein letztes Mal für diesen Tag ans Steuer, und hinauf ging es ins Revier Dikula, 1250 bis 1300 Meter hoch gelegen, zur Jagdhütte.

Die Klassiker der Karpatenliteratur, wie sie anfangs unseres Jahrhunderts entstand, habe ich allesamt vor langem regelrecht verschlungen, und der Zauber urtümlicher Wildnis und jagdlicher Leckerbissen in heimlicher Einsamkeit eines unerreichbaren Landes nahm meine Phantasie gefangen. Alles zusammen verdichtete sich zu einer eigenartigen Fata Morgana von herausgehobenen insularen Bildern, die in impressionistischer Unschärfe in eine Landschaft eingebettet lagen. Und nun, nachdem mit einemmal die Unerfüllbarkeit der Vision zerstoben war, stand ich neugierig schnuppernd und mit aufmerksam schweifenden Blicken mittendrin, verglich die Traumbilder von einst mit der Wirklichkeit von heute.

Von den Kammhöhen der Niederen Tatra bot sich dem Blick rundum ein dunkelgrünes Meer weicher, weiter Wogenkämme. Ein göttlicher Bäcker hatte sichtlich einen grünen Riesen-Weihnachtszopf in die Landschaft fallen lassen, dessen Kerben und Furchen kräftig sprudelnde Quellen speisten. Manche freie Hangflanke schmiegte sich wie ein nicht sehr liebevoll hingestreuter Puderzuckerstreifen in den Schlagschatten von Fichtenwänden. Nur im Norden verfing sich der Blick in der Ferne an den Spitzen der Hohen Tatra. Diese glichen gewaltigen Faustkeilen und schienen, ihrer Regelmäßigkeit nach, wie von Titanenhand einst in die Erde gerammt.

Gut vorstellbar, daß diese Gegend seit eh und je Rotwildreviere besonderer Art beherbergte. Gleichwohl keine Gegend, in der sich die menschliche Spur von selbst verliert. Heute sind sogar die Waldstraßen geteert und hervorragend in Schuß gehalten. Sie folgen jedem Tal, erklimmen die Höhen und schlängeln sich durch die Pässe. Für die Jagd durchziehen sorgsam gepflegte Pirschsteige, frei von Bruchholz und Geäst, in verschiedener Höhe die Hänge, exzellente Pirschmöglichkeiten schaffend.

Eine Landschaft voll Reize, eine Landschaft, die neugierig machte. Neugierig verhielten sich auch die Jungstiere. Obwohl die Nachttemperaturen bereits minus 5 Grad Celsius erreichten, standen sie immer noch auf der Weide und trotteten bis auf wenige Meter an unsere Jagdhütte heran. Ihre natürliche Kraft und Stärke läßt ihnen wenig Raum für Angst und Furcht. Die Natur herrscht hier uneingeschränkt. Was bei uns der Fuchs für das Niederwildrevier bedeutet, übernimmt da der Wolf hinsichtlich des Schalenwildes, und in den strengen Wintern funktioniert diese natürliche Auslese zuverlässig. Meister Petz darf ruhig schlafen.

Noch am Abend des Ankunftstages teilte uns unser Senior Josef K. die wartenden heimischen Jäger souverän und humorvoll zu. Jan, Chef der lokalen Jägerei, ihm, dem Senior, Dusan seinem Sohn Reinhold K., Iwan übernahm den Salzburger Erwin T., und Marian, dem Jüngsten, jedoch unmittelbaren Revierbeamten, wurde ich anvertraut. Jans Frau Quetta fungierte als Dolmetscherin und Köchin. Sie verbreitete rasch eine unaufdringliche, freundliche und entgegenkommende Behaglichkeit, die uns die erste Phase der gegenseitigen Beschnupperung nicht schwermachte. Für die slowakischen Jäger gab es Arbeit, und jeder von ihnen wollte alles daransetzen, seinen Gast zu Schuß zu bringen.

Die Morgenpirsch begann mit dem Aufbruch zum Aufstieg um 5 Uhr bei dunkler Nacht. Und für die Abendpirsch wurde als Startzeit 15 Uhr vorgesehen. Das bedeutete, zweimal am Tag einen Höhenunterschied von 300 bis 400

Metern zu überwinden, rauf und runter, über Stock und Stein, so es sein mußte. Der Abendabstieg wird zudem selbstredend erst nach Einbruch der Dunkelheit erfolgen.

Das würde in die Knie gehen, da ja bei der eigentlichen Pirsch ebenfalls noch etliche Kilometer zusammenkamen. Hochsitze gab es, wie gesagt, im Revier keine. Am ersten Morgen ließ man es langsam angehen, ohne indes darauf zu verzichten wenigstens vorzuzeigen, was man zu bieten hatte. So fand ich mich anderntags in der Morgendämmerung an einem guten Brunftplatz wieder und harrte der Dinge.

„Melden die Hirsche schon?“ Eine Frage mehr mit Gestik als mit Worten. Heftiges Kopfnicken. Wie zur Bestätigung ließen sich alsbald auf den verschiedenen Anhöhen vereinzelte Stimmen vernehmen, klangen aber eher müde, unlustig, verschlafen. Ein Kahlwildrudel von drei Stück wechselte zügig über die freie Fläche des Hanges in die gegenüberliegende Dickung. Wie es schien, dürfte die Brunft erst richtig einsetzen. Allein, Vergleiche sind nur bedingt richtig. Die Erfahrung lehrt, daß die Hirschbrunft überall und in jedem Jahr anders verläuft, und die lokalen Verhältnisse kannte ich nicht. Die Hirschbrunft in den Auwäldern von Drau und Donau, wie ich sie erleben durfte, fand keineswegs ein Gegenstück in dem Laubwalddschungel Slawoniens, vom Pfälzer Wald ganz zu schweigen. Auch die kaum abreißende Brunftmelodie der Hirsche aus den Bergen von Toledo, die nur unter der mittäglichen Hitzeglocke Spaniens für wenige Stunden verstummt, ließ sich hier gewiß ebensowenig erwarten. Das Wild paßt sich überall den geographischen Gegebenheiten seiner Umwelt an, und der Wettergott zaubert Höhepunkte und Enttäuschungen dazu. Manchmal spielt sich alles wie auf einer Tribüne ab und ist spannend, ja aufregend, ein andermal geht es sehr moderat zu, unauffällig, und strapaziert doch den Jäger bis zur Belastbarkeitsgrenze. Kein Brunftplatz läßt sich mit einem anderen direkt vergleichen. Gestern, bei der Abfahrt in München mit 27 Grad Sommertemperatur, fürchteten wir, daß dies die Brunft spürbar beeinträchtigen würde. Eine unbegründete Sorge, denn über Nacht übergoß Rauhreif das Land, und der Ruf suchender Hirsche hallte nächtens durchs Fenster an das stets wache Jägerohr. Hier, rund 1200 Kilometer östlich der Heimat, stand selbst der abnehmende Mond so leuchtend am funkelnden, glitzernden Sternenhimmel, als befänden wir uns an irgendeinem Ort des mediterranen Bereiches. Das Einfühlen in das Neue, Ungewohnte erheischte eben Geduld.

Meine Gedanken konnte ich frei vagabundieren lassen. Kein Hirsch folgte dem Rudel. Stand überhaupt einer bei ihm? Warum benahmen sich die Tiere so unstet? Für das Mittagessen blieben jedenfalls allerhand Fragen an die Jägerei. Ein Taleinschnitt hatte inzwischen den ersten Sonnenstrahlen den Weg zum Hang freigegeben und sie tauchten die herbstgebräunte Fläche in Gold. Ein Gold der Weizenfelder, bereits den Herbst ahnen lassend. Die Humusdecke des Urgesteins genügte zwar den Fichten, brachte es jedoch nicht zuwege, größere Wassermengen zu speichern. Es strudelte und rauschte, als würde ein kräftiger Wind die Wipfel einer alten Pappelallee zausen. Etwas vermißte ich allerdings, eine kleine Beiläufigkeit: das Laub der heimischen Wälder. Ja natürlich, einst, in ferner Zeit, hatte ich gelernt, daß die Laubbäume in unseren Breiten kaum über 1100 Meter Seehöhe hinaufklettern.

Mit dem Laubwald vermißte ich die Sauen. Hier fanden Meister Petz und Isegrim viel Platz. Die Gedankenlosigkeit müßte aus dem Gehirn gerieben werden, wie die Schlafkörner aus den Augen. Die geradezu bescheiden kleinen Almflächen, welche die Menschen hier dem Wald abrangen, gaben für sich allein keine besonderen Tummelplätze für das Raubwild ab. Schwache Stücke fielen ihm überall zur Beute, ob jung, krank oder alt, ob Haustier oder Wild. Nun sind zwar Wildtiere intelligenter als ihre domestizierten Artgenossen: Ein Wildschwein verfügt über etwa 30% mehr Intelligenz als unser Hausschwein, und die sprichwörtliche Dummheit des Schafes gilt nicht für das Wildschaf. Die wachen Sinne des Wildrindes übertreffen bei weitem die der Kuhstall-Rinder. Die Intelligenzdifferenz kann allerdings nicht gänzlich durch den Schutz des Menschen über seine Haustiere kompensiert werden. Alles in allem scheint das Ökosystem mit seinen natürlichen Pufferungsreserven jedoch ziemlich ausgewogen zu sein.

Quetta, unsere Dolmetscherin, hatte mittags viel zu tun, um alle Fragen zu beantworten.

„Jan", wandte sich Josef K. an den ältesten Slowaken: „Ihr lebt hier wie eh und je mit Bär, Wolf und Luchs zusammen, und man hat den Eindruck, daß ihr von dem starken Raubwild keine besondere Notiz nehmt."

„Wir sind es gewöhnt."

„Waldschäden durch das Wild, redet ihr davon?"

„Wir haben damit wenig Probleme. Die Natur regelt vieles selbst. In unserem Revier schreit auf jedem Bergkegel ein guter Hirsch. Mitunter tun die Hirsche das sehr ausdauernd. Sie ziehen etwas hin und her, einmal etwas hinauf, dann wieder etwas herunter, verlassen aber ihre Einstände kaum. Sie bewegen sich also in einem kleinen Kreis. Häufig findet man dort ein Bett neben dem anderen und sie machen ihr Schlafzimmer oft gern zum Brunftplatz, nicht viel anders wie der Mensch auch."

Lachend fragte einer: „Und wie steht es mit dem Harem?"

„Der hält sich in Grenzen. Bei dem Geschlechterverhältnis von 1 : 1,4 und unserem Raubwild muß sich selbst der stärkste Platzhirsch bescheiden. Zwei, drei Stück Kahlwild, das ist alles. Und die geschärfte Geräuschempfindlichkeit hält die Rudel ständig in Bewegung.“

Nun prasselten die Fragen durcheinander. „Wie groß ist das Revier? Füttert ihr im Winter? Wie hoch sind die Winterverluste durch Wolf und Luchs und durch die Härte des Winters selbst? Kann man bevorzugt pirschen oder muß ohne Rücksicht kreuz und quer gejagt werden, anders gesagt, wie laut darf man sein?“

Jeder der Jäger fühlte sich angesprochen und wurde lebendig. „Die Kronenhirsche, und die wollt ihr ja, dürfen erst ab dem zehnten Kopf erlegt werden.“ Und verschmitzt lächelnd fuhr Dusan fort: „Wir können das recht gut erkennen. Solange der Hirsch jünger als zehn Jahre ist, streckt er das Haupt nach oben. Der alte Hirsch trägt das Haupt nach unten.“

„20 reife Hirsche stehen in unserem Revier von 2800 Hektar, 40 Hirsche insgesamt. Wir zählen sie an der Winterfütterung. Und dazu 60 Stück Kahlwild. Gefüttert wird im Winter, doch nicht alles Rotwild zieht zu den Fütterungen, nimmt sie an. Nach unserer Erfahrung kommen etwa zwei Drittel des Rotwildes in die Täler herunter, und die jährlichen Winterverluste liegen bei etwa 50 bis 60 Stück. Dikula hat also etwa 3 bis 4 Stück Rotwild je 100 Hektar.“

In den folgenden Tagen verstanden wir bald, was das bedeuten sollte. Die winterliche Wildfütterung in der Tatra hat nichts von der falschen Romantik in den Alpen an sich, wo die Winterfütterung örtlich zu Schauattraktionen für müde Skihaserl ausufert. In der Tatra haben die Hirsche auch keinen Namen. Niemand ruft sie, wie in den Alpen von klein auf Hansi, Burli, Manderl. Kritisch gesehen, sind das ja fast schon halbe Haustiere. Was in den Alpen – wiederum nur örtlich – damit bereits in Richtung Rotwildzähmung gediehen ist, kennen die Karpaten nicht. Das Wild ist noch wild. Niemand hier denkt daran, zum Hirsch eine ähnliche Beziehung aufzubauen, wie sie inzwischen in den bayerischen und österreichischen Alpen lokal heranwuchs.

„Und die Pirschjagd? Man ist von Wild umgeben, bekommt es aber selten näher als auf 60 bis 80 Meter in Anblick. Pirschen kann heißen, daß man sehr eilig größere Strecken hinter sich bringen muß; manchmal auch umgekehrt, man beim Pirschen mehr steht als geht. Gar nicht so selten verhält es sich nicht anders wie bei der Auerhahnbalz: Gepirscht wird, wenn der Hirsch röhrt, gelegentlich sogar richtig angesprungen."

Das stimmte überein mit den Berichten der alten Karpatenjäger, wie v. Spieß, der es ebenso hielt, wenn er keine andere Möglichkeit sah, unbemerkt an Wild heranzukommen. Alles klang vielversprechend.

Hatte die Morgenpirsch noch etwas Rücksicht auf mögliche Umstellungsschwierigkeiten unsererseits genommen, galt dies für die Abendpirsch bereits nicht mehr. Allerdings konnte man ungehetzt die Höhenunterschiede gemächlich bewältigen, und das kam mir sowohl hinsichtlich der hiesigen Jagdweise als auch körperlich durchaus zupaß. In den Alpen gelten als Erfahrungswert für den Aufstieg 250 bis 400 Meter je Stunde; natürlich abhängig von der jeweiligen Kondition. Alpine Spitzenleistungen sollen maximal bei 600 Meter je Stunde liegen. Jagen verlangt zwar sportliche Belastbarkeit, kennt jedoch nicht den Wettkampf mit dem Sportziel des Titelgewinnes. Die Jäger der Wildnis waren Laufmenschen, und diese uralte Nomadengewohnheit gilt noch heute. Man mußte nur ausdauernd und strapazunempfindlich sein. Genau betrachtet, hat selbst der moderne Großstadtmensch von diesem Erbe, „zu sehen, was hinter dem nächsten Hügel liegt", kaum etwas eingebüßt. Er hat die ewige Sehnsucht lediglich auf das Auto übertragen, und das ist mitunter ebenso erschöpfend, ja vielleicht sogar gefährlicher.

Unterwegs Hirsche zu verhören, lernte ich von meinem jungen Pirschführer so ganz nebenbei. Stürme hatten Breschen in den Wald gelegt, Baumriesen wie Streichhölzer wirr übereinandergeworfen, undurchdringbar für Holz- und Pferdeknechte. Jungwuchs strebte dazwischen bereits wieder himmelwärts. Vorsichtig umkreiste Marian solche Stellen wie ein Hund und setzte auch seine Nase ein. Schließlich übersprang er mit zwei Schritten einen Bach und stand auf einem offensichtlich frisch gesäuberten Pirschsteig, der im raumen Holz nach oben führte. Eine stille Gegend. Kaum eine Vogelstimme. Wer daran gewöhnt ist, daß ihn Amseln schimpfend begleiten oder schackernd vorwarnen, vermißt hier unwillkürlich etwas vom gefiederten Leben zwischen Strauch und Baum. Mein Jäger verhielt plötzlich, drehte sich zu mir her, suchte den Hang nach oben ab und holte im ganzen Halbbogen die Luft ein, geradeso wie ein Hund windet. Dann griff er sich an die Nase, wiederholte das Ganze noch einmal und meinte: „Jelen." Der Wind mußte günstig stehen, denn Marian schien auf die Luftspur des Rotwildes gestoßen zu sein. Nun, ein Brunfthirsch hat wahrhaftig seinen unverkennbaren eigenen Geruch, manchmal direkt Gestank. Doch als ich bei Marian stand, konnte davon keine Rede sein, und das verblüffte mich. So kurz und demonstrativ angelernt, gewahrte schließlich auch meine Nase einen Tiergeruch, eine spezifische, nicht unangenehme Duftnote. Man kennt das vom Pferd, von den Kühen, vom Schwein, vom Hund; ich hatte es mittlerweile nur ein bißchen vergessen.

Mein Jäger entdeckte inzwischen ein Stück Rotwild auf etwa 100 Meter im Bestand, doch es stand zu gut gedeckt, um es ansprechen zu können. Wir hielten uns damit nicht auf, pirschten zur Kammhöhe weiter und wählten dort einen Platz mit Aussicht. Geraume Weile blieb Marian an der Hochwaldgrenze abwartend stehen. Vor uns lag der Brunftplatz. Die Sonne war bereits untergegangen. Lediglich ein Krähenpaar strich leicht unruhig und mit hartem Gekrächze über uns von einem Schlafbaum zum anderen, hin und her. Eine Baumgruppe von Schirmfichten, die einer gewachsenen Schutzhütte glich, fand ich geeignet, um es mir bequem zu machen.

Fast eine Stunde früher als zu Hause setzte die Dämmerung ein. Die Zeitspanne für das Schußlicht verringerte sich schnell. So wie die Dinge lagen, brauchte ich im Grunde nur noch meinen Jäger zu beobachten. Und plötzlich ging Marians Nase hoch. Er schnupperte. Und wie!

Der Wind brachte auch mir einen Duftfetzen mit. Wildgeruch. Bloß dem Hirsch glich das, was ich roch, nicht. Es krachte im Hang, ziemlich ungeniert. Elektrisiert lief Marian nun ein paar Schritte auf dem Steig nach vorne, winkte, lachte, kam zurück.

„Medved." Tja, was heißt das wohl? Medved? Marian verstand kein Deutsch und ich kein Slowakisch. Schließlich sah ich aber, was er meinte. Nicht sehr weit unter unserem Pirschsteig bewegte sich ein Stück Wild. Recht ungeniert. Nicht klein. Kein Hirsch! Das Stück verschwand wieder, Äste krachten, dann tauchte es erneut auf. Das Wild, das hier des Weges kam, erinnerte unwillkürlich an einen Kraulschwimmer, der seine Bahnen durch ein Gestrüpp von Himbeeren und Farnen auf den Schlag hinaus zog. Abermals tauchte das Wild vor uns auf, jetzt nur noch 30 Meter entfernt. Endlich wußte ich Bescheid, Medved – das heißt Bär! Er hatte uns noch nicht wahrgenommen.

Kein Wunder, daß sich dieses Wild so ungeniert benahm. Bären sind offensichtlich von unbekümmertem Charakter. Sie stört der Lärm nicht, den sie machen, und sie lassen sich auch nicht stören. Dabei führte der Bär vor, wie geschickt er sein kann. Mit einer Vorderbranke tappte er auf ein faules Baumstück. Laut krachend brach dieses unter seinem Gewicht. Ungestört davon blieb der Bär einfach darauf liegen und fing an, mit den Branken die Himbeeren einzustreifen und die Rispen durch den Fang zu ziehen. Ein Prachtbild!

Wer hätte das geglaubt? In freier Wildbahn im Osten Europas, kurz vor der Dämmerung mit einem Hauptbären zusammenzulaufen! Medved schmatzte und schmatzte, man hätte ihn dreimal erlegen können. Doch an Bärenjagd während der Hirschbrunft hatte niemand gedacht, übrigens begann die Bärenschußzeit in der Niederen Tatra erst ab 15. Oktober. Eine helle Freude, Meister Petz zuzusehen. Je mehr das morsche Baumstück unter ihm nachgab, um so tiefer versank er in den Unterwuchs, wurde selbst zu einem Baumstück. Marian forderte mich auf, ihn zu fotografieren. Ich zögerte. Meine automatische Kleinbildkamera mit ihrem Teleobjektiv kurzer Brennweite war auf die Entfernung von 30 Metern vermutlich überfordert. Aber ich wollte es riskieren. Zurück zum Rucksack, Fotoapparat heraus. Das Tele summte. Zurück zum Jäger. Ich drückte ihm meinen Steyr-Mannlicher in die Hand. All das geschah keineswegs besonders leise. Obwohl Bären äußerst gut vernehmen, störte unseren nichts. Angesichts solcher Dickfelligkeit pirschte ich näher und verringerte die Entfernung zwischen ihm und mir um 10 Meter. 20 Meter als Fluchtdistanz für uns beide sollten reichen. Raubwild wird, genau wie anderes starkes Wild, etwa ein Keiler, gewöhnlich nur dann gefährlich, wenn es sich in die Enge getrieben sieht und dabei das Gefühl entsteht, nicht mehr fliehen zu können. Überrascht zu werden, auf zu kurze Distanz – das ist freilich ein sehr gefährlicher Augenblick. Irgend jemand drückte das einmal in prägnanter Kürze so aus: „Jage im Dschungel nie ein Reh, sonst tritt dir plötzlich ein Tiger entgegen.“

Das Bild wird nie etwas. Sei es darum! Bär und Stamm

waren eins geworden, nicht unterscheidbar. Klick. Der automatische Filmaufzug surrte. Nichts. Klick. Wieder der Filmaufzug. Diesmal reagierte der Brocken, richtete sich etwas auf und wendete den Kopf zur Seite. Drittes Bild. Ruckartig fuhr der Bär jetzt herum, setzte sich halb aufgerichtet hin und äugte starr auf mich her. Der automatische Blitz, der sich infolge der einsetzenden Dämmerung zugeschaltet hatte, wies ihm augenscheinlich die Richtung. Um so besser. Deutlich konnte ich den Bären jetzt sehen. Sein Kopf war mit fahlgelben Streifen gebändert. Wuchtig wirkte es, wie er so vor mir auf seinen Keulen saß. Das nächste Bild hochkant; es sollte das beste werden! Klick. Blitzartig fuhr der Bär hoch, drehte sich dabei und stürzte in kopfloser Flucht den Hang hinab. Dabei sah ich Medved erstmals in seiner ganzen Größe und wußte, keinen Jungbären vor mir zu haben. Mein Begleiter schätzte ihn auf etwa 200 Kilogramm. Am Körper wie üblich braun, aber seine Decke wurde vom Rücken zum Kopf hin heller. Wie mir die einheimische Jägerei später deutlich machte, sei die Zweifarbigkeit ein Zeichen des Überganges vom Mittel- zum Hauptbären. Seine starken Trittsiegel bestätigten das auch. Eine Holzrille hatte er bergab zur Flucht benutzt, dabei ein Rotwildrudel hochgemacht und so urplötzlich Leben in die Wildnis gebracht.

Ja, das war Jagd, Jagd voller Überraschungen: Zur Hirschbrunft in die Tatra und mit einem Bärenfoto nach Hause – ohne Zweifel meine originellste Trophäe nach 50 Jahren Jägerleben! Wie auch immer, es ist gewiß leichter, einen Bären zu schießen, als ihn in freier Wildbahn auf 20 Meter zu fotografieren. Marian strahlte glückbeseelt. Diana, die es gerne mit den Jungen hält, erwies sich dem jüngsten der Pirschführer gegenüber huldvoll. Er durfte es zuwege bringen, seinen Gast mit diesem Anblick zu beglücken. Gleich am ersten Jagdtag ein Bärenfoto!

Als wir nach eineinhalb Stunden in die Jagdhütte zurückkamen, erlebte ich die zweite Überraschung des Tages. Die übliche Frage „Was gesehen?“ beantwortete ich wahrheitsgetreu mit: „Kaum – nur einen Bären fotografiert.“

„Also Münchhausen ist schon lange tot, und jetzt, wo das Jägerlatein immer weniger wird, wird es vor allem auch immer schlechter.“

Ohne Marian hätte ich keine Glaubwürdigkeit gefunden. Na ja, der brennende Wunsch vieler Jäger, einen Bären in freier Wildbahn in Anblick zu bekommen, geht nicht oft in Erfüllung. Zumal nicht im Europa von heute. Schon vor einem Jahrhundert wünschte sich manch einer bei einer Bärenbegegnung, daß es ein technisches Gerät gäbe, das Eindrücke besser erfassen und verewigen könnte als Erzählung oder Feder...

Der Eustachiustag in Pribylina

Nach den ersten Pirschgängen wirkte die Landschaft nicht mehr so ungewohnt. Der Orientierungssinn hatte unbewußt aufgenommen und begann sich zu regen.

Marian führte mich am nächsten Abend auf einen anderen Logenplatz seiner Naturbühne. Uns gegenüber zog sich auf eine Entfernung von 150 bis 800 Metern der Hang eines niedrigen Bergrückens hin. Größere und kleinere Blößen durchbrachen ihn, was gute, kontrollierende Einsicht zuließ. Beschaulich war dies, und verräterischen Wind mußten wir nicht fürchten. Auf dem sauberen Steig zur Höhe herauf stand gut erkennbar die frische Fährte eines stärkeren Wolfes.

Es heißt, der Wolf sei kein Waldtier, sondern ein Bewohner von Steppe und Vorwäldern. Mag das allgemein gelten und Isegrim sich vor allem als Einzelgänger in der Steppe wohler fühlen, so scheut er im Rudel den Wald keineswegs. Immerhin, in Kanada kennt man den Timber-Wolf, und auch hier unterscheidet man noch den Steppenwolf vom Waldwolf. Ihm allerdings in den hiesigen Wäldern zu begegnen, dürfte ein noch seltener Zufall sein, als auf ein hauendes Schwein zu stoßen; ganz abgesehen davon, auf ihn zu Schuß zu kommen. Dusan, seit fünf Jahren Revierbeamter im Forstamt, hat in dieser Zeit insgesamt fünf Wölfe gestreckt. Also ein Zufall pro Jahr!

Inzwischen wird es auf der Bühne vor uns lebendig. Röhrend und suchend taucht an der fernsten Ecke ein recht guter Hirsch auf. Es hat es eilig. Immer wieder erstaunt es mich, mit welcher Schnelligkeit das Rotwild große Strecken hinter sich bringt. Kaum richtig angesprochen, verschwand er schon im nächsten Waldstreifen, meldete noch einmal, hielt auf die Höhe zu, tauchte wieder auf und zog dann überriegelnd ins nächste Tal. Anscheinend mag die Erfahrung nicht immer zutreffen, daß Hirsche verstummen, wenn Wölfe unterwegs sind.

Alle Gastjäger hatte die einheimische Jägerei ermuntert, heute eine guten Hirsch zu schießen. Man bräuchte dringend einen.

„Wieso? Wozu?“

„Für den Jägertag in der Tatra. Der Jägertag ist zugleich Eustachius(Hubertus)tag und wird am ersten Sonntag in der Brunft gefeiert. Ein kleines Volksfest in einem slowakischen Museumsdorf mit viel Folklore. Dazu gehört der erste gestreckte Brunfthirsch. Möglichst ein Guter, am liebsten von einem Gastjäger erlegt.

Die Wurzeln der Tradition sind unglaublich kraftvoll und wetterhart. Sie schlagen erneut aus. Im alten Österreich galt als der eigentliche Schutzpatron der Jäger der Römer

Eustachius, und seiner gedachte man am 20. September. Bis heute scheint sich daran wenig geändert zu haben; gerade daß Hubertus jetzt den alten Namen verdrängte, obwohl auch seit vielen Jahren in Niederösterreich und Wien die Jägerschaft alljährlich dem heiligen Eustachius eine würdige Feier widmet.

Die herzliche Gastfreundschaft dieser Menschen hatte etwas Beschwingendes an sich und belebte uns alle. Hier war noch jedem die natürliche Ordnung von gejagten und jagenden Geschöpfen bewußt. Ihre urwüchsige Naturverbundenheit zeigte sich noch nicht angekränkelt von den Auswüchsen eines Naturbegriffes aus den Wohlstandsinseln einer übersatten Westgesellschaft. In solche Selbstverständlichkeit sich zumindest für einige Tage einordnen zu können, war auch eine Angelegenheit geistiger und körperlicher Gesundheit, und die will der Jäger von Zeit zu Zeit wieder einmal für sich haben. Nichts vermag an der Tatsache zu rütteln, daß der Wille zum Kampf stets einen der tragenden Pfeiler großer Kulturen darstellte, und ebenso wenig daran, daß die Jagd von Anfang an ein anderer Pfeiler unserer Kultur gewesen ist.

Jawohl, und jetzt wird gejagt! Erneut wurde es auf dem Gegenhang lebendig. Ein Tier mahnte. Wo mochte es stehen? Das „Auhaöh" des Begleiters ließ nicht lange auf sich warten; der Stimme nach ein jüngerer Hirsch. Noch ein Trenser, dann hatte der Hirsch das Tier auf eine beinahe kreisrunde Kahlstelle herausgetrieben. Keine 150 Meter entfernt. Ein junger Achter, nichts für die Kugel. Der Hirsch kam rasch zur Sache, beschlug das Tier und tat sich gleich nach dem Beschlag nieder; selbstzufrieden, erschöpft.

So schön der Logenplatz auch war, wir wollten die nun häufiger vernehmbaren starken Stimmen auf der anderen Seite des Berges anpirschen. Gesehen hatten wir genug.

Eine knappe Stunde später standen wir dem tiefsten Baß jenseits des Höhenrückens so nahe, daß dieser Hirsch nur noch weglos quer durchs Gelände und anmuschelnd angegangen werden konnte. Zu meiner Überraschung befanden wir uns unweit des Bärentreffs auf etwa 1700 Meter Höhe.

Kräftige, klatschende Schwingenschläge in nächster Nähe ließen uns herumfahren. In Kopfhöhe und höchstens auf 20 Meter strich ein Auerhahn elegant und schnell durch die licht stehenden Fichten. Ein wahrer Genuß des Schauens! „Lukan", signalisierte mir Marian und imitierte mit Fingerschnalzen das Knappen des Harzvogels. Und wieder strahlte sein Gesicht vor Freude, weil er erneut mit einer jagdlichen Überraschung hatte aufwarten können. Das Auerwild ist in der Slowakei, wie an vielen Orten anderswo, so selten geworden, daß die Jagdbehörden es ganzjährig unter Schutz stellten. Nur in wenigen Gebieten Europas, wie in Finnland oder Rußland, ist sein Biotop bis heute ungestört geblieben. Dort aber wissen die Menschen allem Anschein nach mit dem Auerhahn nicht viel anzufangen. Sein Wildbret soll häufig lediglich den Hunden als Futter dienen.

Urig, grandios, strapaziös. Letzterem widmeten wir uns wieder, galt es doch, den Platzhirsch, da er nicht zustehen wollte, über Baumleichen, durch meterhohen Huflattich, durch Farnwildnis und Himbeergestrüpp anzugehen. Was heißt in dieser Wildnis pirschen? Hier muß man umdenken. Gilt zu Hause manchem die Pirsch als die Königin aller Jagdarten und tut er deshalb darin des Guten zuviel, hat er nicht selten sein kleingestückeltes Revier alsbald leergepirscht. Die lokalen Bedingungen beeinflussen diese Jagdart. In der Tatra wird ein Revier durch das Pirschen nicht leer. Ansonsten hätten es Bären, Wölfe und Luchse längst ausgefegt.

Bei uns daheim, unter westdeutschen Verhältnissen, tragen Jogger, Mountainbikefahrer, Wandergruppen und dazu unermüdliche Pirschjäger den Geruch des gefährlichen Zweibeiners aufdringlich penetrant in jeden Winkel der Waldeinsamkeit. So das Wild noch Ruheräume findet, räumt es freiwillig die verstänkerten Gegenden, ansonsten bleibt ihm nur die Gewöhnung. Doch in diesem riesigen geschlossenen Waldkomplex kann der Mensch nicht überallhin. Hier kennt man noch nicht die Massentrends moderner Freizeitgestaltung. Hier sind die Sinne des Wildes vermutlich so empfindlich wie seit je, und die Alarmglocke des Geruchssinnes läutet viel früher. Dessen bewußt, mußten wir es trotzdem versuchen. Marian muschelte den Hirsch an. Seinen zornigen, rauhen Sprengruf nutzten wir. Krach! Schwache Äste brachen, einsinken, hängenbleiben, ein paar leise Schritte, stehenbleiben. Langsam kamen wir voran. Der Hirsch verstummte. Er blieb verschwunden, und schließlich standen wir vor seinen Betten, sieben an der Zahl. War er daran gewöhnt, daß die Tiere zu ihm zogen? Jedenfalls, für diesen Abend reichte es.

In der Jagdhütte warteten wir alle auf einen: Reinhold K. Er hatte sich verspätet, und das geschah nie grundlos. Weidmannsheil? Ja, er traf auf einen starken Karpatenhirsch und wußte seine Chance zu nutzen. Beidseitige Krone, Sechzehnender. Bald quoll die Jagdhütte über, alle versammelten sich. Quetta hatte die Hände voll zu tun und holte sich zur Verstärkung Marians Frau. Der Pferdeknecht kam herbei, und immer wieder wurde der Hirsch totgetrunken. Die Einheimischen bevorzugten Bier und Wodka, wir Westler Pfälzer Wein. Freude, Enge und Alkohol schufen bald eine menschenverbrüdernde Stimmung. Stolz erfüllte die Slowaken, und das zu Recht. Hatten sie bis jetzt ihren Gästen nicht gezeigt, daß sie von der Jagd etwas verstanden und etwas bieten konnten? Und ob! Sie tauten auf, erzählten von ihrem Leben. Bei der Zeichensprache mit Händen und Füßen, manchem Schlagwort dazwischen und einigen übersetzten Sätzen öffnete sich der Zugang zu dem Hintergrund ihrer Lebensverhältnisse.

Das Revier Dikula, so erfuhren wir, hatten sich bis 1989 russische Generäle und tschechoslowakische Spitzenfunktionäre vorbehalten. Regelmäßig stellten sie sich alle Jahre zur Hirschbrunft hier ein. Als erstes schickten sie das gesamte Forstpersonal nach Hause. Man brachte eigene Jäger mit. Mangelnde Ortskenntnisse schufen einem richtigen Sibirer keine Probleme. Wichtig war den Russen vor allem, daß die Bevölkerung nicht erfuhr, was sich in diesen zwei Wochen der Jagd wirklich abspielte. Die russische Geheimniskrämerei, eine Nationalkrankheit und Nationaltugend zugleich, die schon vor Iwan dem Schrecklichen bestanden haben mußte, machte nicht einmal vor der Jagd in den Urwäldern halt.

Der hohen Funktionäre wegen stattete man die Jagdhütte verhältnismäßig komfortabel aus. Sie verfügte über Strom, Eisschrank, Fließwasser, Dusche und Wasserklosetts, und sieben gute Betten verwöhnten die Gäste. Erst das historische Ereignis von 1989 öffnete ein dem Westler bis dahin unerreichbares, großartiges Jagdgebiet. Eine Gegend, in der der Bär unverhofft vor einem stehen kann und es ungemütlich wird, so er in Panik gerät. Das Leben mit den Bärenfamilien zählte seit alters her zum Alltag der Leute hier und man tat einander nichts. Wir erfuhren, daß der Lebensraum einer Bärenpopulation von 5 bis 7 Stück – ihre zählte fünf – normalerweise 100 Quadratkilometer, also 10.000 Hektar, umfaßt. Deckt die Natur den Tisch jedoch gut, kann sich die Bärendichte deutlich erhöhen, was in Dikula offenbar zutraf.

Jedenfalls, der Hirsch für den Jägertag lag auf der Strecke, und das erfüllte sie mit Freude. Doch anderentags sollte es nicht so kommen wie gedacht, und das schenkte uns weitere aufschlußreiche Einsichten in ihre Mentalität.

Der Eustachius(Hubertus)tag im Museumsdorf Pribylina präsentierte sich als prachtvoller Hochsommertag im September. Das Museumsdorf lag unweit von Liptovsky Hrádok in der etwa zehn Kilometer breiten Ebene zwischen den Flüßchen Belá und Biely Vak (früher Waagtal), die sich von Westen nach Osten erstreckt. Nördlich begrenzt sie die Hohe Tatra mit ihrer Bergspitzenkette, die bis an die 2700 Meter heranreicht, und südlich wird sie von der Niederen Tatra begleitet, einem Mittelgebirge, dessen durchschnittliche Kammhöhen es bei 1700 bis 1900 Meter bewenden lassen. Die beiden Flüßchen vereinigen sich in dem von runden Hügeln umgebenen Hrádok. Ihre Wasser durchfließen das Seengebiet der Tatra und wenden sich über die alte deutsche Sprachinsel Zilina (Sillein) der Donau zu.

Die Menschen strömten zuhauf herbei. Ob Jäger oder Nichtjäger, verwurzelt in ihren traditionellen Sitten und Gebräuchen, brachten sie dieser Veranstaltung ein uns überraschendes beträchtliches Interesse entgegen. Der Rahmen hätte nicht besser gewählt werden können. Schöne slowakische Bauernhäuser, im Inneren ganz bäuerlich ausgestattet, säumten in verstreuter Lage den Weg vom Gutsschloß zur Kirche, dem Lebenszentrum der dörflichen Welt. Das Gutsschloß, dessen Wohndach im inneren Geviert zu einem hohen Spitzhelm aufsteilte, mit Holzschindeln gedeckt, stellte so etwas wie ein lokales Jagdmuseum dar und wurde an diesem Tag zugleich für die Jahrestrophäenschau benutzt; allen offen und von groß wie klein bewundert. Sauber präparierte Schädel von Wolf und Luchs hingen neben gegerbten Decken und Bälgen. Man sah Keilerwaffen bis zu 124 CIC-Punkten und Hirschgeweihe von 210 bis 213 CIC-Punkten. Die Bärenhäute, Wolfsdecken und Luchsbälge glichen einer Demonstration des Weidwerks auf hohem Niveau. Hier wurden keine Aushängeschilder präsentiert, hier spiegelte sich das Selbstverständnis der einheimischen Jägerei. Wir konnten vergleichen, hatten wir doch kurz zuvor im Hause von Dusan das familiäre Schaufenster gesehen: ein blitzsauberes, geschmackvolles Jagdzimmer, ein Minimuseum.

Indes, mehr zu spüren, Kleineuropa unter der Tatra. Fünf Kulturen prägten die Landschaft der Zips: Slowaken, Deutsche, Ungarn, Polen, Ruthenen. Eine Kette deutscher Ansiedlungen reichte von Preßburg durchs Waagtal bis hierher, Sprachinseln zwischen slowakischer und ungarischer Bevölkerung. Hier existierte vor einem halben Jahrtausend das Fundament eines blühenden Wohlstandes: ein jahrhundertelanger Handels- und Gewerbefleiß. In dem Museumsdorf glaubt man noch etwas von der Abneigung des magyarischen Reitervolkes gegen die großen Ansiedlungen zu spüren.

Kurzum, es wurde einiges geboten. In unserer modernen Sprache müßte man den Tag als eine jagdliche Öffentlichkeitsveranstaltung der lokalen Jagddirektion bezeichnen. Aber es war mehr. Es war eine Premiere. Als 1945 die Russen kamen, schafften sie die Eustachius(Hubertus)feier als Sitte der Bourgeoisie sofort ab. Nach 1989 wurden zunächst die Spitzenpositionen neu besetzt. Doch im Unterbau der Verwaltung verschwand die totalitäre Haltung von einst bis heute kaum merkbar. Für die nötigen Lockerungsübungen mußten also von oben Zeichen gesetzt werden. Keine leichte Aufgabe, denn der Status quo ist bequem, und es muß dem Umstand Rechnung getragen werden, daß die Menschen von Natur aus nicht sehr verträgliche Wesen sind. Es erwies sich daher nur als folgerichtig, mit einer Volksfestgelegenheit nach fast einem halben Jahrhundert die alte Jagdtradition wieder aufleben zu lassen. Ohne Imponiergehabe tat man das, mit nüchterner und praktischer Toleranz gegenüber der alten Nomenklatura. Unsere Dolmetscherin bemerkte lapidar und illusionslos dazu: „Neues gleich alte Struktura! In der Slowakei wird noch viel Wasser zur Donau fließen, bis die Menschen hier ein neues Denken haben."

Das bedeutet indes nicht, es wäre schon alles vergessen. Manche tiefe, schwere Wunde des Machtwechsels von 1945 war noch nicht verheilt, wirkte in ihrem Leid nach. Die Furie des Krieges hatte ganze Familien ausgerottet. Auch hier erschoß beim Russeneinmarsch 1945 ein Vater seine Frau und seine Kinder und dann sich selbst. Er kannte die Russen, gab sich keinen Illusionen hin und wollte nicht gequält werden. Und bis heute blieben die Russen völlig unbeliebt. Sie müssen sich zu schlecht aufgeführt haben.

Obwohl ethnisch Tschechen, Mährer und Slowaken ein Volk bilden, haben die einzelnen Volksgruppen untereinander ihre speziellen Vorbehalte. Die Tschechen werden mit rivalisierender Aufmerksamkeit verfolgt. Das geht sogar bis in Kleinigkeiten. Wir hatten beispielsweise zufällig tschechisches Bier gekauft und wurden prompt daran erinnert, daß das slowakische Bier genauso gut sei und noch dazu billiger. Nachsichtiger zeigte man sich gegenüber den Mährern.

Die Tschechoslowakei, dieser Kunststaat von 1918, wollte sich friedlich trennen, was auch geschah. Das Zauberstück dieser Konstruktion von damals zerbrach. Die alliierten Friedenspolitiker von 1918 ignorierten souverän, daß es nie vorher in der Geschichte diesen Staat gegeben hat. Tschechen und Slowaken blieben einander bis heute fremd, es herrscht eher ein ähnliches Verhältnis wie zwischen Flamen und Wallonen. Böhmen und Mähren gehörte seit dem 13. Jahrhundert zum Heiligen Römischen Reich Deutscher Nation, und die Slowaken lebten tausend Jahre unter der Krone des heiligen Stefan von Ungarn. Das zu mißachten, konnte nicht ungestraft bleiben und mußte zerbrechen, wie auch immer die slowakische Zukunft dabei aussehen würde. Vorerst atmeten die Leute froh die Luft einer unbekannten Freiheit und genossen stolz die Theaterkulisse von Pribylina. Die kleinen Katen, Holzbalkenbauwerke mit zur Straße weiß verputzten Wänden, wirkten einladend. Hohe Waldfichten setzten die Akzente, darin der Hubertushirsch, auf Fichtenreisern unmittelbar auf dem Schloßhügel vor dem Eingangsbaldachin. Und leibhaftig ritt Diana, ein hübsches junges Mädchen, in Wolfsdecke und mit Armbrust über die Dorfwege. Jagdhornbläser begleiteten das Programm. Acht Könner des Hirschrufs traten zu einem Wettbewerb an. Drei Rufdisziplinen wurden bewertet. Den 1. Preis, einen Gartengrill, hatte ein lokale Firma gestiftet. Das gefiel nicht allein den Jägern, das gefiel dem Volk. Nur gut, daß die Platzhirsche weitab von hier ihre Bahn zogen, sonst wäre zu befürchten gewesen, sie hätten uns wie wilde Reiter über den Haufen gestürmt.

Das Programm erfreute. Auf eine Keilerscheibe in 30 Meter Entfernung wurde ein Vorderlader-Bolzenschießen veranstaltet, an dem sich jeder aus dem Publikum beteiligen konnte. Den Schützen umgab im Halbkreis bis hin zur Scheibe eine andächtig stille Schar von Zuschauern – ohne irgendwelche Sicherungsmaßnahmen. Zwei Falkner führten ihre Habichte vor. Da sah man einmal aus nächster Nähe, was der Habicht an seiner Belohnung am begehrenswertesten fand: das Hirn der Maus! Der erste Schnabelhieb galt stets dem Kopf, um zu dieser Delikatesse zu kommen. All das hatte Stil. Manches verriet zudem Geschick und kluge Voraussicht, wie beispielsweise, daß nun der Sechzehnender von Reinhold K. doch nicht als Hubertushirsch gebraucht wurde. Neid und Rivalität löste man hier ebenso ungern aus wie bei uns.

Inzwischen sprach es sich herum, daß die Westdeutschen

Weidmannsheil hatten, ja sogar einen Bären fotografieren konnten. Die Kontaktaufnahme mit der hohen Jagddirektion erwies sich deshalb als unvermeidlich und endete in einer grandiosen Geste der Gastfreundschaft: „Wenn Sie wieder einen Bären in Anblick bekommen, wir geben Ihnen einen Bären bis zu 150 Kilogramm frei. Für unsere Gäste tun wir sehr gerne alles!“ Was hätte ich wohl getan, wäre mir das zwei Tage früher bekannt gewesen?

Ein Lebenshirsch mit besonderer Note

Seit Tagen bereicherten Wildspezialitäten unsern Mittagstisch. Vom Sechzehnender gab es Hirschleber in der Pfanne und in der Suppe, Züngerl mit Pilzen, Hirschsteak, Hirschgulasch, dazu Tomaten, Obst, Käse und Tee in allen Variationen. Die Verwertung des Wildes florierte erstaunlich gut. Bei uns zu Hause dürften vermutlich kaum mehr als 50% der Beute in den üblichen Kreislauf menschlicher Bedürfnisse eingeschleust werden. Die Konkurrenz der Metzgereien machte die Verbraucher vielleicht ein bißchen hochnäsig. Man konnte es sich aus der Überfülle heraus leisten, beim Wild auf Haupt, Läufe, Geräusch, also die Innereien, und Decke zu verzichten. Dabei stand diese Gepflogenheit im krassen Gegensatz zur Perfektion unserer Schlachthäuser, die bei einem Stier außer Magen- und Darminhalt alles zu verarbeiten pflegen, von den Klauen bis zu den Augenlinsen. In diesem Land dagegen zwangen der Mangel und die allgemein verbreitete Kargheit, jedes Stück Wild besser zu nutzen. So herzhaft deftig-einfach man auch aß, „fett“ wurde hier keiner der Jäger.

Während wir in der warmen Sonne im Freien vor der Hütte saßen und allmählich daran dachten, uns für die Abendpirsch fertig zu machen, hielt ein klappriger Bus voller Waldarbeiterinnen vor uns. Viel Gelächter drang aus ihm, und die Dolmetscherin mußte in Aktion treten. Gekicher, ablehnendes Kopfschütteln, zustimmendes Nicken. So ging es eine Weile hin und her, dann übersetzte Quetta, verschmitzt lächelnd, die Frage, die diese Busladung von Frauen so ausgiebig beschäftigte: „Ob einer von den deutschen Jägern heute nacht mit jemand von ihnen schlafen möchte? Einer? Zwei? Wer will, kann gleich einsteigen." Angebote im Gewand derber Frotzelei? Josef K. darauf schmunzelnd: „Weh, wenn in der Liebespein, die Menschen statt der Hirsche schrei'n!"

Nun, die Abendpirsch verlangte den Aufbruch.

Erwin T., dem Salzburger, gehörte für diesen Abend die Bühne draußen in der Natur und anschließend bis Mitternacht in der Hütte.

Iwan, sein Pirschführer, wollte wissen, ob sein nicht sehr viel älterer Gast bei einer strapaziösen Pirsch mithalten konnte. Was Iwan nicht wußte, Erwin war hochgebirgstrainiert. Prompt rannten beide mehr, als sie pirschten, raumgreifend durch ihren Revierteil. Uralte, mächtige Baumleichen, Hindernisse voll Überraschungen, für jede Anstrengung gut. Wenn Iwan sichtlich auch nicht daran dachte, den Hirschruf zu verwenden, beim Pirschen, mochte es dauern, so lange Iwan wollte, konnte er Erwin gewiß nicht schlagen.

Der heimliche Wettkampf hatte Gott sei Dank keineswegs ihre Sinne ausgeschaltet. Ein jähes, krachendes Geräusch, kurz vor ihnen, ließ sie ruckartig erstarren. Erwin, erfahren und entschlossen, machte sich augenblicks schußbereit, mochte kommen, was da wollte. Einzig richtig. Im nächsten Augenblick stand ein Prügelhirsch vor ihm, wie aus dem Boden gewachsen. Kein Schrei hatte ihn angekündigt.

Iwan bestätigte später, daß diesen Hirsch im Revier niemand kannte. Weite Geweihauslage, Krone auf beiden Seiten, ein gewaltiger, imponierender Anblick. So einer ist Erwin schon immer durch seine Träume gegeistert. Er schoß, und der Hirsch lag. Und dann stand Erwin vor seinem Lebenshirsch. Geweihauslage 1,00 Meter. Was für eine geballte Kraft steckte in diesem Geweih! Eine einmalige Chance, wie sie die Jagd plötzlich parat hält. Nur handlungsbereite und reflexsichere Jäger können sie nutzen. Irgendwie waren die beiden diesem Zufall entgegengestürzt, nein, entgegengerannt. Ein weiter Weg zurück lag vor ihnen, und nach Hause bringen konnte man den Hirsch an diesem Abend nicht mehr. Was blieb anderes, als dem Recken das Haupt abzuschärfen und ihn zu lüften. Alles andere konnte erst am nächsten Morgen erledigt werden.

So geschah es. Iwan schulterte das Geweih, Erwin seinen und dessen Repetierer. Dann begann der Rückweg. Die Nacht brach herein, und stramm ging es voran. Längst herrschte Dunkelheit, als sie bei uns einlangten. Ein freudiges Hallo empfing sie. Erwin sprudelte uns sein Erlebnis plastisch in die Stube.

Pirschführer und Jäger hatten sich um ihre Beute zu kümmern. Im Morgenlicht brachen sie daher auf, dieses Mal im Jeep. Noch immer voll Euphorie, gewahrte Erwin erst nach 200 Metern, daß er seinen Bergstock im Jeep vergessen hatte. Als Gebirgler an die „Alpenstange“ gewohnt, kehrte er um, sie zu holen. Und diese kleine Gedankenlosigkeit brachte ihn um das Weidmannsheil seines Lebens. (Bemerkung am Rande: Wäre er abergläubisch gewesen wie unsere Altvorderen im grünen Rock, hätte er dies unterlassen, denn die alte Jägerei behauptete steif und fest, daß ein Zurückgehen in jedem Fall und unverzüglich Unglück bringe!)

Iwan, der keine Zeit verlieren wollte, marschierte alleine weiter, stand auch bald vor dem Hirsch und mußte zu seiner Überraschung feststellen, daß diesen inzwischen jemand umgedreht hatte. Das konnten nur Bär oder Bärin gewesen sein. Ihre drei Jungen brachten zusammen nicht die Kraft dazu auf. Na schön! Iwan machte sich an die rote Arbeit, holte die große Leber heraus, hieb den Gipfel einer Jungfichte ab, stieß dessen Spitze zwecks leichteren Transports durch die Leber und stellte das Ganze zur Seite.

Das war des Guten zuviel gewesen. Mit einem gereizt zornigen Brummen stand plötzlich ein 200-Kilo-Bär wenige Meter vor ihm. Und griff an. Iwan hatte im Nu seinen Repetierer in der Hand und schoß, schoß bewußt über den Bärenkopf hinweg. Der Bär warf sich herum und nahm Reißaus. Noch einmal gutgegangen. Wäre Erwin neben Iwan gestanden, wäre ihm dieser Bär zur Beute geworden. So hatte er nur den Schuß gehört.

Iwan verlor keine Sekunde den Überblick. Er wußte, er hätte den Bären immer noch auf kurze Entfernung mit einem zweiten oder auch dritten Schuß abfangen können. Später sagte er ganz offen: „Diesen Bären aus Notwehr zu schießen, wäre zwar von den Behörden hingenommen worden, aber mein ganzes Berufsleben lang hätte man es mir nicht vergessen. Ich kann es mir nicht leisten, wegen eines Bären meine Berufschancen zu verspielen."

Meister Petz' Attacke gegen Iwan läßt sich als Lehrstück der Natur einstufen. Zunächst bestimmt nämlich der Hunger das Tun und Lassen der Geschöpfe. Der Bär fühlte sich um die verführerisch duftende Leber betrogen – daher sein Angriff. Doch er verteidigte seinen Fraß nicht um jeden Preis.

Selbst der Stärkere darf flüchtig werden, schließlich

gibt's Fraß auch anderswo. Die Literatur berichtet öfter, daß erfahrene Bären nicht zum geschlagenen Wild oder Vieh zurückkehren, sofern sie feststellten, am Luder lauert der Mensch. Man weiß auch, daß die Bären, so sie überhaupt zu einem gerissenen Stück zurückkehren, meist in der Nähe davon den Tag überschlafen. Sie halten sich bei ihrem Riß auf und registrieren mit ihrem überfeinen Gehörsinn jedes verdächtige Geräusch. Freilich, der Bär hatte den Hirsch nicht gerissen, die frische Wittrung hatte ihn zum Wild geführt.

Für Bären sind zwar wilde Bienen etwas Feines, und sie holen sich Mäuse aus faulen Baumstöcken, doch dem stinkenden Hirschgescheide, dieser unvergleichlichen Delikatesse, können sie nicht widerstehen. (Die Jäger Alaskas sagen lakonisch: Von der Maus bis zum Elch frißt der Bär alles.) Erwin, von Iwans Schuß alarmiert und herbeigeeilt, rammte in stiller Wut seinen Bergstock in den Boden. Er als zahlender Gast, ein angreifender Bär, Schußerlaubnis für schwache Bären sowieso, man wäre sich, so es Kilogramm-Differenzen gegeben hätte, gewiß einig geworden. Einen Kapitalhirsch und einen Bären binnen 12 Stunden zu strecken, wo gibt es das heutzutage sonst noch? Diana hatte gestern geblinzelt und heute schien ihr eben zum Lachen nicht zumute gewesen zu sein …

Mitten in der Hirschbrunft brachten die Bären alles durcheinander. Einen der Jungbären, er trug eine weiße Halsbinde, konnte ich beobachten. Da meine Berichte vom Bärenfoto und dem Lukan spontane Ungläubigkeit auslösten, beschränkte ich mich, lakonisch zu sagen: „Vom nächsten Bären hört ihr erst, wenn er erlegt ist."

Auch der stärkste Jungbär kreuzte meinen Weg, doch längst hatte Josef K. klargestellt: „Jungbären nein, das ist Kindermord." Der Hauptbär nahm die letzte Begegnung mit uns jedoch offenbar übel – und schlug einen Tag später in seinem Grimm einen Jungstier der Alm.

Jedenfalls sorgten die Bären fortan für Gesprächsstoff am Lagerfeuer. Und es wurde heiß diskutiert.

„Wißt ihr eigentlich, wie leichtsinnig ihr gewesen seid?" fragte Josef K. Erwin T. „Ihr seid gestern abend eineinhalb Stunden in der Dunkelheit hierhermarschiert. Iwan, mit dem Geweih auf dem Rücken, hinterließ vom frischen Schweiß gewiß eine gewaltige Duftspur. Du, Erwin, mit einem Zielfernrohr auf dem Gewehr und irgendwo einer Taschenlampe, wärest nicht in der Lage gewesen, einen angreifenden Bären zu stoppen. Auf kurze Distanz eine katastrophale Begegnung. Seid froh, daß der Bär den Zweibeinern aus dem Weg geht."

„Vom Bären redet hier kaum jemand. Warum sollten wir uns besonders vorsehen? Bei bösen Erfahrungen hätte man uns gewarnt."

„Merkwürdig ist das schon", schaltete ich mich ein. „Wir bewegen uns mitten im Bärengebiet geradezu naiv. Warum dürfen wir uns das erlauben? Wenn ich mich jeden Morgen bei aller Dunkelheit hinter meinem Marian keuchend, stolpernd und abrutschend stundenlang den Berg hochquäle, bis selbst Lederbundhosen von innen durchgeschwitzt sind, kommt mir, mitten im Bärengebiet, kein einziger Gedanke an die Petze."

„Ist auch nicht notwendig", sagte Josef K. „So klein ihre kurzen, runden Gehöre auch sind, sie vernehmen euch auf große Distanz und sind längst weg, weichen still aus. Am Tag in freier Wildbahn auf einen Bären zu treffen, ist extremer Zufall. Deiner", fuhr er an mich sich wendend fort, „war halt schon in der frühen Dämmerung auf den Läufen und Erwin seiner wurde ganz schlicht vom Fraß getrennt. Vermutlich handelte es sich um ein und denselben Bären."

Das Thema erweiterte sich von selbst. „Nun, im allgemeinen gibt es dem Bären gegenüber nur zwei kritische Situationen. Die eine besteht darin, daß man zwischen den Bären und seinen Fraß gerät, die andere, wenn man sich zwischen die Bärin und ihre Jungen schiebt. Bären suchen sonst keinen Streit!“

Monate später zeigte mir Jagdfreund Reiner R. beim herbstlichen Schüsseltreiben das Foto einer Bärenbranke aus Kanada. Die Kraft, die in ihr steckte, ließ sich ahnen. Aus den Bergen Kanadas und Alaskas wird schon ab und zu einmal berichtet, daß ein Bärenhieb einem Menschen den Kopf vom Rumpf trennte.

Das Beihirscherl der Hirschruf-Pirsch

Marian wollte mich nun unbedingt zu Schuß bringen. Zwei der vier uns Gastjägern freigegebenen Kronenhirsche lagen schon auf der Decke. Jetzt sollten auch die anderen beiden Kapitalen fallen; jedenfalls wünschte sich das die einheimische Jägerei. Josef K. hatte bereits einmal den wohl stärksten Hirsch dieses Reviers vor sich. Jan, der erfahrenste Pirschführer, zögerte, offenbar selbst verblüfft von der Stärke des Recken, etwas zu lange mit der Freigabe, und diese halbe Minute rettete dem Hirsch das Leben.

In der Wildnis der Karpaten pflegen die Hirsche nicht regelmäßig an dieselben Plätze zu ziehen. So kann eine ungenutzte Gelegenheit nicht am nächsten Morgen oder Abend am selben Ort nachgeholt werden. Indes, selbst wenn man keine Gelegenheit verpaßt, bedeutet nicht alles vielversprechend Aussehende eine echte Chance. Die Jagd ist dort zu unberechenbar. Nur der unverdrossene Wille, es immer wieder zu versuchen, das Trotzdem also, vermehrt die Gelegenheiten. Das bedeutet, jeden Morgen, stets im Dunkel der Nacht, bei sternklarem Himmel und Vollmond im hohen Bestand hinauf auf die Höhe. Mein Gott, wie bewährte sich da die überbreite Krempe meines Hutes bestens. Der Filz schützte die Augen, hielt die peitschenden kleinen Äste ab.

Einmal oben, dort, wo es lichter wurde, hielt dann mitunter diese Schlafstunde der Nacht Überraschungen bereit. Wieder einmal blieb Marian vor mir stehen. Er wußte längst, wiesehr mich der Aufstieg anstrengte und daß er ab und zu auf mich warten mußte. Als ich herangekommen war, deutete er gegen den Nachthimmel auf eine vier Meter hohe Randfichte am Weg. Ein kugeliges Knäuel hob sich da von einem Ast ab. Marian wußte, was er vor sich hatte, ich nicht. Weiter darum, bis wir direkt darunter standen. Auf zwei Meter Abstand wurde es schließlich dem anhakenden Waldkauz zu dumm und er warf sich lautlos auf die Schwingen.

Die Art, wie Marian jagte und zu führen verstand, sagte mir außerordentlich zu. Längst hatte ich es mir zur Regel gemacht, in fremden Revieren zunächst einmal dem Urteil erfahrener Jäger zu vertrauen. Warum auch nicht? Man muß nur richtig werten können, was und wie einer etwas sagt, vor allem aber, wie er handelt. Meinem Vater als Lehrmeister hatte ich blind vertraut, und gar manchem anderen Jagdfreund oder Pirschführer auch. Das hing nicht vom Alter ab. Zum Fehler wird diese Haltung erst dann, wenn man sie aus reiner Bequemlichkeit annimmt, also die eigene Wachsamkeit freiwillig aufgibt.

Nun, ich fühlte mich bei Marian in guten Händen. Wir bewegten uns zwischen Nacht und Tag, wo die einfachsten Dinge ihre Formen, ihr Aussehen verändern und mancherlei die Phantasie beflügelt. Mochte der Kopf anfänglich noch verschlafen sein, der Kreislauf kam jedenfalls bald in

Schwung. Eine Stunde bergauf, ohne zu sehen, wohin man tritt, treibt den Schweiß aus allen Poren. Die 13. Pirsch in dieser Brunft und zugleich die vorletzte. Zwar hatte ich eine Chance gehabt, doch glatt vorbeigeschossen. Meinem braven Marian kostete es sichtlich einige Mühe, seinen Kummer darüber vor mir zu verbergen. Als bestes Pflaster für solche Fälle hat sich immer noch etwas Knete, ein bescheidenes Bakschisch bewährt. Unerwartet, wie es für ihn kam, wirkte das wie ein Sonnenstrahl, der seine Seele berührte. Geld ist eben Glück, das man in die Hosentasche stecken kann. Die Forstbeamten verdienten nach unseren Maßstäben jämmerlich wenig. Je nach Rang lag der Verdienst zwischen 3000.– und 6000.– Kronen, also zwischen 150.– und 300.– D-Mark monatlich. Hinsichtlich der Grundbedürfnisse des täglichen Lebens konnten sie sich damit zu Niedrigpreisen im Inland ansprechend versorgen. Importartikel dagegen hatten saftige Preise, und schon ein Kurzurlaub in unserem Westen kam unerschwinglichem Luxus gleich.

Das alte System hatte den Leistungswilligen und Leistungsstarken durchaus bescheidenen Wohlstand ermöglicht. Dusan, 35 Jahre alt, verheiratet und Vater dreier Kinder, besaß seit fünf Jahren ein eigenes Haus. Das Land war billig und die Eigenleistung groß. Vom Überfluß unserer Wohlstandsgesellschaft unbeleckt, steckte mancher alle seine Energien in ein solches Zentrum der Familie, in sein Eigentum. Jetzt, bei der frisch gewonnenen Freiheit in der schlagartig veränderten, ungewohnten neuen Welt, wurde jede zusätzliche Hilfe erst recht freudig angenommen. Das alte System konnte sich ja nicht so rapid ändern, wie es die Menschen erhofften und wünschten. Die Beharrungstendenzen bewirkten Reibungsverluste. Quetta erzählte uns, daß die Kommunisten, als sie 1948 die Richtung bestimmten, zuallererst eine umfassende Kontrolle installierten, die bis in jedes Dorf reichte. Dieses Kontrollsystem war natürlich mit Eingriffen in das einfache persönliche Eigentum verbunden und damit verhaßt. Gar nicht so selten wurden Übergriffe blamierend und drastisch verweigert. Einen Funktionär, der einer Bäuerin ihr Schweinefleisch wegnehmen wollte, stoppte diese kurzerhand, indem sie sich umdrehte, bückte, ihren Rock hochhob und ihm den nackten Allerwertesten zeigte: „Hier ist Fleisch!"

Seit dem Demokratiestart von 1989 gibt es in den Dörfern keine Kontrolle mehr. Selbst in den Industriebetrieben, noch weitestgehend staatlicher Besitz, fanden die Kontrollschikanen ein Ende. An diesen Stellen sprudeln die Geysire des angeborenen Egoismus erstaunlich vital, schaffen Eigentum, das den Menschen bleibt. Logisch, mancher altkommunistische Kader in den Kolchosen möchte gerne wie bisher weitermachen. Doch des Volkes Stimme höhnt bereits: „Im Augenblick weiß die Regierung, wohin die Milliarden fließen. Entdeckt sie erst einmal, daß sie in den Kolchosen versickern, wird sich das ändern." Lediglich bei den staatlichen Verwaltungen behielt man die fast liebgewonnene Kontrollroutine bei. Pünktlich jeden Freitag kommt der Forstdirektor mit seinem Stellvertreter, einer Forstingenieurin, und dem Betriebsratsvorsitzenden im Auto zu sämtlichen Außendienststellen. Das Statussymbol für diese hoheitlichen Tätigkeiten ist nicht die Automarke, denn die engen, rückständigen Vehikel östlicher Autofirmen bestimmen nach wie vor das Straßenbild. Das Statussymbol ist der Fahrer!

Immer wieder kreuzen sich die frischen Eindrücke des Urlaubs mit den jagdlichen Überlegungen während eines Aufstiegs im Tann, wo das Mondlicht nur streifenweise durchdringt und das Funzellicht der Taschenlampe nur wenig hilft. Die Hirsche melden, gleichmäßig und in Abständen. Innehalten, Verhören. Inzwischen lief die Brunft ohne Zweifel auf vollen Touren, ihr Rhythmus ließ aber keine herausragenden Höhepunkte erkennen. Die Platzherren zeigten keine besondere Neigung, ihren Herrschaftsbereich weiträumig zu verlassen. Eine Ausnahme machte der suchend ziehende Hirsch, der in kurzer Zeit bergauf und bergab etliche Kilometer mühelos hinter sich bringen kann. Das Krachen der Geweihstangen, das Rivalenduell werde ich in diesem Revier kaum erleben, soviel wußte ich mittlerweile. Grandios hatte ich das vor wenigen Jahren in Spanien bei meinem zweiten Aufenthalt in El Sauceral erlebt. Zuerst das Duell der röhrenden Hirsche, dann der Parallelmarsch vor dem unbeteiligt abwartenden Kahlwild, jäher Zusammenprall, der Dreh- und Schiebekampf, die Flucht des Schwächeren und die begrenzte Verfolgung durch den Sieger. Ein solch geforderter König der Wildnis geht mit seinem maximalen Gewicht von der Feistzeit her in die Brunft, und weniger als zwei Wochen genügen, ihn bis zu 20% davon verlieren zu lassen. Diesen Platzherren sieht man das auch an. Der Rumpf wirkt zum Spiegel hin zugespitzter, hat etwas von der Wucht der vollen Kraft verloren, und nicht wenigen von ihnen geht schließlich die Kraft aus. Wer kann, der kann! Wer nimmer kann, hört auf. Man kann auch nicht überall alles haben!

Inzwischen wurde es hell und wir wußten, daß die Hirsche erst nach halb neun ihr „Auhahö" und „Ohar" einstellten. Vier kräftige Stimmen meldeten im Rund. Zweien davon schien Marian nachgehen zu wollen. Er hielt seinen Hirschruf bereit und begann zu erwidern. Die Hirsche antworteten, zogen etwas näher, indes nicht nahe genug. Trotz lichtem Wald bestanden ausgesprochen ungünstige Sichtverhältnisse. Huflattich, Wacholdergestrüpp, Farn, Himbeere boten gute Deckung. Und die oft weit am Boden hinkriechenden, höchstens 2 bis 3 Meter hoch werdenden Bergkiefern gaben für uns undurchdringliche Einstände ab. Die Latschen setzten bereits ab 1600 Metern ein, kletterten hinauf vor die Baumgrenze und legten sich als Schutzgürtel vor das Holz.

Unsere Nasen registrierten mehr als die Augen. „Jelen." Der penetrante Brunftgeruch signalisierte alles. Jeden Augenblick mußte der Hirsch auftauchen. Die Spannung stieg. Umsonst, der Hirsch verstummte und verdrückte sich. Also den anderen. Kaum näherten wir uns ihm, ertönte wieder der urig-tiefe Baß des ersten. Marian ließ sich von der stärkeren Stimme locken und machte kehrt. Das schmale Tal hallte vom Orgeln wider. Sehnsuchtsvoll der eine Ruf, zornig der andere, bald mürrisch müde, bald herrisch wütend. Und dazwischen, zur Irritation aller, Marian mit seinem Hirschruf.

Gleichwohl verließen die Hirsche ihre Plätze nur wenig. Also sich für einen entscheiden und dann entschlossen in die gute Stube eindringen, gerade so leise und so laut, daß der Hirsch uns als Nebenbuhler verstand. Die sonst gewohnte Sicherungseinrichtung des spähenden Alttieres brauchten wir kaum zu fürchten. Das Wild rudelt sich hier nicht. Lag darin vielleicht eine der Ursachen für das mir nicht bekannte Verhalten der Hirsche? Jagen mit dem Hirschruf, kein Hochsitz weit und breit, rauf und runter, Dickungen durchbrechend, also ich absolvierte mein Fitneßprogramm so ganz nebenbei.

Josef K., mit 84 Jahren unser Konditionswunder, rückte abends zuvor mit einer Meinung heraus. Die unvorhersehbaren Schwierigkeiten führen alle von den Anstrengungen her zu einem beachtlichen Niveau an Körperbelastung, meinte er. Selbst im Gebirge bestehen diese Schwierigkeiten normalerweise nicht. Er mußte es ja wissen, denn er konnte vergleichen.

Marian verließ den Pirschsteig in der Nähe der Kuppenhöhe und nutzte jetzt alle Wetterfichten und die randständigen Bartfichten, um dem bislang ungesehenen Kapitalen näher zu kommen. Die Sache ließ sich vielversprechend an. Wir bewegten uns aufeinander zu, und der Wind stand günstig. Vorsichtig mischte Marian in dem Rufduell nun stärker mit. Alle unsere Sinne konzentrierten sich nach vorne, denn jeden Moment konnte der Hirsch auftauchen, und dann hieß es in Sekundenschnelle handeln.

Mittendrin ließ uns beide gleichzeitig ein krachender Lärm hinter uns herumfahren. Ein Hirsch suchte mit dem Windfang am Boden in unserem Rücken und hatte noch keine Ahnung von unserer Nähe, steuerte die aber ziemlich flott an. Woher kam er auf einmal? Gemeldet hatte der jedenfalls nicht. Ein stummes Beihirscherl, das wohl noch nie einen Schrei von sich gegeben hat und sich nun anschickte, uns glattweg zu überrennen. Von Marian kam: „Sofort schießen." Hier blieb nichts anderes übrig, an den Platzhirsch konnte ich jetzt so und so nicht mehr denken.

Als der Hirsch aufwarf, befand er sich so nahe, daß er uns unmittelbar eräugen und erkennen mußte. Zwar nicht was ich wollte, stand da vor mir, aber ein Karpatenhirsch und als solcher die Krönung meines großartigen Jagdurlaubs.

Im Anschlag ließ ich ihn herankommen, und tatsächlich verhielt er etwa 20 Meter vor uns und warf auf. Starker Wildkörper und ein kümmerliches, ungerades Achtergeweih. Egal, nicht die Trophäe, das Erlebnis zählte!

Der Kammerschuß ließ ihn links vorne tief einknicken. All das ereignete sich in Sekundenschnelle. Ich hatte erwartet, ihn bei meiner 9,3 x 64-Steyr-Mannlicher-Repetierbüchse zusammenbrechen zu sehen und bekam statt dessen eine Lektion über die Kraft eines Brunfthirsches erteilt. Das eingeknickte Hirscherl wurde sofort wieder hoch, und der absolut tödlich getroffene Hirsch brach, entgegen gängiger Erfahrung, senkrecht bergauf weg. Er überfiel erstaunlich kraftvoll eine mächtige Baumleiche, rutschte aus, kam abermals auf die Läufe und verschwand nach oben im slowakischen Urwald. Im Nu hatte ihn die Wildnis verschluckt. Am Anschuß kein Tropfen Schweiß, nur die Ausrisse ließen sich finden. Wir wollten es nicht glauben und brauchten einige Minuten, um dies als Tatsache hinzunehmen. Eine Elefantenpatrone, die auf kürzeste Entfernung beim Hirsch keinen Ausschuß erbrachte. Marians Können und Ehrgeiz waren nun gefordert, und prompt verwandelte er sich in seinen eigenen Schweißhund. Bedächtig tupfte er die Fährte aus und verschwand gleichfalls nach oben. Es blieb nichts zu tun, als zu warten. Endlich, nach 20 Minuten, kam sein erlösender Ruf. Vielleicht 50 Meter oberhalb des Anschusses lag der verendete Hirsch. Kein Ausschuß! Ein überglücklicher Pirschführer gratulierte.

Ein fünfjähriger Abschußhirsch, ungerader, schwacher Achter, den die Forstverwaltung bei der Abrechnung wegen seiner geringen Stärke nicht einmal auspunktete. Auf die Waage brachte er 111 Kilogramm. Typisch der ewige Beihirsch, den seine Rivalen nie zur Brunft zuließen, der nicht röhrte und auch keinen Brunftgeruch verströmte. Ja, ohne Testosteron kommt nicht viel aufs Haupt, und dann bleibt das Hirscherl bei dem Naturschauspiel der Brunft ewig der abgeschlagene Außenseiter.

Die Gesetze der Natur sind unübersehbar gültig. Man weiß, daß die soziale Rangleiter von Küken, nach der sie einander hacken dürfen, durch Testosteron bestimmt wird. Wo wenig Testosteron, da fehlt auch das andere männliche Sexualhormon, das Androsteron. Letzteres übernimmt beim Hirsch während der Brunft offenbar die Rolle des Geschlechtspheromons. Verströmt diesen Lockstoff beispielsweise ein Keiler, bewirkt das die Duldungsstarre der Bache. Wer mehr davon hat, ist durchsetzungskräftiger. Gleichheit gibt es in der Natur nicht, nicht einmal gleiche Chancen.

Jetzt interessierte mich vor allem der Schuß. Das Schußzeichen, der fehlende Schweiß und die beeindruckende Flucht bergan widersprachen einander. Man kann in solchen Augenblicken an sich selbst zweifeln. Auf der Einschußseite hatte das 19 Gramm schwere Torpedo-Universal-Geschoß ein Loch gestanzt, dann die Hauptschlagader am Herzen zerrissen, und vom unteren, verdickten Teil des Schulterblattes wurde das aufgestauchte Projektil nicht mehr durchgelassen, der Ausschuß verhindert. Durch die rasche Verblutung nach innen gab es nirgendwo Schweiß.

Selbst wenn die Jagdgöttin lächelt, zwinkert sie gelegentlich dabei und scherzt mit dem Jäger. Die Erbeutung eines stummen Hirsches zählte zu letzterem, stellte eine Alternative zu dem aus vollem Hals schreienden Herrn des Rudels dar. Das Hirscherl war unruhig genug, um auf der Suche nach Alttieren selbst dem Platzhirsch entgegenzuziehen. Es wurde dabei zum Ersatzobjekt und verhinderte den Schuß auf den Platzhirsch. Aber diesem und nicht ihm hatte die Karpatenpirsch gegolten.

Der Abend sah uns dann im Hause des Jägers, wohin Marian und seine junge Frau uns alle eingeladen hatten. Dieser einsame Forstposten der Niederen Tatra erinnerte an die Försterhäuser bei uns vor einem halben Jahrhundert. Im Stall standen drei Kühe, ein Kalb, dazu zwei Schweine. Natürlich fehlten Hund, Katze und Truthähne nicht.

Wenn eine junge Frau ihrem Mann in eine solche Einöde folgt, dann läßt der Mann sie teilhaben an seiner Privatprämie. Marian hatte an diesem Tag recht geschäftig zu tun. Mittags fuhr er mit seiner Frau, um deren Garderobe etwas zu erneuern, in die 30 Kilometer entfernte Stadt Liptovsky Hrádok. Eine Bluse und ein Pulli, so schick als überhaupt erhältlich, wurden uns abends voll Freude präsentiert.

Unsere von zu Hause mitgebrachten Alkoholika hatten längst ihren Weg durch die durstigen Kehlen genommen.

Jetzt füllten neben Bier Eigenbauprodukte, wie Obstler und Himbeerwein, die Lücke. Wie einst im Forsthaus meiner Jugend, blubberten in der guten Stube zwei Glasgärballons mit Himbeermaische vor sich hin. Wir Älteren haben es weitgehend vergessen oder verdrängt, und die Generationen nach 1950 kannten das wohl nicht mehr: Dort, wo Jäger, Holzer und Pferdeknechte und Frauen das einsame Leben weit abgeschiedener Waldleute führen, ist das Handeln äußerst traditionell. Hier herrscht die Maxime, mit möglichst geringen Kosten und bescheidenem Aufwand ein maximales Ergebnis zu erzielen. Man braucht Vorrat über den Tagesbedarf hinaus, stets ein bißchen mehr, als für die nackte Existenz notwendig. Es geht dabei „notig" zu, und eine gewisse Bedürfnislosigkeit beherrscht das Leben.

Nichts von der fröhlichen Utopie „Zurück zur Natur" läßt sich hier wahrnehmen. Wohl dagegen, gewissermaßen als positive Kehrseite der Medaille, die spürbare Haltung unabhängiger Freiheit. Hier wird immer noch gejagt, weil Wild zum Speisezettel der Küche gehört, denn der Metzger ist weit, und die hausgemachte Hirschwurst, wie sie auf dem Tische stand, schmeckte ausgezeichnet. Für die Jäger spielen die Trophäen keine besondere Rolle. Und manche Jägersfrau lächelt mitleidig verständnisvoll, sobald sich die Männer über die Altersbestimmung des erlegten Wildes in die Hitze reden. Für sie läßt sich das Alter am zuverlässigsten und einfachsten an der Zähigkeit des Wildbrets messen. Sie schätzen die jüngeren Stücke, liefern sie doch das beste Wildbret. Die alten Böcke, Keiler und Hirsche sind zäh und weniger schmackhaft. Freilich, in der Not nimmt man sie auch, denn da „frißt der Teufel selbst Fliegen", wie man zu sagen weiß.

Hirschgeweihe, Keilerwaffen, Rehkronen bedeuten dem einheimischen Jäger eher Berufszeichen. Er zeigt sie vor, benutzt sie als Beweis dafür, daß er sein Handwerk versteht; nicht anders als der Kunstschlosser, der sein eigenes schmiedeeisernes Tor hat oder der Uhrmacher die Perpentikelstanduhr in der Ecke.

Noch etwas anderes hat mir Achtung abgenötigt. Diese Urwaldjäger bereiten nicht viel vor, wenn sie zum Weidgang aufbrechen. Und sie führen nur kleines Gepäck mit sich. Sie sammeln keine Pilze, sie bücken sich allerdings nach ihnen, wenn zwei Riesensteinpilze für eine Mahlzeit reichen. Sie kennen vielerlei Teesorten und nützen Blüten und Blätter der Flora als Tages- oder Heilgetränk. Und wie bei den Japanern, zieht man die Schuhe vor dem Haus aus. Die obligaten Teppichböden werden nur mit Strümpfen betreten. Welch ein Kontrast zu unserem Lebensstandard, wo, merkwürdig genug, nicht wenige Nichtjäger aus Liebhaberei gutes Geld für Wildtiertrophäen als Wandschmuck ihres Heimes aufwenden!

Reinhold K. stimmte ein Lied an, die Melodie wurde in der Runde rasch aufgenommen. Erwin T. fiel mit einem Jodler ein. Melodien schlagen Brücken, schmelzen die Gastjäger des Westens und die Einheimischen in Stunden des menschlichen Verständnisses zusammen. Wahrhaftig, in der Slowakei zu weidwerken, und das zufällig zum Zeitpunkt eines historischen Umbruchs, ließ an Eindrücken und Erlebnissen nichts zu wünschen übrig. Und die nächste Hirschbrunft kommt bestimmt! Der eigene Lebensfaden, wenn auch merkbar kürzer geworden, wird für die nächste und gar manche andere Hirschbrunft noch reichen. Schließlich bewies Josef K., unser 84jähriger Senior, „Fitneß bis ins hohe Alter" geradezu demonstrativ.

Der Bündner Jäger und sein Steinwild

Das Gasthaus in Davos-Dorf, hingeschmiegt an eine Flanke des Dorftälli, nahm sich im Vergleich zu den beherrschenden Hotelburgen und -palästen des Wintersportzentrums bescheiden aus. Dafür bot es, bei durchaus ausreichendem Komfort, die beste Küche des Ortes, und das in einer Wirtsstube, die etwas Hüttenatmosphäre ausstrahlte.

Als langjähriger Wintergast in diesem Skigebiet hatte ich es schon vor geraumer Zeit zuwege gebracht, einen verständnisvoll offenen Kontakt, einen Brückenschlag, zu der berglerischen Welt der Einheimischen der Davoser Landschaft und des Prättigaus zu finden. Freilich erleichterte dies der Umstand, daß der Wirt selbst den grünen Rock trug und an seinem Stammtisch seine Bündner Jagdfreunde in einer gewissen Regelmäßigkeit zu versammeln pflegte.

Das jährliche Wiedersehen hatte unversehens eine ganz besondere Note erhalten. Unübersehbar beherrschte den Ehrenplatz des Stammtisches ein hochkapitales Hirschgeweih, das im letzten Jahr noch nicht über ihm hing und das nie und nimmer ein alter Berghirsch getragen haben konnte. Bereits beim ersten Schritt in die Gaststube sprang mir die klobige Wuchtigkeit der Stangen faszinierend in die Augen, und es kostete einige Überwindung, mich auf die Wiedersehensfreude umzustellen. Der Wirt strahlte: „Aus dem Kaukasus habe ich es mitgebracht." Klar, woanders sonst als in einigen Spitzenrevieren Ungarns und ein paar anderen Stellen der östlichen Weite Eurasiens konnten solche Hirsche heranwachsen.

Ich brannte darauf, das Erlebnis dieser Jagdsafari möglichst bald und ausführlich plastisch zu erfahren. Und dann kam doch alles ganz anders, als ich es mir vorgestellt hatte. Etliche Tage später, reichlich müde und erschöpft von einem langen, strapazvollen Tag des alpinen Skifahrens rund um die Parsenn, saß ich in der Runde der Bündner Jäger, neugierig auf die Hirschgeschichte wartend, und erlebte stattdessen en passant eine Lehrstunde über das Steinwild.

Albert Sch., dem diese Wildart im Laufe der Jahre beträchtlich ans Herz wuchs, wußte wohl so ziemlich alles, was es darüber zu wissen gibt und was ein Bündner Jäger einfach zu wissen hat. An sich nichts Besonderes im Kreis dieser Männer, und trotzdem spürte der Zuhörer jenen verhaltenen Hauch von Innigkeit für das gesellige Steinwild, der Neugierde und Wertschätzung verursacht.

Der Steinbock ist das Wappentier Graubündens. Er war in der Schweiz lange Zeit ausgerottet und beispielsweise in Graubünden bereits im 17. Jahrhundert verschwunden. Verständlich, daß er, nachdem ihn die Schweizer wiedereinbürgern konnten, heute das jagdliche Faszinosum unserer Alpenwelt bedeutet.

Natürlich gibt es in etlichen anderen Hochgebirgen der Welt ebenfalls Steinwild bzw. Steinböcke. Nicht selten sind diese stärker als der alpine Steinbock. Doch was zählt das? Wo diese Könige der Berge seit eh und je ihre Fährte zogen und es sie immer gab, läßt sich das gar nicht vergleichen mit einem Steinbock, der nahezu in der ganzen Alpenregion ausgestorben war, um nicht zu sagen, kurz vor seiner totalen Ausrottung stand. Davor wurde er in seiner bescheidenen Restpopulation von vielleicht 50, bestenfalls 100 Stück im Gebiet des Gran Paradiso zwischen Aosta- und Orcotal dank dem königlichen Schutz von Vittorio Emanuel II. zunächst bewahrt und so gerettet. Eine mehr als hundertjährige Anstrengung der Schweizer Eidgenossen hat ihn wiedereingebürgert, und heute ist das Steinwild in den Alpen der Gefahr des Aussterbens entronnen. Ein solcher Steinbock verdrängt mühelos selbst jeden Kapitalhirsch!

Albert Sch. verstand es meisterlich, faszinierend zu erzählen: „Victor Emanuel, ein veritabler König, schützte sein Steinwild geradezu eifersüchtig und stand jeglichen, sogar hochoffiziellen Anfragen und Bitten um Unterstützung bei der Wiedereinbürgerung des Steinwildes in anderen Regionen der Alpen kompromißlos abweisend gegenüber.

Was wurde da nicht alles versucht! Im Jahre 1906, bei der Eröffnung des Simplon-Tunnels, hatten die Schweizer es hochdiplomatisch beim italienischen König versucht und – erlitten eine Abfuhr. Wenn es um sein Steinwild ging, kannte der König weder Pardon noch Unterschiede. Er hatte einmal Kaiser Wilhelm II. zur Steinbockjagd eingeladen. Der kam auch, schoß auch, erhielt aber seine Trophäe nicht ausgehändigt. Sie verschwand in des Königs eigenem Steinbock-Jagdschloß. Derartiges dürfte dem kaiserlichen Schießer wohl nur einmal widerfahren sein! Jägern niederen Ranges konnte es damals durchaus passieren, daß ihr Stück Wild einfach zur Gänze zum Wildbrethändler wanderte. Es gehörte keineswegs zum allgemeinen Brauch, alle Knochen aufzuheben.

Wie auch immer, die Graubündner wollten ihr Wappentier wieder haben! Ließ sich das nicht auf legalem Weg bewerkstelligen, so, in Gottes Namen, eben illegal. In der Hartnäckigkeit bei der Verfolgung seiner Ziele steht der Eidgenosse dem Italiener nicht nach. Weil es sich nicht anders machen ließ, mußten drei gesunde, reinblütige Jungtiere aus der Urzelle des Steinwildes gewildert und zu uns über die Grenze geschmuggelt werden."

Hier sei Albert Sch. kurz unterbrochen, weil ich das zwischenfügen möchte, was Dr. Peider Ratti vom Jagd- und Fischereiinspektorat des Kantons Graubünden hinsichtlich der Nationalität der Steinwild-Wilddiebe in der Jagdzeitschrift „Die Pirsch", Heft 18/1995, veröffentlichte: „...beschafften sich auf illegale Weise Jungtiere, die von italienischen Wilddieben in die Schweiz geschmuggelt wurden." Man sieht, es gibt zu diesem Thema alpenländische Variationen.

Nun wieder Albert Sch.: „Man muß sich einmal vorstellen, was dies damals hieß. Aus dem fast unzugänglichen Felsengebiet ihres Refugiums zwischen dem Aosta- und Orcotal drei frischgesetzte Steinkitze lebend über die Grenze zu bringen. Eine Kompanie von 45 Wildhütern hatte der König aufstellen lassen, also kam ein Mann auf 1 bis 2 Stück Steinwild. Und mit lediglich diesen Kitzen allein war es ja nicht getan. Die Wildparks in St. Gallen und Interlaken brauchten zur Blutauffrischung und zu einer erfolgreichen Züchtung einfach eine Mindestanzahl von Steinwild aus der freien Natur. Was da an Engagement der Beteiligten dahintersteckte, welche Robustheit an körperlicher Kraft und Konstitution bei den Akteuren gegeben sein mußte, welche persönlichen Risken dabei auch in Kauf zu nehmen waren, können wir heute, nach fast hundert Jahren, kaum noch nachvollziehen."

Beeindruckt bekannte ich: „Euer Wappentier ist so oder so etwas Besonderes!"

„Und ob! Jeden Jäger, der mit dem Steinbock in der Bergwelt zusammentrifft, fasziniert dieser kraftvolle Kletterer. Seit jeher hat auch sein interessantes Gehörn die Jäger begeistert. Mit den heutigen Vorschriften der Bejagung trat das allerdings ziemlich in den Hintergrund. Die Regularien, welche inzwischen für eine vernünftige Bewirtschaftung des Steinwildes entstanden, schoben, so seltsam das klingen mag, rein bürokratisch der Trophäenjagd einen massiven Riegel vor. Doch davon später."

Fast etwas naiv kam meine Frage: „Die Gams sind ja auch exzellente Kletterer. Wo besteht da der Unterschied?"

Albert Sch. antwortete spontan: „Der Gams kann mit einem Steinbock nicht mithalten. Der Alpensteinbock zeigt in den Felsen eine geradezu halsbrecherische Akrobatik. Man muß es mit eigenen Augen gesehen haben, wenn Steinwild mit seinen Prellsprüngen in einer engen Klamm Höhen von 20 Metern und mehr von oben nach unten mühelos in wenigen Sekunden bewältigt. Da bleibt einem nur noch ehrfürchtiges, anerkennendes Staunen. Der Steinbock kommt infolge seiner Kraft selbst noch in jenen unzugänglichen Gegenden durch, vor denen der Gams kapituliert. Seine stämmigen Läufe haben mehr als stahlharte Sehnen und die Schalen eine überraschend weiche und elastische Unterseite; Voraussetzung, um auf dem schmalsten Grat noch Halt zu finden. Ohne Zweifel ist er seinem Biotop vollendet angepaßt. Das Steinwild trotzt dem rauhen Bergwinter, und das bei karger Äsung. All das beobachteten die Menschen der Berge überall dort, wo Steinbockarten sich Hochgebirge zum Lebensraum erkoren, im Altai und der Mongolei ebenso wie in China und Spanien. Dieses Wild rang dem Menschen Achtung ab. Den Jägern früherer Jahrhunderte fiel es nicht leicht, den Steinbock mit ihren primitiven Jagdmethoden zu bejagen. Kommt noch hinzu, daß er sich aus der Art und dem gewählten Lebensraum heraus gewissermaßen selbst außerordentlich gut schützte."

„Ein hoher Schwierigkeitsgrad schreckte den Menschen aber selten ab. Stets gab es jemanden, der das als eine besondere Herausforderung empfand. Sahen sich solche

Leute erst einmal auf der Fährte zum Ziel, hatten einige immer Erfolg", wandte ich ein und zog einen Vergleich: „In einer späten Fernsehstunde geriet ich in eine Bildreportage über den Spanischen Steinbock aus den Pyrenäen. In beeindruckenden Aufnahmen zeigte der Tierfotograf, wie ein Adler unermüdlich eine Steingeiß und ihr Kitz attackierte. Dieser gierige, aggressive Vogel verstand es, die Geiß vom Kitz zu trennen. Kaum hatte er das erreicht, stürzte er sich mit wütenden, kräftigen Schwingenschlägen auf das Steinkitz. Das stand am Abgrund, wich unwillkürlich zurück und stürzte ab.

Vielleicht hatte der Mensch früherer Jahrhunderte mit so einer Art Absturzmethode Erfolg, zumindest bei den kranken alten und schwachen jungen Stücken. Gute Schüsse mit der Armbrust bedeuteten, bei aller Übung, gewiß immer auch glückliche Schüsse, kamen also selten vor. Steinwild allein damit auszurotten, kann ich mir nur schwer vorstellen."

Albert Sch. griff den Gedanken sofort auf: „Mag so gewesen sein. Extrem anstrengend und mühselig war es gewiß. Allein die Hartnäckigkeit, mit der dem Steinbock nachgegangen wurde, hat in den Alpen das Steinwild derart dezimiert, daß es an die Grenze der Ausrottung geriet. Dazu trugen aber noch ganz andere Ursachen bei. Die Entwicklung präziser Schußwaffen besiegelte das Schicksal dieser Wildart. In unserem Kanton jagte früher jeder, wann und wo es ihm beliebte. Fatale, ja schnell tödliche Folgen hat zum Beispiel die Angewohnheit unserer Steinböcke, sich dem Menschen gegenüber recht vertraut zu benehmen. Meist neigen sie nicht zur Furcht oder zu Angstreaktionen und halten den Menschen bei Begegnungen des öfteren sogar bis auf wenige Meter Entfernung aus. Winterurlauber erlebten es in Pontresina auf den vom Schnee freigefrästen Spazierwegen, daß ein Steinbock in den Weg einsprang und, wenn er alt genug war, keineswegs Anstalten machte, den Weg freizugeben. Ohne Zweifel, eine schlechte Angewohnheit.

Hinter der verbissenen Hartnäckigkeit, mit der unser Steinbock bejagt wurde, steckte freilich ein ganz anderer Grund: der Aberglaube! Der Aberglaube, der sich mit verschiedenen Körperteilen des Steinbockes verband. So machten beispielsweise das ‚Herzkreuzel', eine kreuzähnliche Verknöcherung in der Aorta, oder die ‚Harzkugel', genauer der Bezoarstein, ein fester ‚Stein' aus geklumpten Haaren, Harz und unverdaulichen Pflanzenteilen, sie begehrt. Das Herzkreuzel sollte dem Träger Unverwundbarkeit und Schutz vor Unfällen gewähren. Die Harzkugeln wurden zerrieben und halfen angeblich gegen jede Art von Leberleiden. Gehörn und Brunftkugeln hielt man für potenzfördernd, und für ein derartiges Mittel wurde zu allen Zeiten und allerorten tief in die Tasche gegriffen. Auch von anderen Teilen des Wildkörpers sollten noch allerlei Heilkräfte ausgehen. Solche Wunderdinge haben ihren Preis. Die Gewinnsucht des Menschen kommt mit ins Spiel, und spätestens dann kann von Rücksichtnahme nicht mehr die Rede sein."

„Der Aberglaube gehört wohl der Vergangenheit an. Vergleicht man jedoch das Verhalten unseres Alpensteinbockes mit manchen Beobachtungen an seinen Verwandten in anderen Teilen der Welt, bleibt ein Rest Rätselhaftigkeit", gab ich zu bedenken.

„Welche meinen Sie?"

„Ich kenne zwei Jäger, die beide, unabhängig voneinander, im Kaukasus den Steinbock bejagten. Auf einer Höhe von 4000 Metern, kurz darüber und darunter. Beide berichteten einstimmig von der unglaublichen Empfindlichkeit und Scharfäugigkeit des Steinwildes. Auf Entfernungen von vielen hundert Metern, ja sogar kilometerweit erkennen sie den Menschen, nehmen kleine Bewegungen wahr und werden sofort flüchtig. In solchen Hochgebirgsregionen tummelte sich der Mensch zu keiner Zeit in großer Zahl.

Und von den Steinböcken Sibiriens wird ebensowenig etwas von jener Vertrautheit berichtet, wie sie offenbar speziell der Alpensteinbock zur Schau trägt. In den weitläufigen, seit jeher dünnbesiedelten Gebirgsmassiven Asiens, wo wohl die Wiege aller ‚Ziegenartigen' stand, blieb dieser Wildart ihre Scheu dem Zweibeiner gegenüber erhalten. Nicht anders beim Steinwild Andalusiens. Frage: Wieso entwickelte das Steinwild im Laufe seiner Evolution so einen hochempfindlichen Gesichtssinn? Er konnte ganz gewiß nicht infolge der Bejagung geschärft werden. Des Steinbockes normaler Lebensraum im Hochgebirge zwischen 3000 und 4000 Metern und darüber schützte ihn bis in unsere Jahrhunderte herein weltweit vor einer intensiven Bejagung durch die Menschen, die das Jagen in den Ebenen mit hoher Wilddichte jeder Kraxelei und Anstrengung extremer Art vorzogen. Und natürliche Feinde, wie der Schneeleopard, wurden die ihm zur Bedrohung? Gewiß nicht ernsthaft. Was dann ließ das Steinwild außerhalb der Alpen so vorsichtig, so weitsichtig, so scheu werden? Und was verlief beim Alpensteinbock während seiner Anpassung so abweichend anders, daß er beinahe ausgestorben wäre?"

Albert Sch. lachte: „Ist ja gut, daß uns noch etwas zum Nachdenken übrigbleibt." Er nahm einen Schluck Veltliner und sah sinnend in die verschneite Davoser Landschaft hinaus. Sternenklarer Himmel, von der Parsennbahn funkelten die Lichter herunter, und bis in unseren Raum herein ahnte man etwas von der berühmten Davoser Luft, die wahrhaftig oft weich wie Samt und Seide war. Schließlich meinte er: „Vielleicht ist unser Steinbock bloß gutmütiger als die anderswo. Vom Menschen kennt jeder Landsmannschaften, die ähnliche Grundwesenszüge haben und sich dadurch von anderen abgrenzen. Warum sollte es das bei den gesellig lebenden Säugern nicht auch geben? Das mag zwar kein alltäglicher Gedanke sein, aber wir wissen immerhin, daß es sich bei jedem Tierindividuum, wie beim Menschen auch, um ein Original handelt. Artenunterschiede gibt es sowieso, warum sollte es nicht auch Unterartenunterschiede geben? Vergleicht man das Steinwild mit dem Gamswild, kann man sagen, daß sich das Steinwild nicht so scheu wie das Gamswild benimmt. Wird es indes bejagt, zeigt das seine Wirkung, und dann verhält sich das Steinwild sehr rasch genauso vorsichtig wie all die anderen Wildarten auch. Uns fällt auf, daß die führende Geiß, die im Rudel der weiblichen und männlichen Jungtiere bis zu 3 Jahren steht, besondere Scheu und Vorsicht an den Tag legt. Es überrascht immer wieder, wie schnell Wildtiere zwischen Bejagung und Nichtbejagung zu unterscheiden lernen."

Albert Sch. hing erneut eine kleine Weile seinen Gedanken nach und kam dann langsam, fast tastend, wieder zu seinem Kernthema zurück. „Ja, es gibt noch anderes, das nicht so ohne weiteres einleuchtet. Von den Wildbiologen wissen wir mittlerweile, daß diese Art sogar sehr schlechte Äsung zu verwerten weiß. Rund 6 Monate im Jahr lebt das Steinwild bei einer Durchschnittstemperatur von unter null Grad Celsius. In seinem Lebensraum oberhalb der Baumgrenze ist es ein ausgesprochener Grasfresser. Der Gams äst Kräuter und anderes, durchaus Anspruchsvolleres. Unsere Bauern hier sprechen von schlechtem Heu, wenn es einen Rohfasergehalt von mehr als 35% aufweist. Bei der Steinwildäsung erreicht dieser Anteil gut und gerne 50%. Das Steinwild muß also über einen erstaunlich gut angepaßten Stoffwechsel verfügen. Wann und wo wurde diese Fähigkeit erworben?

Hat man das einmal als Tatsache akzeptiert, läßt sich schlecht begreifen, daß jetzt auch bei diesem Wild von Schälschäden gesprochen wird. Das Steinwild lebt praktisch oberhalb der Baumgrenze. Örtlich können Schälschäden nur auftreten, wenn infolge einer Überpopulation in den angestammten Lebensräumen der Nachwuchs abgedrängt wird und sich dem Gebirgswald zuwendet. Das kann ich mir vorstellen und mag vorkommen."

Seine Gedanken liefen aber weiter. „Wahrscheinlicher ist vermutlich etwas anderes, eine indirekte Schädigung. Etwa so: Stärkere Steinwildbestände verdrängen den anspruchsvolleren Gams. Es tritt hier also eine Äsungs- bzw. Lebensraumrivalität auf. Damit gehen die letztlich anspruchsvollen Gams stärker als gewohnt in den Baumbeständen zu Schaden."

„Wird das nicht stark überschätzt?" bemerkte ich zweifelnd und fuhr fort: „Heute neigt der Mensch gerne dazu, nahezu jeden Schaden in der Natur aus der allgemeinen Umweltbelastung abzuleiten. Selbst wenn man den ganzen Alpenraum als eine seit zwei Jahrtausenden zivilisationsbeeinflußte Umwelt ansieht, hat das Hochgebirge nicht viel von seiner ruhigen, wenn auch mitunter recht bedrohlichen Gewalt verloren. Noch immer donnern Lawinen zu Tal und vernichten Leben und übermütige Sportler. Noch immer findet eine Auffaltung des Gebirgsmassivs statt, die dort, wo die Grenzen des tolerierbaren Neigungswinkels überschritten werden, Wände abbrechen läßt und Täler zu Seen aufstaut. Bei richtiger Betrachtung dieser unerbittlichen Naturkräfte wirkt der Mensch – trotz seiner gigantischen technischen Möglichkeiten von heute – in dieser Welt nach wie vor recht stümperhaft. Dies als Maß genommen, kann da eine Steinwildpopulation übermäßig viel bewirken, wenn sie zu groß wird? Die Natur hält zudem für jede ihrer Arten Regulationsmechanismen bereit."

„Und ob!" bestätigte Albert Sch. „Sie sind allerdings von ganz anderer Art, sehr viel tiefgreifender, damit wirksamer. Der Laie denkt in erster Linie bei so etwas an die natürlichen Feinde des Steinwilds. Aber welche hat es denn? Dem Adler, wo er noch existiert oder wieder vorkommt, fallen nur die jungen oder kranken Stücke zum Opfer. Selbst die nicht immer. Zu Ihrer Geschichte vom abgestürzten Steinkitz weiß ich eine Ergänzung. Der Adler stieß vom Grat auf ein verwaistes Rotwildkalb herab. Das Kalb klagte, schrie fast wie ein Mensch. Immer wieder versuchte der Greif, das Kalb zu Fall zu bringen, griff an, daß die Grannen büschelweise wegflogen. Ohne Erfolg. Das Kalb stand nicht am Rande, sondern an der Wand, und der Adler ging diesmal leer aus. Also, der Adler reguliert eine große Säugerart nicht.

Der Luchs soll auch ein natürlicher Feind sein. Allein, von den Wiedereinbürgerungsversuchen abgesehen, kommt er im Alpenraum nicht mehr vor. Und ob sich diese Katze wirklich gern in Höhen von 4000 Metern tummelt, bezweifle ich ernsthaft. Jedenfalls, als wirksamen Regulationsmechanismus kann man sie sicherlich nicht einstufen. Die wirkliche Gefahr besteht in der Degeneration, kommt also aus einer anderen Ecke. Alle heute im Alpenraum vorkommenden Steinwildkolonien lassen sich letztlich auf den kleinen Rest im Gran Paradiso zurückführen. Niemand kann abschätzen, ob nicht eine genetische Verarmung eintrat, die bei einem Übervölkerungsdruck drastisch und negativ durchschlagen kann. Ich halte so etwas als Regulationsmöglichkeit weit eher für gegeben. Eine Möglichkeit, nicht mehr. Persönlich glaube ich nicht, daß unser Steinwild in seinem Bestand jetzt noch ernsthaft bedroht werden kann. Dafür kommt es längst zu zahlreich vor. Nach 100 Jahren unseres Bemühens zählen wir wieder mehr als 20.000 Stück Steinwild in den Alpen, und das sollte ausreichen, um auch neue genetisch erwerbbare Anpassungen für die Zukunft zuzulassen. Meiner Meinung nach können wir hoffnungsvoll sein.

Das prinzipiell genügsamere, vitale Steinwild stellt keine Äsungskonkurrenz zum Gams dar. Wir sagen, es ist der bessere Futterverwerter und macht mancherorts dem Gams das Revier streitig. Mag der Auslöser ein Zeichen der Überbevölkerung sein, so muß man darin zugleich ein Zeichen der Vitalität sehen. Symptome der Überpopulation kennen wir bei unseren Graubündner Steinböcken. Wir registrieren höhere Winterverluste, also Zeichen der schwächeren Konstitution der einzelnen Stücke, ebenso verstärkt jugendliches Fallwild, vielleicht sogar vermehrte Krankheitsanfälligkeit. Da zeigt sich eben die unvermeidliche Kehrseite einer Populationsausweitung. Die Natur merzt das Schwache aus. Mitleid kennt sie nicht! So lange unterm Strich die Art wächst, braucht man die Genverarmung nicht zu befürchten. Viele zerbrechen sich darüber den Kopf. Es bestehen auch eine Menge Theorien darüber und, wie immer, nur weniges davon gibt wirkliche Hilfestellung."

„Wieviel Stück Steinwild kommen im Kanton Graubünden jährlich zur Strecke?" wollte ich wissen. „Der Kanton Graubünden soll der an Steinwild reichste Kanton der Schweiz sein. Stimmt das?"

Prompt kam die Antwort: „In Graubünden werden seit

Brunfthirsch der Niederen Tatra. –
„In unserem Revier schreit auf jedem Bergkegel ein guter Hirsch", erzählte Jan. (Seite 19)

1977 jährlich 500 bis 600 Stück Steinwild einem Bestand von etwa 5000 Stück entnommen. Bei einer jährlichen Zuwachsrate von 11% hat man damit wohl eine Obergrenze erreicht. Und der an Steinwild reichste Kanton düften wir auch sein. Ob Jäger oder Nichtjäger, unsere Bevölkerung hat es jedenfalls verstanden, die Jagd, das Wild und unsere Umwelt zu erhalten. Aber die Jagd in Graubünden ist nicht so einfach, sie hat es schon in sich. Dabei denke ich nicht an die Strapazen allein. Bei uns gehört nämlich eine penible Bürokratie mit Formularen dazu. Wer einen Fehlabschuß tätigt, dem sitzen seine Jägerkollegen im Nacken. Wir haben hier ja das Patentjagdsystem."

Für mich, den Jäger aus dem Flachland, der die Berge eher von den Skiabfahrten her liebt, war es äußerst interessant, den Hochgebirgsjäger über sein Lieblingswild, das Steinwild, reden zu hören. Die unprätentiöse Art des Schweizers umkreiste bedächtig sein Thema, behielt Abstand, beschrieb es eher indirekt und ließ wie nebenbei die Welt des Schweizer Patentjägers erstehen.

„Wie viele Steinböcke haben Sie schon erlegt?" wollte ich etwas naiv und zugleich direkt wissen.

Albert Sch. lachte, trank einen Schluck und antwortete: „Bei uns fängt man mit der Steingeiß an; der Bock darf erst erlegt werden, wenn das weibliche Stück beigebracht wurde. Gar mancher Jäger schafft schon den ersten Abschuß nicht."

Eine überraschende, in Europa nicht mehr sehr häufige Begegnung. – „Zur Hirschbrunft in die Tatra und mit einem Bärenfoto nach Hause. So ist die Jagd!" (Seite 25)

„Wieso das? Erzählen Sie doch!"

Albert Sch. ließ sich nicht bitten: „Vielleicht vorweg ein bißchen Hintergrund. In unserem Kanton gibt es ungefähr 6000 Patentjäger. Geht die Jagd auf eine bestimmte Wildart auf, sind fast alle von der ersten Stunde an unterwegs. Aus der Ferne und im Unterland mag das so aussehen, als ob nun Freiheit und männliche Abenteuerlust ausbrächen. Doch ob im Prättigau oder in der Davoser Landschaft, auf der Pirsch zeigt sich bald, daß schon lange keine grenzenlose Freiheit mehr besteht. Die große Freiheit in der weiten Natur wurde seit langem an die Kette gelegt. Längst gibt es für jede Wildart, mit Ausnahme des Hirsches, Abschußkontingente. Die Jagdbestimmungen werden von Ökologen, Biologen, Wild- und Verhaltensforschern erstellt. Sie alle wollen einen gesunden Wildbestand von ökologischer Größe erhalten. Was das heißt, kann sich gewiß mancher stolze Besitzer von Hauskatzen und Schoßhunden nicht richtig vorstellen. Der Jäger galt bei uns immer als ein rechter Ur- oder auch Unmensch. Der Schein trügt gewaltig. Heute existieren neben dem Gesetz 40 Seiten ‚Jagdbetriebsvorschriften', welche die Bejagung jeder Wildart regeln. Noch nicht genug damit, sie bestimmen auch, wie weit der Jäger mit seinem Auto das Tal hochfahren darf und ab wo er zu Fuß gehen muß."

„Soll das ein Scherz sein? Wieso denn so etwas?" unterbrach ich.

Meine Frage belustigte ihn, und selbstironisch kam Albert Sch. schnell auf den Punkt: „Im Kanton will man keinen Jagdtourismus. Das gehört genauso dazu wie die abschreckenden Patentgebühren für ‚Fremdenfötzel', wie wir hier sagen. 200 Franken kostet das Patent für Einheimische, und das Stück Wild muß extra bezahlt werden, 3000 Franken für Außerkantonale und 12.000 Franken für anreisende Ausländer, denen sich selten eine Chance bietet, zu Beute zu kommen. Wir Graubündner dürfen es schon als Privileg betrachten, unser Wappentier geradezu preiswert bejagen zu können.

Bei vielen Bündnern gehört das Jagen zur Familientradition; die Jungen gehen mit den Alten, und wenn sie selbst erwachsen sind, dann begleiten sie die eigenen Söhne. Und so wird das weitergereicht. Dem Wild kommt die legendäre Freiheit eher zugute als dem Jäger. Die Jäger beobachten einander sehr scharf. Manche sind recht schnell mit ihrer Kritik bei der Hand, und der Jäger, dem ein Fehlabschuß unterläuft, darf mit großer Wahrscheinlichkeit mit einer Anzeige von ‚Freunden' rechnen, falls er den Fall nicht der Wildhut meldet.

In unserem Fachblatt ‚Schweizer Jäger' wurde unlängst ein ganz charakteristischer Fall dafür aus Graubünden wiedergegeben. Zwei Brüder, beide Jäger, gingen gemeinsam, hatten vom Wildhüter ein Jagdgebiet für die Steinbockjagd zugewiesen bekommen. Nun besaß aber nur einer der Brüder eine Berechtigung zum Abschuß eines Steinbockes. Auf 2600 Meter stießen sie auf einen jagdbaren Bock. Dem Jagdberechtigten gelang es nicht, zu Schuß zu kommen. Kurz entschlossen, gab er den Stutzen an seinen Bruder weiter, der den Steinbock prompt zur Strecke brachte. Der Jagdberechtigte wollte einerseits ein Anschweißen des Steinbockes vermeiden, andererseits aber auf die ihm zustehende Beute nicht verzichten. Darum überließ er kurzerhand und ohne Schußneid seinem Bruder den Steinbock, vergaß allerdings, daß dieser keine Abschußberechtigung besaß. Zwei Wildhüter beobachteten den Hergang und zeigten den Schützen wegen illegaler Jagdausübung an. Die Brüder kamen vor den Richter, denn das Formale wird bei uns rigid behandelt."

„Wildhüter, das sind eure Berufsjäger?"

„Sie sind in einer Behörde zusammengefaßt, und deren

Bürokratie dringt mitunter sehr lästig bis zu uns Bergjägern durch. Kein Abschuß ohne ausgefülltes Formular, das zur statistischen Auswertung weitergereicht wird. Doch unseren Wildhütern fallen selbstredend auch ganz andere Aufgaben zu. Im strengen Winter 1981/82 hat einer im Sertigtal 12 total erschöpfte Rehe nacheinander in seinen Stall gebracht und sie dort gefüttert, bis sie wieder in die Natur entlassen werden konnten. Selbstverständlich zwar, aber trotzdem nicht alltäglich.

Außerdem herrscht bei uns der uralte Grundsatz, daß zwischen jedem an der Jagd Beteiligten, weil er eben seinen Teil dazu beitrug, unabhängig davon, ob er selbst der glückliche Schütze war, das Wildbret brüderlich geteilt wird."

Albert Sch. hing wiederum für eine kleine Weile seinen Gedanken nach, ehe er fortfuhr. „Dort, wo der Steinbock steht, gilt nicht der Hirsch als König der Berge. Das Steinwild läuft ihm den Rang ab, und es macht keinen Unterschied, ob es sich dabei um eine Steingeiß oder um einen Bock handelt. Bei uns in Davos steht das Steinwild am Schiahorn (2708 Meter) direkt bei der Lawinenverbauung zwischen der Parsenn und der Strela. Es liebt einsame sonnige Berghänge und bleibt dort von dem ganzen Skirummel verhältnismäßig ungeschoren. Die Jagd ist extrem anstrengend und fordert oft den Jäger in seinem ganzen physischen und psychischen Format. Ohne volle Funktionstüchtigkeit lädt man ein nicht übersehbares Risiko auf sich. Logisch, jeder Mensch kann mit seinem bisserl Leben anfangen, was er will, nur soll er, wenn er seine Grenzen überschreitet, nicht leichtsinnig andere mit hineinziehen. Wir denken hier so, gleichgültig, ob es sich um Jäger, Skifahrer oder Drachenflieger handelt.

Will man zur Jagd, heißt es schon bei Nacht aus den Federn. Erst nach achtstündigem Aufstieg kann man überhaupt damit rechnen, das erste Steinwild in Anblick zu bekommen. Und das bleibt stets Glückssache! So ein Aufstieg führt bald in die Kare, diese großartigen, von Grasbändern durchzogenen Stein- und Geröllwüsten, wie sie sich oberhalb der Baumgrenze an den Flanken der Berge oft bis zu deren Spitze hinziehen. Das verlangt allemal bergsteigerisches Können bis zur Kletterei. Wenn Sie" – und damit wandte er sich an mich – „auf einer gut gepflegten Schneepiste jetzt die Parsenn, den Weißfluhgipfel oder die Strela herunterschwingen und dies genießen, sollten Sie sich das einmal ohne Schnee im Sommer oder Herbst vorstellen. Oberhalb der Baumgrenze liegt dort überall brockiger Stein bis hin an die Felswände. Im wahrsten Sinne des Wortes nichts anderes als eine steinerne Wüste! Ein einziger falscher Tritt genügt, und man bleibt in dieser Einsamkeit hilflos liegen. Unter solchen Verhältnissen sich eine Steinbockjagd ganz allein zuzumuten, gleicht fast schon einem Selbstmord. Zu Recht soll deshalb bei uns keiner allein auf Steinwild jagen. Zwei müssen es wenigstens sein. Neben den Strapazen, für die man trainiert sein muß, hält die Natur ihre eigenen Überraschungen bereit. Und damit meine ich nicht etwa die plötzlichen Wetterstürze.

Schließlich kommt man dort oben irgendwo in dieser Wüstenei auf ein Stück Wild zu Schuß. Klappt es wie gedacht, bleibt das Stück im Feuer. Kollert oder stürzt es indes einen Teil vom Hang herunter, wird es bereits problematisch. Verschwindet das Stück jedoch mit ein paar Fluchten jenseits des Grates, wird einem richtig mulmig zumute, denn oft kennt man ja die Rückseite des Grates gar nicht. Wer weiß, ob sich von dort ein Stück überhaupt bringen läßt. Mit anderen Worten, selbst wenn sich eine Chance bietet, auf Steinwild zu Schuß zu kommen, darf nicht jeder Schuß abgegeben werden! Nicht die eigene Schießfertigkeit bestimmt hier, sondern allein die jägerische Pflichtauffassung. Dazu gehört die Überlegung, daß beim Sturz des getroffenen Wildes dieses nicht total zerschlägt. Auch aus diesem Grund besteht die Empfehlung, eine Jagd auf Steinwild grundsätzlich zu zweit zu unternehmen. Auf den Steinbock braucht man den Bergkameraden, den verläßlichen Mann im Stein, im Fels. Das kann durchaus ein Mann sein, der selbst die Siebzig schon überschritten hat. Ich begleitete 1989 des öfteren einen 74jährigen Jäger. Nachdem er ein Stück Steinwild geschossen hatte und die Dämmerung hereingebrochen war, ging er mit der Last durch felsiges, zerklüftetes Gebiet ohne Steig ins Tal. Total erschöpft, hatten wir es nach Mitternacht geschafft. So etwas vergißt man nicht.

Als ich meine Steingeiß schoß, befanden wir uns im obersten Gletscherbereich kurz unter den Hängen am Grat unterwegs. Dort existieren mächtige, fast bis zur Sandgröße zermahlte Geröllhalden, sogenannte Sandhalden, die nur mit großer Übung und Kenntnis überhaupt gequert werden konnten. Drei Meter unter dem Grat brach die Steingeiß im Schuß zusammen und blieb in einer Mulde liegen. Nun hieß es, sie ins Tal zu bringen. Eine aufgebrochene Geiß wiegt zwischen 30 und 40 Kilogramm, der Bock etwa das Doppelte. Bis ins Dorf hinunter hatten wir einen Höhenunterschied von rund 1200 Metern zu bewältigen. Auf der Rückseite des Grates fiel die Wand etwa 100 Meter steil ab, um dann in dem beginnenden Gletscher mit seinen Spalten zu verschwinden.

Ein Stück, das dort hinunterstürzt, bleibt im Gletscher verschwunden. Keinen Weg gibt es nach unten. Nur nebenbei, wer in einem derartigen Terrain jagen will, muß absolut schwindelfrei sein. Ohne zu übertreiben: Wer als Fremder oder Ungeübter sich diese Strapazen vor Augen hält, den überkommt leicht das Gruseln.

Manchmal kann man das erlegte Wild über kurze

Strecken schleppen, doch in der Regel heißt es, sich das Stück auf den Rücken zu wuchten, also zwischen 30 und 40 Kilogramm, und ohne jeglichen Steig über das Geröll zu tragen.

Was einen da erwartet, weiß man natürlich, weshalb schon vorher mit dem befreundeten Jäger eine Art Trage für den Transport vorbereitet wird. Diese muß allerdings zuerst einmal auf die Höhe hinaufgebracht werden. Wieviel Kraft es hinauf und herunter erfordert, weiß man nie genau, und so geht man gerne, wenn es sich machen läßt, zu dritt. Den Abtransport des erlegten Wildes über die zerklüftete Bergwelt hinweg erleichtert das auf alle Fälle, eine Garantie für die schonende Behandlung des Wildbrets ist es jedoch nicht. Je länger sich der Transport hinzieht, desto schwerer empfindet man das Stück mit jedem Schritt."

„Wo genau haben Sie Ihre Steingeiß geschossen?" wollte ich wissen.

„In der Nähe des Piz Sarsura, auf der Talseite gegen das Engadin. In der Welt, in welcher der Steinbock lebt, stößt man auf Verhältnisse, die der eingefleischte Gebirgler kennt, die aber dem Normaljäger meist etwas fremd sind. Da gibt es kilometerlange Felspartien, in die sich das Steinwild praktisch beliebig zurückzuziehen vermag. An ein Schießen läßt sich da nicht mehr denken. Besonders die führenden Stücke benutzen Zerklüftungen so geschickt, daß sie oft nicht einmal mehr einer vernünftigen Beobachtung durch den Jäger zugänglich sind. Das weiß jeder, der dort jagt, und berücksichtigt es. Trotzdem läßt sich bei aller Umsicht im Handeln manchmal der Absturz eines getroffenen Stückes nicht vermeiden. Schon ein Sturz aus Kirchturmhöhe bedeutet nach den Gesetzen der Physik die völlige Zerstörung des Wildkörpers durch das eigene Körpergewicht. Da platzt der Pansen, da werden sämtliche

Knochen zerschlagen, die Hornschläuche gehen in der Regel kaputt, und bei tiefen Stürzen ist oft nicht einmal die Decke mehr in der Lage, den Wildkörper zusammenzuhalten. Wenn dann der Schütze, was durchaus schon vorkam, nicht einmal schwindelfrei ist und plötzlich eine extra Seilschaft zusammentrommeln muß, um das Wild zu bringen, ergibt das eine Situation, die den Patentjägern hier gar nicht schmeckt. Sie empfinden derartiges als der Jägerschaft unwürdig. Wir vertreten die Auffassung, daß jeder Jäger wissen muß, wann und wo er schießen kann, und im Zweifelsfall hat der Schuß zu unterbleiben."

Wir tranken einander verstehend zu, und Albert Sch. nahm seine Erzählung wieder auf. „Bei uns heißt es Geiß vor Bock, der Steingeißabschuß muß also getätigt sein, ehe man an den Steinbock denken darf. Und das hat man nachzuweisen.

Wie vollzieht sich das in der Praxis? Die Schwierigkeit fängt mit der Suche nach den Geißen an. Nach einem sechs- oder siebenstündigen Aufstieg ist es zunächst einmal wichtig, rasch Wild zu finden, denn je länger man suchen muß, um so weniger Zeit bleibt für die Bejagung. Gar mancher Jagdtag endet allein deswegen erfolglos. Die Jagd findet im Oktober statt. Die Tage sind da bereits kürzer, und eine Stunde oben am Berg verstreicht rascher als gedacht. Zwischen 14 und 16 Uhr muß man auf Wild getroffen sein. Dabei hilft die Optik. Zuerst werden die Grate abgesucht, weil sich die Silhouette des Wildes gegen den Himmel besser abhebt.

Meine Steingeißjagd verlief damals folgendermaßen: Zwei Stücke konnten wir auf 300 bis 400 Meter ausmachen. Ohne große Sicherheit im Ansprechen kann man Dianas Gunst kaum umsetzen. Vertrautsein mit dem Steinwild, solide Kenntnisse dieser Wildart sind Voraussetzung. Ich habe meine Steigeisen immer dabei; ohne sie komme ich über die Eisplatten im Gletscher nicht überall hinweg. Unverzichtbar ist auch der Bergstock, schon allein deswegen, weil er die Knie enorm entlastet. Der erfahrene Hochgebirgsjäger weiß das und schätzt ihn. Seiner vielen Vorteile wegen wird er, bei all der anderen Last, niemals als überflüssig zurückgelassen. Überhaupt, die Ausrüstung muß stimmen! Nichtsdestoweniger bleibt immer noch ein Restrisiko bestehen, und zwar ein tödliches. In Graubünden stürzten 1991 vier Jäger tödlich ab. Kein Wunder, daß die Regelungen der Steinbockjagd bei uns sehr streng sind. Die Steinwildjagd wird jährlich ausgeschrieben und ausdrücklich vermerkt, daß sich nur Jäger bewerben sollen, die die physischen Bedingungen für diese Jagd auch erfüllen. Wer sich ohne diese Voraussetzung einschmuggelt, geht das Risiko ein, in den drei Wochen seine zugeteilten Stücke nicht erlegen zu können. In so einem Fall muß dann der Wildhüter einspringen, denn der Abschußplan darf nicht unerfüllt bleiben. Der erfolglose Jäger hat sich wieder in die Warteschlange einzureihen.

Es besteht ein festes Schema. Im Mai erfährt der Jäger, daß er die Jagd ausüben darf. Im August hat er an einem Kursabend teilzunehmen. Am nächsten Tag folgt eine Begehung am Berg, wo das Steinwild beobachtet und näher bestimmt wird. Auch Jäger mit Steinwilderfahrung müssen sich daran beteiligen, ansonsten sie ihr Los verlieren.

Wie gesagt, es beginnt damit, daß zuerst die Steingeißen erlegt werden müssen. Nun darf nicht jeder Jäger schießen, was wer will. Der Jungjäger wird von der Jagdbehörde, der als oberster Beamter der Berufsjäger ein Jagdinspektor vorsteht, eingewiesen. Jedem Jäger, der an der Steinwildjagd teilnehmen darf, steht eine nichtführende Geiß ohne Altersbeschränkung sowie der seinem Alter zustehende Bock zu. Geschont sind Kitze und führende Geißen. Hat man seine Steinwildabschüsse getätigt, muß man 9 bis 10 Jahre zuwarten, bis man wieder an die Reihe kommt. Bei etwa 6000 Jägern – und rund 250 bis 300 jährlichen Teilnehmern an der ‚Hegejagd auf Steinwild' – geht das nicht anders.

Die Steinwildjagd findet im Oktober statt und untersteht einer strengen Kontrolle der Wildhut. Für jeden Tag erhält der Jäger am Vorabend sein – sehr großes – Jagdgebiet zugewiesen, jedes beigebrachte Stück wird für statistische Zwecke vermessen und gewogen.

Was heißt nun Jungjäger? Man muß wissen, ein Zwanzigjähriger darf die Jagd auf Steinwild überhaupt nicht ausüben. Voraussetzung für die Zulassung ist grundsätzlich eine zehnjährige Jagderfahrung. Das heißt, die eigentliche Jagd auf Steinwild kann normalerweise erst ab dem 30. Lebensjahr beginnen. Hat er die Zulassung erreicht, erhält dieser ‚Jungjäger' die Erlaubnis, einen dreijährigen Bock zu erlegen. In der nächsten Dekade des Jägers darf er einen viereinhalb- bis fünfjährigen Steinbock strecken. Erst mit einem Alter von 54 Jahren erhält er die Erlaubnis zum Abschuß eines alten Bockes. Hierbei ist dann an die Altersklasse von 6 bis 10 Jahren gedacht. Über den kapitalen alten Steinbock entscheidet sowieso nur das Losglück, und an dieser Verlosung darf man gleichfalls erst mit 54 Jahren teilnehmen."

Vor Verblüffung über diese Regulierungsmethode hatte es mir vorerst einmal die Sprache verschlagen. Einen Augenblick später drängte sich ein fast widersinniger Vergleich auf: „Also, das heißt, ein Bündner Jäger, der eine ordentliche Trophäe seines Wappentieres begehrt, wird vor dem 54. Lebensjahr gar nicht für wert befunden, in den Kreis der Anspruchsberechtigten aufgenommen zu werden. Eine topfite Körperkonstitution wird diesem dann als selbstverständlich unterstellt, und das für aus dem Rahmen fallende Strapazen. Hier werden mit Methode jene Jäger gewählt, die herausragende körperliche Leistungsfähigkeit und eine von Erfahrung kontrollierte Abgeklärtheit besitzen. Keine Frage, die Bündner halten auch heute noch etwas von Elite!

Gut so? Nein, es stimmt nachdenklich. Hier wird erst in der Alterskategorie von 54 Jahren aufwärts der Mensch für den Abschuß eines alten Steinbockes zugelassen, während bei uns in Deutschland in zahlreichen Industrieunternehmen viele gesunde, erfahrene, tüchtige Leute, durchaus der Elite angehörig, ab 55 Jahren in den Vorruhestand geschickt werden, zu alt zum ordentlichen Arbeiten sein sollen. Dabei geht es in den Unternehmen nicht etwa um die völlig untergeordnete Bedeutung eines ungewöhnlichen Wildtiers, sondern um die Verantwortlichkeit dieser Altersklasse für die Schaffung von Arbeitsplätzen, Sicherung der Existenz von Familien und Eingliederung des Nachwuchses. Man könnte meinen, die Wertungen liegen da geradezu um Lichtjahre auseinander. Immerhin spricht hier nichts gegen die Schweizer Patentjäger."

Albert Sch., der aufmerksam meinen Gedankengang verfolgt hatte, nickte. Er verstand, schmunzelte und setzte nach: „Ja, wir folgen nicht gleich jedem neuen Trend, wir lassen uns Zeit. Der Kanton Graubünden hat erst 1989 ein Jagdgesetz verabschiedet, das uns Jägern allgemein erlaubt, ein Zielfernrohr zu verwenden. Bis 1989 durften nur Personen ab dem 50. Lebensjahr so etwas bei der Jagd benutzen; der Weidgerechtigkeit wegen. Wir haben strenge Bräuche. Der körperliche Nachweis erlegter Gams und erlegten Steinwildes bei der Wildhut, versteht sich ohnehin von selbst. Und dabei kann man mitunter seine Überraschungen erleben. Aber das gehört nicht mehr hierher."

Es war ein gemütliches Beisammensein und eine hochinteressante Lehrstunde über eine ungewöhnliche Wildart. Unversehens hatte aber der Gedankenaustausch den jägerischen Rahmen gesprengt, Nachdenklichkeit erzeugt und wieder einmal die uralte Menschheitserfahrung vom geringen Wert des Menschen selbst aufblitzen lassen. In der Schweiz darf erst der 54jährige Jäger auf einen alten Steinbock jagen, und in Deutschland sind viele 55jährige trotz topfiter Verfassung zum Arbeiten zu alt. Wie hatte mein Schweizer Jagdfreund gleich wieder gesagt: „Dem Alter gebührt die Ehre. Dem älteren Jäger auf der Jagd dazwischenzukommen, gilt als Schande."

Gamsjagd in den Loferer Steinbergen und im Karwendel

Auf der Kalbrunn-Alm

„Wann willst du eigentlich deinen Gamsbock schießen?“ fragte mich Helga E. ironisch provozierend direkt. „Oder willst du überhaupt nicht auf Gamswild jagen? Jetzt bist du bald sechzig, und jünger wirst du ja nicht mehr.“

Die unerwartete Frage machte mich etwas hilflos. Helga hatte nur zu recht. Der jagdliche Kontakt zum Gamswild fehlte mir bisher total, denn man jagt hauptsächlich dort, wo der Beruf das Zentrum des Lebens bestimmt, und das sind die Alpen nicht bei jedermann. Den Zwängen dieser Situation gehorchend, unternahm ich bisher keine besondere Anstrengung, Gamswild zu bejagen, obwohl es mich ungemein gereizt hätte, diese Wildart des Hochgebirges aus eigenem Erleben heraus kennenzulernen.

Gamsjagd ohne persönliche Strapazierfähigkeit gibt es normalerweise nicht. Vielleicht fordert es einen, älter geworden, auch heraus, die eigene Konstitution in die Nähe der Belastungsgrenze zu führen. Helga hatte außerdem doppelt recht, denn wieviel Zeit einem für solche Tests bleibt, weiß keiner. Also, leichtherzig verschieben? Ab einem bestimmten Alter lösen sich manche Absichten und Gelegenheiten mitunter ziemlich jäh im Nirwana auf.

Siegfried E. sekundierte seiner Frau: „Nun, wann kommst du zu mir? Sommer- oder Herbstgams?“

„Gut! Sommergams. Zweite Augusthälfte. Recht so?“

„Ja, das geht.“

Es klappte alles bestens. An einem hitzeerfüllten Sonntagabend saß ich mit Siegfried E. und Berufsjäger Christian S. auf 1400 Meter Seehöhe in der Jagdhütte, im weiten Rund umgeben von den Loferer Steinbergen, eingetaucht in Siegfrieds Wahlheimat, das Salzburger Land, das mit dem bayerischen Forstamt St. Martin zugleich auch die Stätte seines beruflichen Wirkens bildete. Wie bei vielen Berghütten üblich, gluckerte ein von einem lärmenden Gebirgsbach abgeleitetes Wasser in den Trog eines ausgehöhlten Baumstammes, lief dort über und suchte sich wieder seinen Weg zurück zur Hauptfallrichtung. Vor uns breitete sich die Kalbrunn-Alm aus mit ihren verstreuten Hütten, dem kaum abreißenden Läuten der Kuhglocken und der langsam einfallenden, kühlfächelnden Abendbrise.

Kuhglockenläuten, eine friedliche Melodie und ein bäuerliches Muß, beileibe keine Touristenattraktion. Wie sollte der Bauer seine Kühe, die sich verstiegen, sonst rechtzeitig rasch wiederfinden? Doch im Wandel der Zeit hört man inzwischen davon, daß Urlauber die Almglocken als Lärmbelästigung empfinden und Richter ihnen darin recht geben! Mich jedenfalls stimmte die Abendstunde ins Beschauliche ein, ließ Alltagsstreß und Alltagshetze vergessen und mich hinüberwechseln in die mir neue Welt der Gamsjagd.

Christian hatte in einer Jagdsaison etwa 30 Jagdgäste zu führen. Das gehörte zu seinem Dienst als Berufsjäger. Für ihn bedeutete das ein stetes Kommen und Gehen fremder Gesichter und Typen, die in vielen Sätteln gerecht waren. Und mit gar manchem Jagdgast konnte er seine Überraschung erleben. Christian sammelte so seine Erfahrungen, kannte den „Heia-Safari“-Gastjäger, bei dem, wie er sich ausdrückte, „die Strümpfe hinauf- statt hinunterrutschen“, und mitunter auch die grüne Ausgabe der Mischung von Rübezahl und Frankenstein. Siegfried E. berichtete mir lachend, als er mich Christian ankündigte, lautete dessen erste Frage: „Laaft er denn?“ Eine verständliche Frage! Er mußte wissen, ob die Gäste bequem oder ausdauernd sind, ob sie bei allem Wollen das Letzte nicht mehr können. All das bestimmte allemal die Situation für den Berufsjäger mit.

Die Größe des Reviers betrug 5000 Hektar, die jährliche Wildstrecke belief sich auf etwa 120 Stück Rotwild und 70 Gams. Dabei umfaßte die eigentliche Jagdzeit kaum 4 Monate, was heißt, daß etwa 12 Stück pro Woche erlegt werden mußten (im ganzen Forstamt an der Saalach). Und 30 Jagdgäste für einen Berufsjäger bedeuteten durchschnittlich pro Woche deren zwei. Da ließ die Jagd es nicht zu, daß die Jäger Bauchringe ansetzten.

Das Gespräch tröpfelte vor sich hin, wohltuend, daß nichts eilte. „Gamswild ist Tagwild, zum Unterschied vom Rotwild.“ Eine Weile später ergänzte er: „Ein Glas für Dämmerungssehen brauchen Sie also nicht, ein leichtes Glas genügt.“ Dann kam eine direkte Frage an mich: „Jagen Sie gerne außerhalb Deutschlands, gelegentlich oder gar regelmäßig?“

„Ja, häufig, jedoch nicht regelmäßig. Ich will jenseits der Grenzen erleben, wie es dort zugeht. Beim Jagen und im Alltag. Man kann das nur abseits der ausgetretenen Touristenwege. Mit den Menschen eines fremden Landes kommt man meistens recht gut in Kontakt, wenn man sie dort aufsucht, wo sie ihr Zuhause haben. Das sind aber nicht die Kathedralen, die Burgen und Schlösser, schon gar nicht die Hotelketten. Dies gilt in Spanien, England und Frankreich genauso wie in Österreich, Ungarn oder der Slowakei.

Europäer wird man leichter, so man vergleichen kann und verstehen lernt", antwortete ich.

Christian stimmte zu: „Jede Ecke in unserem Europa kann mit irgendwelchen Besonderheiten aufwarten. Wir haben ein barockes Überbleibsel aus Salzburgs Glanzzeiten, die Wallfahrtskirche Maria Kirchental. Man nennt sie auch den Pinzgauer Dom. Lofer selbst ist nicht so arg alt, eher ein Ort, wie er am Schnittpunkt alter Handelswege von selbst entsteht. Und heute präsentiert er sich als Ferienort für den lärm- und drecküberdrüssigen Städter."

„Wie lange werden wir jagen?"

„Höchstens zwei Tage. Da Sie, wenn es mit dem Bock nicht klappt, auch mit einer Geiß vorliebnehmen, kann das nicht länger dauern."

Fast mochte ich es nicht glauben, doch zum Zweifeln bestand kein Anlaß. Das konnte anstrengend werden, denn durchtrainiert fühlte ich mich ganz und gar nicht und bei derart kurzen Jagdaufenthalten blieb einem keine Zeit zum Anpassen.

Der nächste Tag sah uns schon früh auf den Beinen. Zunächst ging es per Jeep in unser Jagdgebiet Fallek im Naturpark Mitterkaser. Die Oberfläche des Dießbach-Stausees lag dunkel und glatt etwas unter uns und wirkte schwer wie geschmolzenes Metall. Erst zu Mittag, als die Sonne hoch im Zenit stand, sollte ich erleben, wie dieses Wasser einem ungeschliffenen Turmalin gleich leuchtete.

Oben: Pat und Patachon! Rechts ein „Lebenshirsch" aus der Tatra, links ein stummes Beihirscherl. (Seite 30 bzw. 48)

Unten: Kreisgang eines blinden Gams. In 60 bis 80 Prozent der Fälle kommt es zu einer völligen Abheilung der Gamsblindheit. (Seite 89)

Ein Riesentropfen war eingefangen von dem Jadegrün der Bergwälder. Vorerst indes nahm mich der Bergwald auf. Jagen würden wir zwischen 1200 und 2300 Meter Seehöhe. Je weiter oben man zu Schuß kam, um ein so größerer Höhenunterschied mußte bewältigt werden, ehe der Gams im Jeep lag. Wir hatten 3 bis 4 Stunden Aufstieg vor uns, und nun bestimmte der Berg den Rhythmus. Der ruhige, stete Schritt zählte, und die Unstetigkeit einer Heuschrecke verbot sich beim Weidwerken auf das Gamswild von selbst. Um 9 Uhr wollte Christian am Fuß vom Großen Hundstod sein.

Der Morgen begann vielversprechend, ein fast wolkenloser Himmel wölbte sich über uns. Um 6 Uhr fiel die Helle des Tages über die Kämme und Grate in die Schluchten und Täler, um die letzten Schattengeister der Nacht zu verjagen. Vielfach hatte das Wasser aus dem anstehenden Kalkstein schmale Rillen und Spalten herausgewaschen. Gerne verklemmten sich übergangslos die Profilstollen der Stiefel darin und lösten allerlei reflexartige Balanceakte aus. Trotzdem, es ging stetig voran, von Zeit zu Zeit von rücksichtsvollen Verschnaufpausen für mich unterbrochen. Dann suchte Christian mit seinem Spektiv die Geröllhalden an den Felswänden ab und wies mich ein, wenn er Gamswild entdeckt hatte. Hier, in den tieferen Lagen, handelte es sich zunächst um Scharwild. Einzelne Geißen oder Böcke hatten wir noch nicht in Anblick be-

Alpensteinbock: Der König der Alpen – Wappentier Graubündens – Wildtier des Jahres 1997. *(Seite 54)*

kommen. Mitunter begnügte sich mein Pirschführer mit ein paar kurzen Worten: „Gams san Luada." Auf meinen leicht verwunderten, fragenden Blick fuhr er fort: „Wenn man sie dumm angeht, springen sie ab. Dann wiederum scheren sie sich rein um gar nichts. Selbst wenn man ihnen nachläuft und sie findet, mag es sein, daß man sie erst hochmachen muß."

Weiter ging es, um einen Kegel herum, eine Schlucht entlang. Gegenüber trat der massive Stein zurück, schwang in einem weichen Hangbogen weg und lief weiter oben in eine von Bergen umgebene Ebene aus.

„Dort is' di Hochwies, do geh' ma hi'." Aus Gewohnheit leuchtete er die andere Seite der Schlucht ab. „Es san a poar einzelne Stück drüb'n. Oben links, weiter hint', is es a Goaß, vorn rechts auf vielleicht 200 Meter, fast in unserer Höh', steht a Bock." Während ich mir noch Mühe gab, den Bock auszumachen, fuhr er wie im Selbstgespräch fort: „Wenn ma dös Gamswild lang g'nua kennt und beobachtet hat, moant ma scho' manchmal, es is a bisserl dumm. Handeln tuat es auffallend instinktiv. Die Gams äugen net sehr guat, san aber bemerkenswert windempfindlich. Und bei uns im Gebirg mit den Spitzen und Schroffen, da küselt der Wind überall. Es reicht scho', wenn eahna bloß a bisserl a Duft von uns zutrag'n wird. Sofort werden s' hoch, ziag'n weg. Unverhofft kommen s' hinter den Ecken hervor und steh'n oam plötzlich ziemlich nahe gegenüber. A Gruppeneinteilung kann ma scho' aufgrund dieses Verhaltens vornehmen. Bis zu 4 Jahren san sie zu neugierig, am neugierigsten ist der zwoajahrige Bock. Die älteren Gams haben's gelernt, ihre Neugier zu unterdrücken."

Christian strebte weiter, der Hochwies zu, und wir stiegen an dem Bock auf etwa 100 Meter vorbei. Er machte keinerlei Anstalten abzuspringen, sondern beobachtete uns nur unverwandt. Die Hochwies trägt ihren Namen zu Recht.

Eingebettet auf etwa 2000 Meter zwischen Hundstod und Seehorn, begrenzen sie mehrere Moränenausläufer am Rande. Dicht gewachsener Berglauch breitet ein grünes Tischtuch darüber, ein Tummelplatz für Mankeis und eine Verlockung für das Scharwild. Kaum angekommen, ein Pfiff. Ein zweiter, ein dritter. Ich brauchte einige Zeit, bis ich die Murmeltiere, diese Bergkobolde, im Gras gefunden hatte. Brav hielten sie Wache, ohne Anstalten zu machen, in ihre Baue einzufahren. Sie kannten den Menschen und hielten ihn sichtlich nicht für bedrohlich. Das Scharwild freilich ließ sich nicht mehr sehen. Also weiter und Aufstieg über eine Geröllhalde bis unter die Wand vom Hundstod. Das Geröll rieselte unter jedem Tritt. Schweißtreibend und zunehmend anstrengender wurde es. Der feste Fels, mochte er noch sosehr zum Hüpfen, Springen und Federn veranlassen, schien dagegen geradezu erholsam. Endlich lag diese verdammte Halde hinter mir. Christian zeigte mit seinem Bergstock auf ein kleeblattgroßes Pflänzchen, so winzig, daß es mir in der Steinwüstenei gar nicht aufgefallen war. „Das ist eine gute Äsung für unser Gamswild, mineralstoffreich. Wir haben Alpensüßklee, Gamskresse und noch einiges andere. Von den Touristen, die hier durchwandern, wird uns oft berichtet, daß sie mit Verwunderung sahen, wie auf einem scheinbar vegetationslosen Geröll das Gamswild steht und den Grind am Boden hat. Was machen die Gams, werden wir gefragt, und die Leute erstaunt es sehr, wenn sie dann hören, daß die Gams dort äsen.“

Unweit der Felswand des Hundstods machten wir es uns bequem, und die Sonne wärmte bereits kräftig. Gut 500 Meter oberhalb der Baumgrenze und bei wolkenloser Sicht bot sich dem Auge eine traumhafte Bergwelt. Uns gegenüber lag ein abweisender Steinriegel, weißbefleckt von Schneefelderresten und zugleich eine stumme Mahnung:

Kommt mir nicht zu nahe! Der Anfang des Steinernen Meeres.

Christian rührte sich wieder: „Im Gebirg gibt es Stellen, da sieht man die Gams von weitem. Gerade weil es recht weit ist und dazu oft viele Deckungsmöglichkeiten vorhanden sind, glaubt man, nur hingehen zu brauchen. Ist man endlich dort, haben die Gams sich verschlupft."

„Es gibt aber auch das Gegenteil", nahm ich das Wort auf. „Bei einer Bergwanderung durchs Höllental im Werdenfelser Land sprang mir auf einem ständig frequentierten Touristensteig aus den Latschen heraus ein Gams auf 3 Meter vor die Füße, stand wie angewurzelt und äugte mich starr an. Gerade so, als wollte er mir den Weg nicht freigeben. Schließlich eine Flucht nach unten in den bergenden Jungwuchs."

„Das Gamswild ist die Bergwanderer gewöhnt", antwortete Christian und deutete dann auf den Hang. Knapp 200 Meter unter uns zog ein Gams ohne Eile herauf. „Ein Bock, aber nicht der richtige." Der Bock äste ab und zu, mußte wohl irgend etwas zwischen den Steinen finden. Endlich bot sich Gelegenheit, mich einmal beobachterisch etwas genauer mit dem Gamswild in der freien Natur vertraut zu machen.

„Da sehen Sie den Keulenfleck, fast zwei Handflächen groß, das ist Jugendklasse. Dieser Gams wirkt auch leichtfüßig. Die alten Böcke sind in ihrer Gangart weniger elegant."

Plötzlich zog der Bock zügig Richtung Felswand. Zwei-, dreimal wandte er uns sein Haupt noch kurz zu, chc cr zwischen den Felsbrocken verschwand. Wir hatten guten Wind, konnten daher nicht die Ursache seiner Absetzbewegung sein. Indes, die Antwort kam im selben Augenblick heraufgekeucht. Eine Urlaubergruppe von fünf Leuten, sportlich bestens ausgerüstet bis hin zu Teleskopskistöcken, hatte von der anderen Seite her die Höhe erreicht. Alle zogen an uns vorüber, ohne uns wahrzunehmen. Zu sehr mit sich selbst beschäftigt, sieht man nicht, was um einen herum vorgeht.

Der wandertouristische Verkehr nahm bald beträchtlich zu und vertrieb uns. Wir hielten es für sinnvoller zu erkunden, wo das Gamswild gerne stand, um beim nächsten Mal Bescheid zu wissen. Mir kam das durchaus gelegen, hatte ich es mir bei den Jagden im Ausland längst zur Gewohnheit gemacht, am ersten Tag nicht zu schießen, sondern zu beobachten. Unten, auf der Höhe des Stausees, brannten die Füße höllisch, und bis dahin wußte ich nicht, welche Wohltat kaltes Bergwasser den Füßen bereiten kann.

Unterdessen hatte bei Christian eine neue Überlegung Gestalt angenommen. Wenn es mit einem Gratgams nicht klappen wollte, könnte es vielleicht noch für einen Waldgams langen. Hier ging es lediglich um Höhenunterschiede von 200 bis 300 Metern. Gedacht, getan. Und so brachte uns wenig später der Jeep in eine ganz andere Ecke des Reviers, an einen Platz, an dem die Bergwälder bis an die Almen herunterreichten und die Hänge von ihrem Grün geradezu versteckt wurden. Der Anblick stimmte nachdenklich.

„Vom Waldsterben scheint man hier noch nicht betroffen zu sein", bemerkte ich leichthin. Christian lachte: „Nein, und das trotz mancher Experten, die aufgrund irgendwelcher Forschungsergebnisse uns schon vor 10 Jahren ankündigten, daß wir innerhalb von zwei Jahrzehnten in Österreich entwaldet sein werden. Nichts davon trat bis heute ein. Gott sei Dank!"

Wir waren kaum in den Hang eingedrungen, über Stock und Stein natürlich, und hatten noch nicht viel an Höhe gewonnen, wurde es auf gute Schußentfernung oberhalb von uns lebendig. Die Gams hatten uns wahrgenommen, zogen hin und her, unstetig und neugierig zugleich. Bald standen sie frei, bald halb verdeckt, dann wieder spitz, und schließlich sprangen sie ab. Richtiges Ansprechen in dem kurzen Augenblick verlangte beachtliches Können und es beeindruckte mich. Allein, Christian blieb nüchtern: „Wenn man dreimal schauen muß und sich noch immer unsicher fühlt, dann paßt es nicht." Und an diesem Abend paßte es auch weiterhin nicht mehr, obwohl viel Wild in Anblick kam.

„Der Gams ist ein guter Wetterprophet. Unter uns Jägern gilt das Wort: Zieht der Gams talwärts, kommt grobes Wetter."

Und so kam es auch. Noch am Abend, während wir in der Hütte gemütlich beisammensaßen, schlug das Wetter um. Ein gewaltiges Gewitter brach herein. Es goß, als würde das Wasser mit Kübeln ausgeschüttet. Und nachtsüber regnete es sich ein. Morgenpirsch ade. Doch Christian beruhigte mich: „Spätestens nachmittags wird es klappen", meinte er tröstend.

„Woher wissen Sie das so sicher?" erkundigte ich mich neugierig und erhielt als Antwort: „Da es Ihnen um keine bestimmte Trophäe geht, gleichviel ob Bock oder Geiß, findet sich in unserem Revier immer etwas."

„Stimmt", bestätigte ich ihm, „mir kommt es aufs Jagderlebnis an. Wer nur Trophäen sieht, verliert irgendwie sein Augenlicht, wird blind gegenüber vielen anderen wundersamen Dingen des Weidwerks und der Natur überhaupt.

Was heißt schon Trophäe? Ganz früher gab sie ein Siegeszeichen ab, doch hat sich ihre Bedeutung gewandelt. Im Weidwerk wurde sie zu einer Art Souvenir, zu einem Erinnerungsstück an ein besonderes Erlebnis. Fast jedermann schätzt Erinnerungsstücke an besondere Stunden seines Lebens. Die ganze Andenkenindustrie lebt davon, und das sogar recht gut. Steht nicht in jeder Wohnung ein Schrank voller Nippes, wie edel oder kitschig sie auch sein mögen? Manchmal entscheidet nur der vorhandene Raum oder die Fläche und der Platzbedarf über das, was man sich leisten kann. Die Herrscher in ihren Residenzen und Schlössern verfügten jederzeit ausreichend darüber und sie haben deshalb ungeniert Jagdtrophäen auch schlicht als Schmuck der Treppenhäuser geschätzt, ja verschmähen das bis heute nicht. Erinnerungen werden unversehens so zur Tradition und sind nicht selten zugleich Lehrmaterial für die heranwachsende Generation. Manche Jagderlebnisse verwandeln sich dabei zu Familienmärchen und trotzen zählebig ihrem Verschwinden im Vergessensein. Gar mancher Jäger, bei dem das Weidwerk familiär aus Tradition zu Hause ist, hat sein privates Jagdmuseum. Solche habe ich gesehen im spanischen El Sauceral in den Bergen von Telodo, im bayerischen Hohenschäftlarn im Isartal und im elsässischen Hagenthal im Sundgau. Keines vergleichbar mit dem anderen, jedes originell und keines auch etwa charakteristisch geprägt von dem eitlen Ego des Besitzers."

Christian hörte bedächtig zu und wiegte den Kopf. „Na ja, manchmal schlägt auch die Gier nach dem Besonderen durch, selbst bei gestandenen Berufsjägern. Ein Hamburger hatte im Salzburger Land ein Hochwildrevier gepachtet. Bei uns gehört obligat ein Berufsjäger dazu. Pensionierte Berufsjäger, so sie sich noch fit fühlen, übernehmen ganz gerne derartige Posten. Auch der Hamburger engagierte sich einen solchen Pensionisten. Gerade diesem Berufsjäger kam in diesem Revier der Hirsch seines Lebens und er schoß ihn. Stolz zeigte er die Trophäe seinen Jagdkameraden. Unwillkürlich fragte da einer erstaunt: ‚Hattest du den frei?' Worauf der andere mit einem ‚Nit ganz' herausrückte. Nun, Jäger haben meist ein gesundes Verhältnis zum Geld, und Pächter von österreichischen Hochwildrevieren wissen, was eine solche Jagd kostet. Das Ganze ging natürlich schlecht für den Berufsjäger aus. Es ist a Luadaspüil."

Ein Blick vor die Tür genügte. Die Wolken lagen zu Mittag noch immer auf dem Boden. Der Nebel hing zwischen den Bäumen. Gleichmütig meinte Christian: „Gegen den Gamshüter hilft nur 's Warten. Warten wir, wahrscheinlich wird es am Nachmittag besser." Er sollte recht behalten.

„Habt ihr mit der Gamsblindheit Schwierigkeiten?" wollte ich wissen.

„Nein, zurzeit beschäftigt sie uns nicht. Diese Krankheit führt zu Verlusten unter den Gamsbeständen, das ist richtig, sie kann aber auch ausgeheilt werden. Die Stücke erlangen ihr Augenlicht wieder. Ein Kriterium ist der Primärerreger. Dieser bereitet an Augen und Lungen den Weg für die gewöhnlichen Eiterbakterien vor. In einem Rudel werden normalerweise durch den direkten Kontakt alle Stücke angesteckt. Die Gamsblindheit ist auch nicht gamsspezifisch. Mittlerweile wissen wir, daß derselbe Erreger das Steinwild genauso befällt und auch Schafe nicht verschont, die allerdings weniger schwer daran erkranken."

„Wie verhalten sich die kranken Stücke? Ich habe einmal einen Rehbock erlebt, der auf dem einen Licht blind war. Er benahm sich extrem heimlich und mußte mit allen Raffinessen überlistet werden. Und in Spanien erlebte ich, wie ein Hirsch sich ähnlich vorsichtig verhielt. Er hatte ebenfalls sein Augenlicht verloren. Bei diesen Stücken handelte es sich allerdings bloß um eine Halbblindheit. Immerhin ließ sich daraus folgern: Extrem vorsichtiges Verhalten eines Stück Wildes läßt auf Augenerkrankungen schließen, welche die Aktivität und den Aktionsradius der Individuen merklich einschränken."

Christian nickte zustimmend: „Nun, der Gams ist nicht nur halbblind. Nach etwa 10 bis 12 Tagen erblindet er beidseitig. Die Stücke benehmen sich dann schreckhaft, gehen im Kreis, stürzen zu Boden und stürzen natürlich auch ab. Diese Phase gefährdet sie besonders. Schwache junge und alte Stücke halten das nicht durch. Ein Regulativ der Natur. Mit unserer Hegebüchse stehen wir der Gamsblindheit machtlos gegenüber. Zur Eindämmung müßte man stets das ganze Rudel abschießen, praktisch ein Ding der Unmöglichkeit. Am besten und vernünftigsten ist es, ein Rudel während der Durchseuchung möglichst in Ruhe zu lassen. In 60 bis 80% der Fälle kommt es zu einer völligen Abheilung. In der Hornhaut der genesenen Lichter findet sich dann ein dunkelbrauner Farbstoff – die Gams haben sich gewissermaßen eine Sonnenbrille zugelegt."

Inzwischen löste sich draußen der Nebel auf, und Christian hielt es nicht mehr länger in der Hütte. „Zwar regnet's noch, und der Wald tropft. Doch das macht nichts. Hauptsache, wir sehen was."

Und damit bestiegen wir den Jeep und fuhren dem zweiten Jagdtag entgegen. Wieder ging es zum Dießbach-Stausee, doch wählte Christian den Rauchenkopf aus und wollte in der Waldzone bleiben. „Hier vertrauen wir uns einmal dem Pirschsteig an. Es gibt ein paar Stellen mit guter Deckung und weiter Sicht, vielleicht bewegt sich da etwas. Die Gams stehen gerne zwischen Bergkiefern und Hochwald, und bei diesem Wetter haben sie sich sowieso mehr im Wald eingestellt. Wir können überall plötzlich mit ihnen zusammenlaufen."

Vom Pirschsteig konnte ich nicht viel erkennen. Es ging querdurch, gelegentlich ließ eine Strecke ahnen, daß sie Menschen als Steig benutzen. Der Regen hatte aufgehört, die Wolken sich hoch in den Himmel verzogen und Gipfel freigegeben. Die Natur wirkte wie geputzt, und dem Auge bot sich weithin eine klare, scharfe Sicht. Drei Gams verschlupften sich, ehe wir sie richtig ansprechen konnten. An einer mächtigen Randlärche machten wir es uns in deren Wurzelausläufern bequem. Wir saßen etwa 1500 Meter hoch, und vor uns steilte in schmalen Terrassenbändern eine Bergwand an die 300 Meter nach oben. Kein nackter Stein. Auf dem Kalkboden mit den unzähligen Rissen und schmalen Spalten hatte sich eine Menge niedriger Pflanzen angesiedelt und mit ihren grünen Streifen die Wand mit einem Raster verziert.

Alsbald machte Christian zwei einzelne Gams aus; viel zu weit zum Schießen, ein Nachsteigen undenkbar. Ein dritter stand deutlich tiefer, mehr in den Latschen. Da ich mich in Sachen Gams sowieso auf meinen Pirschführer verließ, suchte ich mit dem Glas die höheren Stellen des Berges ab. Tatsächlich, dort, wo die Wand einmal ein bißchen zurücktrat und eine kleine Mulde bildete, stand ein Achterhirsch mit zwei Tieren. An seinem Geweih störte mich irgend etwas, und Christian klärte mich auf: „Da haften noch ein paar Bastfetzen dran. Bei uns in den Bergen kann ein junger Hirsch noch im August im Bast stehen.“ Pause. Dann: „Dort oben, noch etwas höher hinauf, hat im letzten Jahr ein Jagdgast ein Tier geschossen.“

Unwillkürlich fragte ich: „Und wie habt ihr das von dort heruntergebracht?“

„Ich habe es auf meiner Kraxen heruntergetragen…!“ 700 Meter Höhenunterschied – Hut ab vor dieser Leistung!

Christian, 54 Jahre alt, von durchschnittlicher Größe, verfügte aber über Bärenkräfte, was er mir zwei Stunden später quasi nebenbei demonstrierte.

Erneut schlug das Wetter jäh um. Mit vehementer Geschwindigkeit zog ein Gewitter heran. Wir brachen den Ansitz ab und kamen gerade noch rechtzeitig zum Jeep, um nicht von dem Wasserguß durchnäßt zu werden. So schnell wie gekommen, ging alles vorüber. Jetzt pressierte es Christian! Raus aus dem Wagen und erneut den Berg hinauf.

Wiederum auf einem für mich nicht erkennbaren Pirschsteig. Der Wald tropfte ab, und dieses Rauschen ringsum schluckte alle weiteren Geräusche. Zügig ging es vorwärts, oft auf einem Bein balancierend, manchmal mit einer Hand an der rutschigen, nassen Rinde eines Latschenzweiges sich festhaltend, um Felszacken herum, aufwärts, aufwärts. Außen naß und innen feucht. Was spielte das jetzt noch für eine Rolle. Jedenfalls hatten wir rasch Höhe gewonnen, und Christian wußte offenbar recht gut, wo sein Gamswild stand. Mit einem Mal hieß er mich warten und kletterte selbst in einem schmalen Spalt drei, vier Meter weiter, schob vorsichtig seinen Kopf über die Kante und signalisierte, daß ich nachkommen sollte. „Jetzt paßt es. Zwei Böcke stehen beisammen. Gute Schußentfernung. Den schwächeren nehma." Obwohl ich mich neben Christian geschoben hatte, sah ich noch nichts, doch sehen mußte ich erst einmal auf alle Fälle etwas.

„Der schwächere Bock steht spitz zu uns", wies Christian mich ein. Keiner der beiden Böcke hatte uns wahrgenommen. Allein das bedeutete für mich keinen Freibrief zum Zeitlassen. Wenn sich die Gams auch nur ein bißchen umstellten, bestand keine Chance mehr. Ich hatte guten Stand und ebensolche Auflage. Schnell brachte ich das Fadenkreuz auf den Stich. Im Schuß verschwand der Bock, wie von Geisterhand weggewischt. Sein Begleiter ging flüchtig ab. Leer die Bühne.

Am Anschuß fand sich kein Schweiß und nichts vom Bock. Das verblüffte mich denn doch. Christian jedoch lachte nur. Für alle Fälle hatte er ja seine Bayerische Gebirgsschweißhündin „Tina" bei sich. Kaum angesetzt, zog der Hund nur drei Meter und blieb stehen. Noch immer sahen wir nichts, bis wir uns bückten. Des Bockes einzige Flucht ließ ihn in einer Spalte landen, wo Latschen und Gras ihn vollkommen zudeckten.

Mittlerweile wußte ich, daß die Geißkrucke dünnere Schläuche kennzeichnet als jene der Böcke. Die Krucke meines Bockes fand ich recht ansprechend; ihre Qualität vermochte ich nicht zu beurteilen. Die hatte auch nur sekundäre Bedeutung, zählen tat allein das Alter. Christian untersuchte die Krucke sorgfältig. Endlich richtete er sich auf und strahlte: „Weidmannsheil! Fünf Jahre hat er, genau richtig."

Als Pirschführer richtig angesprochen zu haben, befriedigte ihn. Die Latsche, unter der wir den Bock hervorziehen mußten, lieferte gleich den Bruch. Wie bei uns in Deutschland, wird er auch hier an der rechten Hutseite getragen, denn die linke bleibt dem Standesbruch vorbehalten.

Der Gams war rasch versorgt. Gemeinsam steckten wir ihn hernach in den Rucksack, und Christian schulterte den Bock. Mir drückte er sein Gewehr in die Hand. Der Abstieg begann. Der Jäger hatte 26 Kilogramm auf dem Buckel – und rannte wieselflink davon. Bei allem Bemühen konnte ich nicht mithalten. Respekt, Respekt!

Wieder einmal fand die Erfahrung Bestätigung, daß Sommergewitter für die Jagdausübung kein Hindernis bedeuten. Kurz danach ist es oft recht günstig, und der erfahrene Mann wußte das zu nutzen.

Zwei Tage nur hatte uns das Weidwerk zusammengeführt, und weil wir uns von Anfang an verstanden, ließen wir das Beisammensein zusammen ausklingen. Ich wollte von Christians Welt etwas mehr hören. Der Jäger sieht gewöhnlich mehr als viele andere, weil er anders zu sehen versteht. Er sieht Verstecktes und Gewachsenes. Aber der Jäger hört auch anders, und so versteht er ebenfalls so manches dabei anders. Die Sorgen des Bergbauern oder die eines Almwirtes sind nicht die gleichen wie jene des Dorfwirtes. Ich hatte Zeit dafür.

Die Loferer Tage gingen trotz allem eher als geplant zu Ende und erlaubten mir von Tegernsee aus noch einen touristischen Abstecher in die Hinterriß und den Ahornboden im Karwendel. Noch überquellend voll vom eigenen Erleben, stand ich staunend vor der Wuchtigkeit dieses Bergmassivs und fragte mich, wer wohl dort, in diesem ehemaligen Jagdgebiet des Hochadels, das Gamswild bejagt. Hätte mir jemand gesagt, daß ich selbst einige Jahre später gerade da Jagdgast sein würde, hätte ich ihm ins Gesicht gelacht, das Gesagte als Phantasterei abgetan. Doch genauso kam es.

Von der Hagelhütte in Hinterriss aus

Unser Telefonat diente der dringend notwendigen Abstimmung der gemeinsamen Hirschbrunfttage in den Karpaten. Nebenbei bescherte es mir durch die ebenso spontane wie herzliche Großzügigkeit von Reinhold K. eine völlig unerwartete Einladung auf einen Sommergams im Karwendel. Reinhold meinte, weil sein Vater Josef K. mit in die Tatra wollte, könnte man die Reisevorbereitung für den Osten am besten mit ein paar Tagen Jagd in der Hinterriß verbinden. Na, der Überredung bedurfte es bei einem derartigen Angebot nicht. Hinterriß, Ahornboden und Eng, das waren Jagdreviere aus den österreichischen Alpen im Karwendelmassiv, die mit einem traditionellen Glanz früherer Jahrhunderte in unsere Zeit herüberleuchteten. Reviere, die für die meisten Wanderjäger aus vielerlei Gründen seit vielen, vielen Jahrzehnten als nahezu unerreichbar galten. Ich wußte nicht, daß die beiden Münchner zusammen mit einem weiteren Partner eine Jagd von etwa 3000 Hektar von den Österreichischen Bundesforsten gepachtet hatten. Immerhin hatte dieses Revier längst aus der jagdlichen Literatur – „Damian Zagg“ von Ludwig Ganghofer und später „Am Kamin erzählt“ von Graf Palffy – als Stern am Himmel der Grünröcke Eingang in meine Gedankenwelt gefunden. Es gibt Jagdträume, die einen lange begleiten, und gelegentlich, einem Blitz aus heiterem Himmel gleich, werden sie glückhafte Wirklichkeit.

Josef K. startete ziemlich bald nach meiner Ankunft mit seinem Geländewagen in unser Standquartier, die Hagelhütte in der Hinterriß. Eine brütende Hochsommerhitze von 36 Grad Celsius beherrschte den Tag. Durch das Isartal, den neuen Landkreis Wolfratshausen-Bad Tölz durchquerend, über den Sylvenstein-Speicher hinweg, vorbei an Fall und Vorderriß bis zur österreichischen Grenzstation Hinterriß kamen wir trotz Sommerurlaubszeit mühelos voran. Die früheren Hofjagdgebiete der Wittelsbacher, Coburgs und Luxemburger umgaben uns. Inzwischen hatten die gewandelten Bedürfnisse der Menschen die ursprüngliche Landschaft verändert. Der Ort Fall war im Isar-Stausee verschwunden. Wer erinnert sich noch daran? Immerhin schützt der Wasserspeicher den Isar-Unterlauf vor den Naturgewalten des ungebändigten Hochwassers früherer Zeiten. Die Jagdreviere von einst hatten sich gewandelt. Nicht anders als bei dem Kraftwerksgiganten Gabcikovo unterhalb von Bratislava, wo man einen Stausee von etwa 60 Quadratkilometer Größe plante, der einmal die Auwaldzone der Donau in diesem Bereich vereinnahmen sollte. Weil dieses Projekt 13% des Strombedarfs der ganzen Slowakei decken würde, fallen Jagdgebiete oder ökologische Besonderheiten nicht ins Gewicht. Althergebrachtes wird umgekrempelt und immer gibt es Auslöser irgendwelcher Art.

Als im Jahre 1945, in der Stunde Null, die Besitzstrukturen in Deutschland und Österreich aufgebrochen wurden, fiel das Jagdrevier der Hinterriß – es reichte von der Grenzstation bis zu den Steilhängen der Eng – an die belgische

Prinzessin Rethy und wurde erst 1984 aufgegeben. Will man dem glauben, was die Leute hier darüber erzählen, wurden dabei handfeste materielle Interessen verfolgt, jedenfalls sollen die Hirschabschüsse der Gäste selten umsonst gewesen sein. Vielleicht wollte der Staat einiges davon in seine Kassen lenken. Immerhin hat sich mit der Verpachtung seit 1984 etliches geändert. In der jetzigen Zeit gibt es niemanden, der die heutigen Jagdpreise für so eine riesige Jagd zahlen kann. Josef K. erläuterte die Verhältnisse.

„Hinterriß, Ahornboden, Eng sind heute verkehrsmäßig gut erschlossen. Die Österreichischen Bundesforste und die Eng-Almbauern haben sich zu einer Wegegemeinschaft zusammengeschlossen und eine Mautstelle eingerichtet. Die Gelder, dic daraus fließen, halten die Straßen hervorragend instand. Alles für den Tourismus. Der Große Ahornboden, ein ungewöhnlich breites Alpenhochtal mit nur geringem Gefälle, stellt vermutlich etwas Einzigartiges in der ganzen Alpenregion dar. Er zieht im Herbst Massen von Menschen an. Sobald die Verfärbung des Ahorns einsetzt, ist alles eine leuchtende Pracht sondergleichen. Der Ahornboden gehört überwiegend den Bauern. Im Sommer stehen bis zu 800 Kühe darauf. Man hat sich genossenschaftlich zusammengeschlossen und betreibt die Verarbeitung der Milch in einer eigenen Käserei.

Dieser Almboden, der hier als Ebene den Blaubach begleitet, ist heute eine Bauern-Eigenjagd, schätzungsweise 450 bis 500 Hektar groß, und wird von der Genossenschaft gesondert verpachtet. Sie ist praktisch ein Fremdkörper in dem anderen Jagdgebiet, es sein denn, ein Pächter hat die Möglichkeit und das nötige Geld, sie zu seiner Gebirgsjagd mitzuerwerben."

Zerstückelung bringt eben mehr in die Kasse. Josef K. setzte fort: „Für ein Jagdrevier wie unseres von etwa

3000 Hektar gibt es als vertragliches Muß, einen Berufsjäger zu bezahlen. Das macht etwa 20.000.– D-Mark pro Jahr aus, unabhängig vom Pachtpreis selbst. Außerdem ist ein Jeep zu stellen. Wer die Verhältnisse hier kennt, kann diese Bedingungen durchaus verstehen. Kritischer wird es freilich mit der Preissteigerungsklausel, dic so angelegt ist, daß binnen fünf Jahren eine Steigerung von 50% des Jagdpachtes eintritt. Ja, und der Berufsjäger entscheidet, was geschossen werden darf – nicht der Jagdpächter!"

„Und der Abschuß?" begehrte ich zu wissen.

„80 Gams, 30 Stück Rotwild und 30 Rehe. Der diesjährige Abschuß in unserem Teil beträgt allein 40 Stück Gamswild. Das will bewältigt werden. Die Zeit ist knapp, die Wetterbedingungen schränken die Möglichkeiten ein. Schon der Gamshüter, der Nebel, verbannt uns häufig zum Warten in die Hütte. Andererseits, wenn es sich fügt, stehen im Enger Grund mitunter Gamsrudel bis zu 90 Stück. In der Hitze des Sommers zieht sich das Gamswild an die kühleren Plätze zurück, dorthin, wo noch einige Schneeflecken liegen. Bei anderem Wetter stehen die Gamsrudel auch auf dem Ahornboden. Da hier meist die Kühe weiden, und die Gams das weniger schätzen, suchen sie sich gewöhnlich Plätze in den Hängen, 200 bis 300 Meter oberhalb der Kühe. Dort fallen sie durch ihre hellbraune Färbung auf. Begleiten den Herbst Ende Oktober, Anfang November Wintereinbrüche, treiben diese natürlich die Gams ins Tal. Also, das geht hübsch durcheinander."

Die kleine abendliche Erkundungsfahrt verlief vielversprechend und verheißungsvoll. Bereits auf dem Ahornboden, vielleicht 30 Meter über dem Tal, zog ein Hirsch in der Wand. Die Hirsche hier zeigen sich endenfreudig, haben gute Kronen und kurze, gedrungene Stangen. Weniger empfindlich als das Gamswild, stehen sie zur

Äsung oft auf dem Ahornboden mitten zwischen der Kuhherde.

Das Revier lag rechts und links der Eng, und beim Almgasthof ging es unweigerlich in die Höhe. Der Landrover kletterte zur Bims-Alm hoch; 300 Meter Höhenunterschied auf einem Weg, der sich eng an die Bergflanken schmiegte und, von Rinnen wie Runzeln in welker Haut unterbrochen, jäh tiefe Einblicke in die Schlucht bot. K. senior erwies sich als sicherer Fahrer, seine Erfahrung spürte man sofort. Nebenbei umriß er die Grenzen seines Reviers. „Nach Süden endet es am Kaisergrat im Lamsen-Massiv. Im Norden, hinter dem Standquartier Hagelhütte (1090 Meter Seehöhe), läuft die Grenze am Sattel vom Kompar, von dem aus der wilde Bockgraben zur Riß herunterkommt. Der Kompar zeigt sich auf seiner Südseite als Grasberg, während er auf der Nordseite so steil abfällt, daß man fast Angst kriegen kann. Wir jagen hier zwischen 1100 und 2100 Meter Seehöhe. Zum Satteljoch führt das Hasental, vom Plumserjoch kommt der Plumsbach, dort werden wir morgen früh jagen."

Fürs erste mußten wir wissen, wo das Gamswild stand. Es zigeunert ja gerne und legt dabei ohne Mühe größere Strecken zurück. Von der Bims-Alm suchten wir die Hänge des Grammar-Sattels ab.

Etwa 40 Stück Weidevieh verteilte sich über die verschiedenen Almflecke. Nach längerem, genauerem Hinsehen lernte ich zu unterscheiden. Zwischen diesen „Milchhirschen" standen Rothirsche. Weiter entfernt fielen zudem kleinere, gelbbraune Flecken auf: einzelne Gams. An den Lärm der bewirtschafteten Alm waren Kühe, Hirsche und Gams sichtlich gewöhnt. Man hält ein bißchen Abstand voneinander, doch die Distanz wird nicht bestimmt von ängstlicher Wachsamkeit. Die Tiere kennen ihren „kritischen Raum", im Unterschied zum Menschen. Drangvolle

Dichte läßt den Menschen deshalb nach allen Seiten ausbrechen, führt in überallhin. Selbstredend sind auch die Gleitschirmflieger und Drachensegler schon in dieses Tal eingedrungen, können aber hier nicht von jeder Spitze starten, was dem Bergwild automatisch eine Schutzzone schafft. Das Karwendel sperrt als massiver Riegel jeden Zugang zum Inntal, und seine Kammspitzen übersteigen 2600 Meter. Steile, oft lotrecht abfallende Wände räumen den Menschen kaum Spielwiesen ein.

Die absolute Herrschaft des Fels wird unverfälscht sichtbar. Und dort, über der Waldzone, findet das Gamswild seinen typischen Lebensraum. Wovon lebt dieses Wild eigentlich? Ich wußte es ja seit der Jagd in Lofer. Aber das Staunen darüber überkam mich erneut. Josef K. lachte dazu und zitierte einen alten Tiroler Spruch: „Dös Floasch (Fleisch) vom Boa (Bein), dös Graserl vom Stoa (Stein) und dös Maderl vom Roa (Rain) sind die besten drei Dinge der Welt für den Jager, seinen Hund und die Gams!"

„Es heißt, der Karwendel-Gams sei etwas Besonderes. Das Karwendel soll mit eines der besten Gamsreviere Österreichs sein."

„Ja, wahrscheinlich. Das Karwendel ist ein Kalkgebirge, und allgemein sagt man, die Gams auf dem Kalkstein sind stärker als jene auf Urgestein."

„Stören die Gleitschirmflieger das Gamswild bereits spürbar?" erkundigte ich mich weiter.

„Gottlob gibt es sie noch nicht überall. Wo sie aber auftreten, kann man ihren Einfluß auf das Wild nicht bestreiten. Die Almweiden leeren sich. Die Gams stellen sich mehr und mehr in den Fels ein, bevorzugen allerdings dort, wo möglich, den Wald als Schutzgebiet. Mir sind Schweizer Studien am Angstmatthorn bekannt, die zeigen, daß Gams sich mit ihren Kitzen bis zu 4 Stunden in kleinen Waldparzellen vor den Gleitern versteckten. Man muß sich das einmal plastisch vorstellen. Dort, wo sich bis zu 100 Stück Wild auf wenigen Hektar Waldfläche am Berg zusammendrängen, kann man das nur als massive Störung bezeichnen. Das Wild hat Angst, und Angst kostet auch Körpergewicht. Es kann seine Äsungsgebiete nicht wie sonst nutzen. Ohne Zweifel brauchen wir mehr Ordnung. Unsere allgemeine Freizeitgestaltung muß vernünftiger als bisher auf die Natur abgestimmt werden."

Bewußt neugierig fragte ich endlich auch hier: „Wie lange werden wir auf den Gamsbock jagen?"

„Bei uns normalerweise einen Tag. Es müßte mit dem Teufel zugehen, wenn es bei Ihnen nicht klappen sollte."

Da wurde sie wieder genannt, die unglaublich kurze Zeitspanne, in der man beim Gamswild Weidmannsheil haben kann, wenn die Rahmenbedingungen stimmen. Gams sind Tagwild. Man jagt von 6 bis 9 Uhr morgens und nach der Tageshitze im August ab 18 Uhr. Der Landrover kann einen auf 1600 Meter bringen, und von da beginnt der Aufstieg. Im engen Karst hinter den Latschenfeldern sind mitunter Neigungswinkel von 30 bis 40 Grad zu bewältigen. Dem Können der Berufsjäger darf man sich ruhig anvertrauen, sie verstehen ihre Sache. Unserer, Hubert M., gerade 26 oder 27 Jahre alt, gehörte zu jenen Kraftlackeln, die gar nicht kraftstrotzend wirkten. Wenige Tage zuvor hatte er drei Gams auf einmal mit seiner Kraxen, die aus einer modernen Trekking-Ausrüstung stammte, über Stock und Stein bis zum Auto getragen. Josef K., der quietschfidele Vierundachtziger, hatte sie an einem Tag kurz hintereinander geschossen. Es galt, den Abschuß zu erfüllen, denn damit lag man im Rückstand.

Die Berufsjäger der Alpen sind Bergkönige, ob fünfzig- oder dreißigjährig, und sind es sichtlich gewöhnt, mit schweren Lasten auf dem Buckel mehrere hundert Meter

Höhenunterschied abwärts zu bewältigen. Unsereins kann da nur staunen.

Josef K. schränkte aber ein: „Das gilt für unsere Verhältnisse. Anderswo schleichen sich mit der Art und Weise heutiger Jagdverpachtung Unsitten ein. Wenn die Berufsjäger, die ja bestimmen, was man schießen darf, ängstlich werden, das eine nicht erlauben, bei einem anderen in Zweifel geraten, und das geht so hin und her, dann sieht das freilich anders aus. Da kann man Tage im Gebirg umhersteigen und Wild vor sich haben, und trotzdem bleibt der Abschuß unerfüllt. Und das wird einem dann noch vorgehalten. Die Quadratur des Kreises kennt keine Lösung, auch nicht beim Weidwerk. Gottlob blieben wir hier davon verschont."

Der Abend in der Hagelhütte hatte uns einen Streich gespielt. Der munter fließende, kalte Blaubach, direkt am Gartenzaun, tat dem Pfälzer Wein so gut, daß er schmeckte wie kaum einmal zu Hause. Gemütlichkeit stellte sich von selber ein und gebar bald eine locker-lustige Unterhaltung vom Hundertsten zum Tausendsten. Kurzum: Die jagdlichen Probleme lösten wir augenblicklich, manche politischen Fragen dauerten etwas länger, und es blieb ein Rest, der ausgeklammert wurde. Weinschwer sanken wir schließlich aufs Lager, verschliefen unsere biologischen Uhren samt den Weckern. Es pumperte: „Hubert, aufstehen!" Unser Jäger rüttelte an den Fensterläden.

In überstürzter Eile verließen wir die Hütte, und ein verständnisvoll lachender Jäger empfing uns. „Spät sind die Herren. Ein guter Wein ist halt auch nicht zu verachten." Indes, als die Sonne über den Kamm lugte, fand sie uns alle vier etwa 100 Meter unter dem Plumsjochsattel am Hang. Hubert M. hatte seinen Bergl, einen passionierten Bayerischen Gebirgsschweißhund, gleich mitgebracht.

Der letzte Aufstieg zum Satteljoch im Karst, zwischen den

Latschen, brachte den Kreislauf in Schwung und mir zudem bei, daß man auf Grasflächen mit stärkerem Neigungswinkel schlechter steigt als auf Steinen. Nun saßen wir am Hang vor einem Latschenfeld mit guter Aussicht nach allen Seiten. Die Sonne, in dieser Frühstunde ohne volle Kraft, tat wohl, wirkte wie ein Schuhlöffel zum Faulsein. Unmerklich belebte sich die Bühne der Natur. Da und dort schob sich Scharwild aus den Latschen. Schwache Rudel, und die einzelgängerischen Böcke hielten Abstand voneinander. Von den Gesprächen mit den Gamsjägern blieb inzwischen einiges bei mir hängen. So wußte ich, daß das Geschlechterverhältnis im Naturschutzgebiet des Karwendels 1 : 1,5 beträgt, hatte gehört, daß für die Höhe der Krucke die ersten 4 Jahre entscheiden, im fünften Jahr der Zuwachs maximal einen Zentimeter beträgt und die jährlichen Schübe nachher nur noch als „Millimeterringe" folgen. Neben diesen Jahresringen finden sich bisweilen sogenannte Schmuckringe an den Schläuchen, die verwirren können und mit Perioden guter Ernährung im Zusammenhang stehen. Ich hatte gehört, daß manchen Bergjägern das gelegentlich frühere, schwärzlichere Winterkleid älterer Gams als Unterscheidungsmerkmal zwischen säugenden Geißen und Geltgeißen dient, als Hilfsmittel bei der Erfüllung des Abschußsolls. Erfahrene Jäger lehnen das ab. Manche halten es, wahrscheinlich nicht zu Unrecht, gar für ein Märchen. Die Natur ist von Haus aus viel zu nuancenreich. Farbschattierungen auf der Decke können einfach nicht zuverlässig brauchbar sein.

Charakteristischer sind andere Anhaltspunkte. Wie beim Hirsch, trägt beispielsweise auch der junge Gamsbock das Haupt hoch und der alte es tief. Josef K. hatte seine Erfahrung in einem einzigen Satz untergebracht: „Der Gams ist nicht lärmempfindlich, jedoch sehr windempfindlich, neugierig, dickfellig und mitunter dümmlich."

Was blieb übrig? Beobachten und vergleichen. Immer wieder, immer wieder. Zwei Böcke jenseits vernünftiger Schußdistanz, ein dritter unweit von mir, boten sich dazu an. Ab und zu einen Seitenblick auf Hubert. Der tat nichts dergleichen. Nun, ich konnte warten, hatte nicht zu entscheiden. Ein fast sorgloser Zustand und kein Boden für Jagdfieber. Da, ein sanfter Druck mit dem Bergstock am Schenkel, und Huberts Stimme: „Hinter uns, 80 bis 100 Meter oberhalb, zog ein Gamsbock aus den Latschen."

Alle drei hatten wir unsere Gläser an den Augen und beobachteten. Selbst Bergl zeigte plötzlich gespannte, ruhige Aufmerksamkeit. Mir erschien der Bock recht passabel. Die Krucke nicht zu hoch, aber doch kräftig, nicht zu weit und nicht zu enggestellt. Der ganze Körperbau verriet ein gesundes Stück. Na ja, zu gut, kein Bock für mich.

„Schießen", kam es da von Hubert. Und darauf war ich momentan nicht eingerichtet. Um nun plötzlich in die richtige Schußposition zu kommen, mußte ich erst einmal um meinen Jagdfreund herumrobben, was keineswegs ohne Lärm abging. Ab und zu äugte der Bock zu uns herunter, ließ sich jedoch nicht stören. Ja, er zog sogar ein bißchen weiter auf den Hang hinaus, das Urteil von Josef K. in selbstmörderischer Weise bestätigend. Rucksack auf den Boden. Auflage hergerichtet. Repetierer drauf. Der Bock nahm davon keine Notiz. Er stand breit wie auf dem Schießstand. Der Knall des Schusses irritierte für einen Augenblick die Bergwelt. Der Bock tat drei Schritte, spreizte sich am steilen Hang mit den Läufen ein, stand wie ein Denkmal und begann zu nässen. Ein solches Schußzeichen hatte ich noch nie erlebt! Im Glas sah ich meinen Schuß etwas hinter der Kammer, offenbar Leber. Der Fangschuß faßte das Herz und ließ den Bock 150 Meter den Hang hinabrollen, bis er in den Latschen hängenblieb. Auf die ABC-Patronen im Kaliber 7 x 64 und meinen Mannlicher-Schönauer-Repetierer konnte ich mich verlassen. Josef K. strahlte, Hubert lachte herzlich und überreichte mir ein wenig später den Bruch.

Vor uns lag ein dreijähriger Gamsbock, der etwa 23 Kilogramm wiegen mochte. Hubert schnallte den Aufgebrochenen auf seine Kraxe, und wir stiegen die 100 Meter Höhendifferenz zum Sattel hinauf. Im Osten, rund 1000 Meter tiefer, glitzerte in der Morgensonne der Südzipfel des Achensees, und die Dächer von Pertisau ließen das Licht zerplatzen wie eine Wasserfontäne. Abwärts ging es zur Plumsjoch-Hütte (1617 Meter). Bald links vom Wegrand ein Pfiff, dann wieder rechts davon, allein das Scharwild flüchtete nicht. Die Böcke ruhten bereits im Schatten der Latschen, beobachteten uns und gaben sich unbeeindruckt. Sichtlich durch den Bergtourismus an den Menschen gewöhnt, ließen uns die Gams auf 40 bis 50 Meter vorbeilaufen. 14 Gamsböcke hatte ich an diesem Morgen gezählt. Einer davon lag auf der Strecke. Der Traum mancher Jäger, ein Gamsbock aus dem Karwendel, hatte sich für mich gänzlich unerwartet erfüllt.

Immer wieder Sauen

Seit Tagen herrschte eine prickelnde Frühsommerstimmung. Lau und lind wehten die Lüfte über den Pfälzer Wald. Ein Wochenende, frei von jeglichen Verpflichtungen, stand vor der Tür. Gerade richtig für Frühpirsch und Ansitz in den aufgehenden Tag hinein. Es war die Zeit der kürzesten Nächte des Jahres, also jene Tage, in denen die Schwarzkittel über die Dunkelheit hinaus auf den Läufen sein mußten, um sich vollfressen zu können. Der Hunger trieb sie sogar am hellen Tag im Revier umher. Gerne suchten sie dann in den schluchtigen Tälern des Pfälzer Waldes die Quellen im Grunde auf oder wechselten, wie in der Ebene des Bienwaldes mit seinen zahlreichen Wassergräben, zwischen den Eichenjungbeständen und dem Eichenaltholz hin und her. Solche Tage steckten voll jagdlicher Spannung, waren stets für Überraschungen gut, die schnelles, gewandtes Handeln erforderten. Sie mußten einfach den Sauen gehören.

Doch diesmal wollte ich jene Tage auch meinen Söhnen widmen, sie mit der Natur tiefer vertraut machen und sie an das Weidwerk gezielt heranführen – Kontrapunkt der Verstädterung. Natürlich, Aktionen sollten sein, ohne etwa gleich den von vornherein verlorenen Wettbewerb mit dem Action-Fernsehen aufzunehmen. Kontrapunkt auch zu der verheerenden Verdichtung der Handlungsabläufe in der Zeit – alltägliches Fernsehangebot –, welche die Geduld für das Wachsen und Werden nicht reifen läßt.

Für Max und Hannes stand je ein Morgen zur Verfügung, und die Einstimmung darauf ließ sich am kleinen Kaminfeuer auf unserer Terrasse abends leicht vornehmen. Auf dem Tisch lagen die Revierkarten. Wie würden wir am geschicktesten vorgehen? Den Windverhältnissen hatten wir uns bei den Frühpirschen in jedem Fall anzupassen. Die Buben einfach mit einzubinden, das begeisterte sie rasch.

„Seht einmal", tastete ich mich an meine Absicht heran, „zur Jägerei gehört Praxis, die man irgendwann einmal erwerben muß. Es gehören offene Augen, offene Ohren, kurzum hellwache Sinne dazu, ja mitunter reichen unsere fünf Sinne nicht, braucht es eines sechsten. Jedes unserer Wildtiere hat seine speziellen Eigenheiten, und zusammen sind sie im großen Konzert der Natur recht gut aufeinander abgestimmt. Wer die Feinheiten kennt, kann sie aus jedem Akkord heraushören. Je mehr ihr euch darin übt, um so vertrauter werdet ihr mit der Natur, von der wir ja alle irgendwie und irgendwo abhängig sind."

„Lernen wir das nicht sowieso mit unserem grünen Abitur?"

„Natürlich, aber auf jeden Fall lernt ihr es anders. Ich kann und will euch so gar nicht schulen. Wie so häufig, bedarf es eben mehrerer Lehrer, Lehrprinzen. Nein, meine Absicht ist es, euer Denken zu wecken, ähnlich wie es mein Vater und meine Großeltern bei mir taten; modern heißt das heute ‚Lernen an Fallbeispielen'."

„Ach, du meinst learning by doing", schaltete sich Hannes mit einem gängigen Anglizismus ein.

„Bleiben wir bei unserer Muttersprache", kam es von mir. „Auf der Jagd öffnet sich der Blick für die Realitäten. Das kann mitunter schwierig, fast verworren sein. Deshalb haben wir Alten euch Jungen das Weidgerechte vorzuleben. Jäger sein heißt, Wild und Natur gut kennenzulernen, und je länger man jagt, je mehr die Erfahrung wächst, desto bescheidener wird man dabei.

Eine erfolgreiche Jagd endet mit dem Tod des Wildes. Diese Handlung stellt uns in die Verantwortung. Man kann und darf nicht immer schießen. Viel häufiger heißt es, darauf zu verzichten. Nun, das schult die Selbstdisziplin, daran wächst das eigene Urteilsvermögen, und ihr gewinnt dabei eine Sicherheit des Handelns, die euch, ist sie erst einmal über das Weidwerk hinaus in vielen anderen Lebensbereichen selbstverständlich geworden, zum Geschenk des Himmels zu werden vermag. Freilich fängt es mit kleinen Selbstverständlichkeiten an. Auf der Jagd sollst du nur trinken, wenn du Durst hast, und erst, wenn du hungrig bist, dein Brot essen. Es gilt hier die uralte Banalität: Man muß unten anfangen, wenn man es zu Großem bringen will. Wie sollte man sonst lernen, Rückschläge zu überwinden?

Und noch etwas: Es genügt nicht, lediglich die eigene Erfahrung gelten zu lassen. Nicht jeder Jäger kann alles selbst erleben. Die Erlebnisberichte anderer sind wichtig. Sie informieren, unterhalten und jeder kann sie mit seinen eigenen Erfahrungen verknüpfen.

Zurück zu morgen, übermorgen. Beide Reviere sind etwa gleich groß und doch grundverschieden. Das eine, ein typisches Pfälzer-Wald-Gebiet, Fels und Sand, brauner Waldboden, steile Hänge, engschluchtig, vielfach reine Kiefernbestände, fallweise auch Buchenaltholz und Mischwald von Buchen und Kiefern. Unsere Pirschsteige haben wir säuberlich gerecht, dürres Laub wird uns nicht verraten. Das andere Revier liegt in der Ebene. Tiefgrundiger, schwerer Boden mit guter Wasserversorgung, also naß. Hauptsächlich Laubwald, vor allem Eiche jeden Alters und jeder Menge. Da die Weite des Blickes im endlosen Himmel sich verlierend und Wind über dem Feld. Dort, wo nicht wenige Stellen fast rissig geklüftet sind, Wald, so weit das Auge reicht. Die Bergkuppen liegen wie Katzenkringel eine neben der anderen.

Wie steht es mit unserem Wild darin? Was erwartet uns? Rehe und Sauen. Im Pfälzer Wald zieht schon ab und zu ein Stück Rotwild durch, indes Standwild ist es bei uns nicht. Füchse ja, Dachse weniger. Baummarder dazu, selten der Iltis und das Wiesel. Der Waldhase stellt eine Rarität dar. Wo, wie im Bienwald, das Feld angrenzt, kommen Feldhase und Karnickel dazu und als Federwild Fasanen und Rebhühner. Die Horste des Bussards zeigen, da wie dort, daß er flächendeckend vertreten ist. Allein, den Habicht sieht man recht selten, und den Waldkauz kann man hören.

Von der sonstigen Vogelwelt finden sich Elster, Krähen und vor allem der Eichelhäher überall, und das Getrommel von Schwarz-, Grün- und Buntspecht gehört zum Wald wie sein Blätterrauschen. Hauptmelodien, die im Wald vorherrschen, sind das dunkle Gurren der Ringeltauben sowie das Krächzen und Schimpfen der Häher. In unserer Jahreszeit kommt noch der Ruf des Kuckucks hinzu. Amseln, Meisen und Zeisige kommen überall vor, Finken noch, aber schon Goldammer und Neuntöter sind, wie viele andere Singvögel, nur dann vertreten, wenn ihnen der Biotop zusagt.

Vergeßt nicht, draußen in der Natur ist das eine des anderen Beute. Die Nahrungskette kennt kein Erbarmen. Die einzelnen Arten sind darauf eingespielt und normalerweise besteht ein ökologisches Gleichgewicht, und das ist kein statisches, sondern ein dynamisches.

Warum ich so weit aushole? Weil ihr euch diese Rahmenbedingungen fest einprägen müßt. Wer dazu die Gewohnheiten der Tierwelt kennt, um die Abhängigkeiten weiß, weiß auch, wer welche Geräusche verursacht, dem ist der Wald vertraut. Das ist der Punkt, an dem bei euch das neue

Denken einsetzen soll. Dazu müßt ihr ein paar Zahlen im Kopf haben. Ihr müßt den Aktionsradius der verschiedenen Wildarten und sonstigen Tiere kennen und ihren Lebensraum. Dazu gehört auch eine Vorstellung vom ‚kritischen Raum', der keineswegs identisch ist mit dem Aktionsradius. Damit belebt sich für das geistige Auge ein Quadratkilometer Landschaft, und es wird plastisch deutlich, wieviel Stück Rehwild, Schwarzwild, Rotwild man pro 100 Hektar – das ist ja 1 Quadratkilometer – dulden kann und was von Übel ist. Selbstverständlich gibt es Biotope, die sich nicht mit dem Durchschnitt vergleichen lassen. Indes, solche Ausnahmen tun jetzt nichts zur Sache.

Also, Fuchs und Marder, sagt man, haben einen Aktionsradius von 1 Kilometer, selbst der Igel hat einen solchen von 250 Metern. Bei Ameisen und Laufkäfern, ebenso beim Neuntöter, beträgt er 50 Meter, Mauswiesel und Erdkröte agieren bis 150 Meter Entfernung. Das Rehwild zeigt sich in reinen Waldgebieten verhältnismäßig standorttreu und bleibt innerhalb eines Aktionsradius von 250 bis 400 Metern. Böcke stellen sich allerdings während der Brunftzeit manchmal um und kommen dann erst kilometerweit anderswo in Anblick. Junge Böcke werden sowieso von den Platzherren, den Territoriumsbesitzern, vertrieben, und mit diesen Unsicherheiten kann sich der Lebensraum bis auf 700 Hektar erweitern. Bei Fuchs und Marder hat er ähnliche Größe. Schwarzwild, sofern es sich nicht um Jungkeilerrotten oder alte Einzelgänger handelt, die bis zu 40 Kilometer zigeunern, bleibt im Umkreis von etwa 5 Kilometern. Unmittelbare praktische Nutzanwendung daraus: Innerhalb eines Pirschbereiches von 100 Hektar hat man gewöhnlich dasselbe Wild vor sich. Man kennt die hellwache alte Geiß im Jungwuchswinkel, und sie kennt einen ebenso.

Rotwild, Habicht und Uhu brauchen mehr als 700 Hektar. Bussard und Taube begnügen sich mit 300 Hektar, genau wie der Dachs und der Hase. Ente, Fasan, Rebhuhn und Sperber kommen mit 150 Hektar aus. Kaninchen, Wiesel und Eichhörnchen genügen 50 Hektar...

Ja, und dann kommt zu diesen Zahlen bei unserem Wild noch etwas ganz Wichtiges dazu, nämlich die Wilddichte. Früher hat man bei Rehwild 5 bis 7, sogar bis 10 Stück je 100 Hektar als normal angesehen. Heute, dem Zeitgeist verfallen, werden kaum noch 3 Stück toleriert. Beim Schwarzwild gelten 1,5 bis 2,5 Stück je 100 Hektar als angemessen, und was darüber ist, läßt sich nicht vertreten. Wo Rotwild vorkommt, duldet man in deutschen Landen höchstens 1 Stück je 100 Hektar. Damit wird klar, daß sich derselbe Quadratkilometer etwa beim Rehwild in mehrere ‚kritische Räume' aufteilt und die Territorien der verschiedenen Wildarten sich überlappen müssen, diese miteinander auszukommen haben.

Hört ihr in der Morgenfrühe Vogelgesang, muß euch bewußt sein, daß er seltenst oder niemals Ausdruck von Frieden oder Freude ist. Das Gezwitscher gefällt zwar, dient aber immer praktischen Zwecken. Die Männchen singen, wenn sie ihre Territorien in Besitz nehmen, wenn der Nistplatz gefunden ist. Nur in ihrem ‚kritischen Raum' gurren die Tauben. Das Männchen läßt sein Lied erschallen, von seinem erkorenen Thron aus, um seine Herrschaft zu proklamieren, um seine Anwesenheit in Amt und Würde zu verkünden. Das Männchen schmettert keine Liebesmelodie. Antwortet das Weibchen mit Gesang, kündigt es Bereitschaft an. Scharfe Vogelbeobachter haben schon vor hundert Jahren erkannt, daß Vogelmännchen selten um die Weibchen streiten. Wenn sie streiten, so streiten sie um Landbesitz.

Vermehrt sich eine Wildart zu stark, wird der Nachwuchs abgeschlagen, hinausgeschickt in fremde Räume, muß sehen, wie er dort zu Rande kommt. Das ist auch ein Gesetz der Natur. Nicht anders, wie es der Mensch seit alters her selbst praktizierte. Wurde in einem griechischen Stadtstaat die Bevölkerung zu groß und konnte sie nicht mehr ernährt werden, stieg die Jugend in die Schiffe und kolonisierte an irgendeinem Küstenplatz ein leeres Stück Land, gründete dort ihre neue Heimat.

Also nochmals, es genügt nicht, das Wild nur zu beobachten. Ihr müßt euch aus vielen Details eine Vision der Gegend schaffen. Das ist ein kleiner Schöpfungsakt, und er wird bei jedem von euch anders sein, immer individuell und den gegebenen Möglichkeiten entsprechend. Nebenbei werdet ihr mit einem Naturgesetz vertraut, dessen penetrante Mißachtung durch Utopien der Gesellschaft und der Wissenschaft uns die verheerendste Blutorgie der Menschheitsgeschichte bescherte. Das Gesetz vom individuellen Territorium, dem ‚kritischen Raum', wie es Vögel, Säuger, Fische und noch viele andere Lebewesen kennen, hat der Mensch in den Begriff Eigentum umgewandelt. Beides ist identisch, steckt mit Sicherheit in unseren Genen, und die Sache wird zum Überleben gebraucht.

In seinem ‚kritischen Raum' findet das Getier Deckung, das ist der Schutz vor den Unbilden der Natur und der Feinde, Äsung, also Nahrungsmöglichkeiten, und Ruhe, die Geborgenheit vor Störungen und vor Lärm. Störungen von außen bringen zunächst einzelne Individuen durcheinander und, so sie nachhaltig sind, ganze Populationen. Spätestens dann ist der Jäger gefordert. Durch Eingriffe seinerseits, also durch hegerische Maßnahmen, muß er versuchen, wieder normale Bedingungen des ökologischen Fließgleichgewichtes herbeizuführen. Auf der Jagd könnt ihr viel lernen."

Pause! Nachdenklichkeit breitet sich aus. Die Buben hatten aufmerksam zugehört, sollten jetzt fürs erste einmal das Gehörte verdauen.

„Hund haben wir keinen mehr, seit sich unsere Dackeline in die ewigen Jagdgründe verabschiedete. Jeder von euch muß mit seinen jungen und schärferen Sinnen mir den Hund ersetzen. Eine gute Einübung."

Beide lachten zustimmend.

„Also, Hannes, morgen gehen wir zusammen auf die Frühpirsch, und Maxl, wir beide übermorgen auf den Morgenansitz."

Begegnungen auf der Morgenpirsch im Pfälzer Wald

Als Hannes und ich aus dem Wagen stiegen, umfing uns noch die Dunkelheit der Nacht. Zeitig im Revier, mußten wir nun das erste dämmrige Zwielicht abwarten, denn im Finstern mit Wild zusammenzulaufen, konnte nur alles verderben. Ein schwacher Lufthauch aus West legte fest, wo wir unser „Pirschstehen" zu beginnen hatten.

Langsam graute der Himmel in dem schmalen Band über der Schneise auf. Allerlei Gedanken gingen mir durch den Kopf. Würde es gelingen, den Buben die Ur-Seinsweise des Jägers nahezubringen? Tun und Sein sollten in ihnen zu einer nahtlosen Einheit heranwachsen. Mit Wildaugen beobachten und mit dem geistigen Auge holographisch den Hintergrund erfassen. Sie sollten die Spannung spüren, sobald der Warnruf der Amsel alle Aufmerksamkeit konzentriert. Randvoll gefüllte Gegenwart und ein von der Peitsche der Zeit befreites Dasein zugleich.

Es lief ab wie in fernen Zeiten: Der Vater geht mit dem Sohn auf die Jagd, um ihn zu lehren, sich selbst und die Natur zu beherrschen. Die Augen und das Herz geweitet, bewußter der Blick! Ist es dazu etwa notwendig, grün bis zu den Unterhosen zu werden? Nein. Das Weidwerk wird vom Reiz der Überraschung bestimmt. Trügerische Wunschbilder sind fehl am Platz. Ist nicht die ständige Veränderung, ob wir wollen oder nicht, ohnehin unser Lebenselixier? Von der Überwindung extremster Lebensbedingungen, unter denen die Menschheit geformt wurde, erwuchs mit den Lebensjahren den älteren Jägern eine Ahnung. Allein, wie das weitergeben an den Nachwuchs? An eine junge, satte Generation, die es so noch nie gab in unserer ganzen Geschichte? Zweifel genug!

Mittlerweile ließen sich im locker gestellten Mischwald Konturen unterscheiden. Wir konnten es gemächlich angehen. Trotzdem benahm ich mich wenig später nicht gemächlich genug. Hannes hielt mich am Ärmel fest und stoppte meinen Schritt. Er hatte etwas gehört. Ich hörte nichts. Lautlos deutete er auf eine etwas dunklere Stelle vor uns. Sieh da, der Fleck bewegte sich! Ein einzelnes Stück Schwarzwild, das vor uns auf etwa 30 Meter im Waldboden brach und sich sicher fühlte. Ohne Hannes wäre ich noch zwei, drei Schritte weitergetapst, und zu spät wäre es dann gewesen. Eine Sau, die sich so überrumpelt fühlt, wendet mit einem Ruck und ist weg.

„Schieß doch", flüsterte Hannes.

„Noch nicht!" Zwar ließen Stärke, Körperbau und die Einzelgängerei einen Überläuferkeiler vermuten. Doch Vorsicht, manchmal haben junge Bachen ihre Frischlinge nicht in unmittelbarer Nähe bei sich. Ein Fehlabschuß durfte nicht sein. Etwas zuwarten also. Junge Frischlinge benehmen sich gewöhnlich recht ungeniert, streiten und lärmen wie Kinder auf dem Spielplatz.

„Hörst du irgend etwas? Die Frischlinge?" wandte ich mich an Hannes. Nach einer Weile: „Nein, nur das Stück dort vor uns." Zu lange durfte ich nicht warten. Sauen pflegen recht plötzlich weiterzuziehen, und dann hatte ich die Möglichkeit einer Schußabgabe unter Umständen vertan. In die Hocke, angebackt, der Überläufer stand breit, auf seine Kammer zeigte das Absehen. Rums! Knall und Wegbrechen fielen fast zusammen. In voller Flucht nahm die Sau den Hang an und entschwand nach 10 Metern unseren Blicken. Wenige Sekunden darauf ein dumpfer Fall. Stille im Wald.

Leicht fanden wir den Anschuß, sahen die Ausrisse im Boden. Kein Schweiß! Der Anschuß wurde verbrochen. Der fehlende Schweiß besagte in diesem Falle nichts. Das Stück mußte unweit liegen. Seit dem Laut des Falls gab es keine fremden Geräusche mehr im Holz. Warten mußte nicht mehr sein, und so nahmen wir jene Richtung auf, in die der Schwarzkittel hochflüchtig abgegangen war.

Noch nicht einmal 5 Uhr. Immerhin machte es der heller werdende Tag unseren suchenden Augen leichter. Lange brauchten wir uns nicht zu bemühen, bereits nach etwa 40 Metern kam es freudig von Hannes: „Ha, da liegt sie! Weidmannsheil, Papi!"

Unwillkürlich mußte ich lachen. „Weißt du, daß du eben ‚Halali' gesagt hast?" Hannes verstand nichts und sah mich verdutzt fragend an. „Das Jagdsignal Halali kommt aus Frankreich und geht auf die mittelalterliche Tradition der dortigen Eberjagden zurück. Es wurzelt im altfranzösischen Ausruf ‚Ha là lit' – Ha, da liegt (er/sie) die Sau!" Ein Überläuferkeiler mit Tiefblattschuß. Der wirkungsvollste Schuß hatte sich wieder einmal bestätigt und unbedeutend war, daß sich die Schwarte über den Ausschuß geschoben hatte. Im übrigen galt es, keine Zeit zu verlieren, denn zu dieser frühen Stunde schwirrten die Plagegeister noch nicht.

„Komm, wir erledigen gleich die rote Arbeit. Pack an. Du an dem einen Vorderlauf, ich am anderen, und wir ziehen die Sau runter an den Weg." Gesagt, getan. „Verwerten des Wildbrets gehört zum Weidwerk. Du kannst ein bißchen zulangen, damit ich schneller fertig werde. Aber vor allem sollst du zuschauen und dir viel abschauen. An einem Tag wie heute kann es sehr rasch warm werden, und darum ist es wichtig, möglichst umgehend aufzubrechen, um das Wildbret auskühlen zu lassen. Gerade das Schwarzwild verhitzt relativ schnell und ist dann ungenießbar.

Sieh dir einmal die Schwarte des Jungkeilers genau an", forderte ich Hannes auf. Er musterte sie ausgiebig und stellte überrascht fest: „Der ist gar nicht dreckig, der sieht ja richtig sauber aus."

„Stimmt! Zwar suhlen sich die Sauen im Sommer bei großer Hitze gern. Sie legen sich damit eine Lehmkruste als Schutz gegen die Fliegen- und Insektenplage zu. Unter diesen leidet das Wild nämlich ähnlich wie wir. Ansonsten sind die gesunden Tiere der freien Wildbahn erstaunlich sauber."

Der Überläufer mochte etwa 30 Kilogramm wiegen, und die rote Arbeit, einschließlich der Kontrolle von Geräusch, Großem und Kleinem Gescheide sowie des Körperinneren auf etwa vorhandene Veränderungen, ging flott vonstatten. „Merke dir, wichtig ist, daß das Wildbret ausschweißt und auskühlt! Merke dir weiters, beim Schwarzwild muß – weil ein Nichtwiederkäuer – die an der Leber sitzende Gallenblase sorgfältig und vorsichtig entfernt werden, und das Zwerchfell ist so abzuschärfen, daß ein geringer Rest am Wildkörper verbleibt. Wozu? Der Trichinenbeschauer entnimmt vom Zwerchfell Stückchen, weiters vom Muskelfleisch an den Läufen für die obligate Fleischbeschau.

Sauberkeit ist bei allen Arbeiten am erlegten Stück absolutes Gebot! Darum haben wir das Auswischen des Wildkörpers mit Grasbüscheln, wie einst Tradition und wie es unsere Väter noch taten, aufgegeben, gehen jetzt zum Auto und holen den Kanister mit Wasser, den ich stets mithabe, um den Überläufer ordentlich auszuspülen. Hernach spreizen wir seine Wände mit einem Ast auseinander, lassen ihn liegen und jagen weiter. Weil wir ihn bald holen, kann das Lüften an den Blättern unterbleiben. Mutter wird sich freuen, er ist gerade richtig für unsere Tiefkühltruhe."

Während des Händewaschens stellte Hannes lakonisch fest: „Selbst beim Weidwerk bleibt nicht alles beim alten."

„Bei weitem nicht. Und das ist gut so. Denk doch einmal an die herbstlichen Gesellschaftsjagden. Da tragen die Treiber rote Signaljacken, und selbst bei den Jägern setzt sich das signalrote Hutband allmählich durch. Früher beherrschte ein reichnuanciertes Grün, allenfalls ein Grau in Schattierungen die Szene. Rot galt als Schreckfarbe. Sie kam aus den Staaten über den großen Teich zu uns. Natürlich hat das gewichtige Gründe. Einmal mußte man dahinterkommen, daß die rote Farbe für Wild unbedenklich ist. Man vermutet, unser Schalenwild habe eine Art Farbblindheit, unterscheide wahrscheinlich nur Grauschattierungen. Andererseits erhöht die Rotmarkierung der Teilnehmer die Sicherheit bei den Gesellschaftsjagden beträchtlich. Zugegeben: ein ungewohntes Bild ist und bleibt es.

Ein anderes Beispiel: Die Menschen kennen längst den guten Gesichtssinn unserer Greifvögel. Man spricht nicht umsonst seit alters her von ‚Adleraugen'. Inzwischen wissen wir, daß die ‚Adleraugen' mit UV-Licht sehen, was wir nicht können. Die Greife nehmen zum Beispiel die Urinspuren der Mäuse wahr, die ja ständig mit Duftmarken ihr Territorium kennzeichnen. Warum sollten wir neue Erkenntnisse nicht in das eigene jägerische Verhalten mit einbeziehen?"

Vor Wochen hatte ich nahe einem Sauwechsel im Schutze einer alten Buche am Hang ein Plätzchen präpariert. Gerade geeignet für einen nicht zu langen Ansitz. Dorthin ging es nun, da die Sauen ja noch zogen. Einträchtig lehnten wir uns aneinander und warteten. Hannes zeigte sich sichtlich zufrieden. Zu Recht! Ohne ihn wäre mir dieses Weidmannsheil nicht beschieden gewesen. Das Geschehen hat ihn munter werden lassen.

Die Sonne übergoß inzwischen die Dickung mit ihrem Licht und schnitt goldene Streifen in den Buchenwald mit seinem Jungwuchs. Ein herrlicher Morgen kündigte sich an. Da wurde es plötzlich in der Dickung lebendig. „Kein Reh, das sind Sauen, das hörst du am Geräusch der brechenden Äste unter den Tritten des Wildes." Und dann überstürzte sich alles. Eine Rotte von Frischlingen stürmte uns hangaufwärts entgegen, von einer Bache weit und breit nichts zu sehen. Hier konnte in die Frischlingsklasse eingegriffen werden, ohne sich mit Gewichtsschätzungen abmühen zu müssen, denn alle hatten das charakteristische rostig-fuchsige Aussehen. Der stärkste Frosch führte sie an. Mochte er auch noch so unerfahren sein, hellwach zeigte er sich trotzdem. Bis auf ein paar Meter zog er auf dem Wechsel an uns heran, nahm uns dann wahr, verhielt. Alle übrigen schoben sich nun an den Anführer heran, verhielten gleichfalls. Es blieb Zeit, dem letzten, schwächsten die Kugel anzutragen. Im Knall fuhren alle nach sämtlichen Richtungen auseinander.

„Das ging aber schnell", meinte Hannes und sah mich fragend an.

„Ein Akt der Hege. Hier sieht alles ganz danach aus, als fehlte die Bache. In einem solchen Fall übernimmt immer der stärkste Frischling die Führung der Rotte. Aber ohne die Bache stehen die Überlebenschancen für den Nachwuchs schlecht. Du mußt wissen, daß 40% des Schwarzwildes über das erste Lebensjahr nicht hinauskommt. 30% dieser Mortalität in der Frischlingsklasse fällt in die ersten drei Lebenswochen. Die Kälte hält die Zahl der Sauen klein.

Umgekehrt heißt das natürlich ebenfalls, daß eine Serie milder Winter die Population rapid noch oben schnellen läßt.

In einer Situation wie dieser nimmt man grundsätzlich das schwächste, also das letzte Stück weg. Wahrscheinlich lebt die Bache nicht mehr. Jeder Saujäger weiß, gerade sie ist zu schonen. Allein, hitzige Schützen gibt es immer wieder. Ist aber auch möglich, daß die Bache nicht erlegt wurde. Dem Verkehr fällt gar manches Stück Schwarzwild zum Opfer. Hoffentlich handelte es sich da nicht um eine alte Führungsbache."

„Führungsbache? Was heißt das?" begehrte Hannes zu wissen.

„Der Schwarzwildbestand eines größeren Gebietes enthält etliche, mehr oder weniger starke Rotten. Rotten, die einander kennen, sich aber nicht unbedingt miteinander mischen. Quasi Dorfgemeinschaften. Innerhalb einer solchen Gemeinschaft existiert so etwas wie ein sozialer Organismus, wenn man will eine ‚Dorfgemeinschaft', die zusammenhält. Und darin spielen die alten, erfahrenen Bachen als sogenannte Führungsbachen eine besondere Rolle. Gehen sie verloren, gerät der Lebensrhythmus der ganzen Gesellschaft durcheinander. Die Führungsbache bestimmt nämlich den Zeitpunkt der Fortpflanzung, dem sich die rangniederen Bachen unterordnen. Fehlt ihr Signal, verlängert sich die Rauschzeit. Als Folge davon zieht sich das Frischen über das Jahr hin. Je später die Bachen frischen, desto geringere Chancen hat der Nachwuchs, den Winter zu überstehen. Werden solche Bachen geschossen, sind sie in der Lebensgemeinschaft praktisch unersetzbar. Zudem übernehmen Führungsbachen auch Frischlinge erlegter Überläuferbachen, sind Adoptivmütter.

So eine Großrotte kann – dem großen Schwarzwildkenner Briedermann zufolge – bis zu 42 Stück umfassen. Die Geschwisterbachen wählen die intelligenteste und nicht die stärkste Bache zur Leitbache. Das bedeutet Unsicherheit im Ansprechen einer solchen Bache und verlangt viel Praxis. Du siehst, da liegt eine verantwortungsvolle Aufgabe der Jägerei, denn es gilt, den sozialen Organismus der Schwarzwildpopulation intakt zu halten. Ganz einfach ist das bei allem guten Willen nicht. Die Jägerei muß darüber nachdenken, warum das Schwarzwild als einzige Schalenwildart es nach dem Kriege verstand, sich trotz aller hochzivilisierten Vermarktung von Grund und Boden bei uns auszubreiten. Hatten wir in Deutschland in den dreißiger Jahren Jahresstrecken von rund 10.000 Wildschweinen, so erreichen sie heute mehr als 300.000 Stück. Die Schwarzwildpopulation hat beachtlich zugenommen, die Anpassungsfähigkeit der Sauen ist ein Spiegel der Intelligenz dieses Wildes. Und dahinter steckt letztlich eben der besondere Reiz der Saujagd. Höhere Intelligenz, und das ist stets besseres Denken, bedeutet schlechtere Chancen für den Verfolger. Die Genugtuung des Jägers wächst, wenn ihm so ein Stück zur Beute wird.

Zum Thema Führungsbache mußt du dir noch eines einprägen: Es gibt einige Tierarten, die zur Geselligkeit neigen, Herden bilden, sich rudeln. Ich kenne jedoch keine davon, wo das Leittier ein männliches Stück wäre. Stets ist dieses weiblichen Geschlechts und in der Regel ein altes Muttertier.

In den siebziger Jahren hat man in der Pfalz nach dem Vorbild des Lüneburger Modells Schwarzwild-Hegeringe gegründet. Gute Absichten standen Pate. Ob man dabei alle Einflußfaktoren ausreichend bedachte, bezweifle ich. Von da an galt die Linie: Jungwild reduzieren – Hauptwild schonen – Altwild ernten. Das klang vernünftig. Aber wie sah das Ergebnis aus? Das Schwarzwild vermehrte sich stärker als je zuvor! Warum? Beim Ernten des Altwildes fehlte der

Mut zur Konsequenz. Man sparte den Erntekeiler aus. Auf den sollte nicht jeder den Finger krümmen dürfen, so ihm der Zufall überhaupt die Gunst erwies. Im Grunde war es lächerlich. Man weiß längst aus Statistiken, daß weniger als 1% aller Keiler wirklich kapital sind. Nebenbei, das gilt ziemlich generell für kapitale Stücke auch bei den anderen Schalenwildarten. Diese winzige 1-%-Ausnahme verursachte ein Chaos. Wer aus der breiten Jägerschaft wollte schon wegen eines Keilers sich großen Ärger einhandeln? Etwa den Jagdschein verlieren? Lieber wurde vorsichtshalber gar nicht geschossen. Derart viel war selbst ein guter Keiler nicht wert. Es kam, wie es kommen mußte, man steuerte geradewegs auf das Regulativ der Natur hin: die Schweinepest. In der Realität des Lebens wird potentielles Wachstum nie ungebremst fortschreiten. Die Bäume wachsen nirgendwo in den Himmel. Jedes Populationssystem ist nämlich von anderen Systemen in der Nahrungskette abhängig.

Manche Besitzer alter Saugründe haben diese Zusammenhänge natürlich durchschaut. Einige zeigten sich couragiert genug anzuerkennen, daß es Zeitperioden gibt, wo Schwarzwild uneingeschränkt geschossen werden muß, ehe ein Seuchenzug alle Mühen zunichte macht. Sobald abgekommene Keiler aus den Bachbetten verludert eingesammelt werden, stimmt es nicht mehr. Wie immer, klafft zwischen Theorie und Praxis eine Lücke."

Nun hatten wir den Frischling zusätzlich, und er gab gerade das geeignete Übungsobjekt für Hannes ab. Aufbrechen ist ein Stück Jagdhandwerk und keine heidnische Kulthandlung.

Unser Gespräch tröpfelte dabei vor sich hin: „Vorhin hast du gesagt, milde Winter sind die Ursache für die Vermehrung der Sauen. Jetzt sind es die Ausnahmen. Wie reimt sich das zusammen?"

„Gute Frage. Das eine schließt das andere nicht aus. Tatsächlich kommen stets mehrere Einflüsse zusammen, ehe eine Sache aus dem Rahmen fällt. Beim Schwarzwild hat gewiß ein überreiches Fraßangebot die Populationsvermehrung zusätzlich nachhaltig unterstützt, einschließlich der damit verbundenen Kehrseite: den verheerenden Schäden auf den Äckern der Bauern. Den schweinischen Vandalismus spürte bereits mancher Gartenbesitzer. In den südlichen Randlagen Hamburgs haben sich die Sauen daran gewöhnt, regelmäßig die Hausgärten aufzusuchen. Auf ihrer Suche nach eiweißhaltiger Nahrung werden die gepflegten Gärten von Königswinter oder Bad Honnef genauso wie die Hanggärten in Heidelberg oder Neustadt an der Weinstraße regelmäßig unsicher gemacht. Sie lieben die süßen Trauben. In Berlin haben sich die Schwarzkittel in den Gärten sogar häuslich niedergelassen, und Berlin hat damit ein völlig neues Problem. Im letzten Jagdjahr sind rund um die Stadt 1000 Stück Schwarzwild weidgerecht erlegt worden; allein in den Straßen innerhalb der Stadtgrenzen blieben sie sicher. Randalierende Wildsäue verlassen nachts den Wald, und weil sie sich inzwischen an den Menschen gewöhnt haben, dringen sie des öfteren tiefer in dichter besiedelte Wohngebiete vor. Mitunter kämpfen sie aggressiv um ihren ‚kritischen Raum', was den Krankenhäusern Patienten beschert. Eine Großstadt, in der sich Wildschweine mindestens so wohl fühlen wie in der Natur, na, ist das nichts? Binnen weniger Stunden verwüsten sie alles, als wäre eine Herde Trüffelschweine an der Arbeit gewesen. Ihr Geruchssinn ist unheimlich gut ausgebildet. Mit Pilzen und Pfifferlingen (Eierschwämmen) haben die Sauen meist nicht viel im Sinn, bis auf die Ausnahme der Trüffel. Dort, wo die wächst, finden sie diese noch im 30 Zentimeter tiefen Erdreich, oft nicht größer als eine Nuß.

Und was ist die Ursache? Eine chemische Analyse brachte es an den Tag. In der Trüffel steckt der Sexuallockstoff für die Keiler. Duftnoten spielen beim Wild eine größere Rolle als gemeinhin von den meisten Laien und Jägern angenommen. In der Rauschzeit produziert ein Keiler den Schaum, mit dem er sein Gelände markiert. Das ist noch individuell. Mit dem Sexualhormon Androsteron löst er die Duldungsstarre bei der Bache aus, das kann schon generell sein. Und ist die Chemikalie schlichter Alkohol, kommt es, wie beim Menschen, einfach zu Entgleisungen im Verhalten. Gewiß, das ist in freier Natur selten. Zufällige Gelegenheiten gibt es immer. Auch Schwarzkittel kann es erwischen. Im Herbst 1980 war eine Rotte Sauen nachts in den Hof einer Pfälzer Weinkellerei eingebrochen und hatte vom gärenden Treberhaufen gefressen. Die Sauen sind dann auf der Stelle eingeschlafen. Am anderen Morgen mußten die Arbeiter sie mit Wassereimern aufmuntern und vom Hof jagen."

„Das ist jetzt aber gewaltiges Jägerlatein", begehrte Hannes auf.

„Nein, es stimmt. Denn Jägerlatein ist etwas ganz anderes. Das ist die Weltsprache der Jäger, eine Weltsprache der Phantasie. Sie soll das Lachen in die Gesichter der anderen zaubern, nicht mehr, aber auch nicht weniger."

Frühsommer im Bienwald

Der darauffolgende Morgen fand mich mit Max in einem Wald der Rheinebene unterwegs. Nach dem gelungenen Auftakt mit Hannes sollte nun er tiefer in die Geheimnisse der Jägerei eindringen. Dabei ging es mir keineswegs darum, die Buben mit aller Gewalt zum harten Jägersmann zu machen. Die junge Generation sollte, noch ehe sie die Zwanzig erreichte, soviel von den uns bestimmenden natürlichen Bedingungen verstanden haben, um ungetrübten Blickes wie von einem Logenplatz aus in die Welt zu schauen. Meine Buben sollten klarer als die meisten Gleichaltrigen sehen, wie die Welt wirklich ist. Je früher, desto besser. Dazu gehört das Erkennen, wie die Natur von Wachstumsrhythmen geprägt wird, Rhythmen, in die sich der künftige Weidmann einfügen muß, die er verstehen lernen soll. Jede Generation kann nicht früh genug die diktatorische Gültigkeit der Naturgesetze kennenlernen. Darum ging es mir.

Tatsächlich hatte die Natur eine Überraschung besonderer Art dort bereit, wo wir zwei weidwerken wollten. Im Süden der pfälzischen Rheinebene trennt ein kleines Flüßchen, die Lauter, als Staatsgrenze seit dem Wiener Kongreß das Elsaß von der Pfalz. Der Federstrich von 1815 spaltete einen Ort und ganze Familien. Der Reiz der Landschaft litt dadurch nicht. Das Lautertal ist die südliche Grenze des Landschaftsschutzgebietes Bienwald, der seinerseits das größte Waldgebiet im gesamten oberrheinischen Tiefland bildet. Ein imponierender und gepflegter Laubwald mit vielen, vielen Eichen jeglicher Altersklasse. Jenseits der Grenze, im Elsaß, gibt es sogar noch einzelne Exemplare, die schon standen, als Kolumbus Amerika entdeckte. Hüben und drüben litt dieser ehrfurchtgebietende Wald nicht wenig in den gewalttätigen Jahren unseres Jahrhunderts. Viele der alten Eichen tragen die Eisensplitter französischer Granaten aus dem letzten Weltkrieg in ihren Stämmen. Westwallgegend.

Ein idealer Schwarzwildbiotop, und das seit eh und je. Die Jagd hat in diesem Raum ihre uralte Tradition. Bereits die Menschen der frühgeschichtlichen Zeit wußten das als

Jäger, Sammler und Bauern zu schätzen. Max kannte die Gegend vom letzten Jahr her und sie hatte bei ihm bleibenden Eindruck hinterlassen, denn wir erlebten dort ein Naturphänomen ganz besonderer Art: die Attacke des Schwammspinners – an einem wolkenlosen Maiabend. Verblüfft hatte Max gefragt: „Was tropft denn da?" Wir saßen auf einer Kanzel, neben etwa 30jährigen Eichen, und es kam uns vor wie nach einem kräftigen Regenguß. Die Raupen fielen in solchen Massen von den Zweigen und Blättern, als wären sie Wassertropfen. Unsere Aufmerksamkeit galt an diesem Abend kaum noch der Jagd, sondern mit wachsender Neugier dieser unglaublichen Freßorgie. Eine Raupeninvasion! Nach drei trockenen Jahren kam das zwar, wie uns Forstleute aufklärten, nicht völlig überraschend. Frühjahrstrockenheit und Wärme setzen die Massenvermehrung in Gang, und der Schwammspinner hat wenige natürliche Feinde. Zwar soll er für den Kuckuck eine Delikatesse sein, indes der Kuckucke gibt es zu wenige, um einer derartigen Landplage Herr zu werden, und die übrige Vogelwelt meidet diese gefräßigen Raupen offenbar der brennenden Stacheln wegen. Man muß einmal gesehen haben, wie sich die Raupen traubengleich an den Zweigen der Bäume und Sträucher zusammenballen! Finden sie dann nichts mehr zu fressen, lassen sie sich herabfallen. Und dieser Kotregen! Erst die Verpuppung stoppt die Invasion. Bis dahin hatten die Laubholzschädlinge das Eichenjungholz allerdings ratzekahl gefressen. Für Sprühmittel war es mithin zu spät gewesen. Alle Hoffnungen der Forstbeamten lagen beim Johannistrieb, mit seinem neuen Ausschlagen von Blättern. Vielleicht gelang es ihm, die Schädigung etwas zu dämpfen. Unabhängig davon sagten sie sich, daß die Schwammspinnerplage erst richtig anfängt und vor allem im folgenden Jahr wirklich dauerhafte Schäden verursachen wird.

Was also wird uns jetzt erwarten? In der Regel überstehen die Bäume einen ersten Kahlfraß. Ein zweiter Befall kann aber für den Wald tödlich sein. Die Schwammspinnerseuche des Vorjahres hatte mich damals abgelenkt. Spät wechselten Sauen lautlos an, und bei schwindendem Büchsenlicht ließ ich mir zu lange Zeit. Prompt schoß ich dann glatt vorbei. Fehlleistungen des Lehrprinzen gehören mit zur Ausbildung, sollten jedoch die Ausnahme bleiben.

Im Revier angekommen, verschlug es uns die Sprache. Wir standen in einem nackten Wald. Wie im Herbst. Die Baumkronen stießen winterkahl in den Himmel, kein Blatt an Stamm und Zweigen. Das Befürchtete war Wahrheit geworden. Der neue Schwammspinnerbefall ließ uns wie zur Winterszeit zwischen den Jungeichen weit in den Wald hineinsehen. Von Deckung für das Wild keine Rede, und mit Rehen brauchten wir überhaupt nicht zu rechnen. Das Rehwild mußte sich zwangsläufig in die Randlagen zum Feld hin umgestellt haben; ein nackter Wald macht es in einer Jahreszeit, in der das Leben nicht wie im Winter auf Sparflamme abläuft, unruhig. Sauen würden darauf weniger empfindlich reagieren. Eine Orientierungspirsch und dann auf eine Kanzel mit guten Sichtverhältnissen. Jetzt galt es erst einmal zu beobachten, was sich überhaupt tat. Man jagt ja nicht alle Tage unter Bedingungen, in denen der Schwammspinner die Landschaft veränderte. Das nasse Wegrandgras schluckte die Geräusche unserer Schritte. Die Singvögel rührten sich kaum. Irgendwo hämmerte ein Specht. Lediglich der Ruf des Kuckucks begleitete uns in der Runde. Riefen da zwei, drei? Ab und zu, hart dazwischen, das „Biä“ des Bussards.

Langsam färbte sich der Saum der Baumspitzen im Osten gelblich. Pirschen, Stehen, Beobachten. Nichts Auffälliges. Lediglich die Wassergräben des Bienwaldes schienen deutlicher als sonst in den Boden eingekerbt. Manche Stellen in deren Nähe boten durch Bruch und Gras etwas Dickicht. Pfirsingberg, eine in der Landschaft kaum merkbare Erhebung, hieß der Revierteil.

Max stupste mich, deutete auf einen einzelnen hohen Halm, der sich hin und her bewegte. Sechs, sieben Meter vor uns steckte Wild. Nur eine Sau konnte es sein. Man sah zwar nichts von ihr, aber doch verriet sie ein einziger Grashalm. Plötzlich, drei Meter daneben, bewegte sich ein zweiter Grashalm, fast im Takt mit dem ersten. Also zwei Schwarzkittel. Kein Brechen, kein Quieken, kein Lärm einer ungenierten Frischlingsrotte. Das konnten bloß Überläufer sein. Sie hatten uns nicht wahrgenommen. Wie sie schußgerecht in Anblick bekommen? Noch näher heran? Wohl nicht gut möglich. Versucht mußte es trotzdem werden. Einen Schritt vor. Noch einen, und prompt zeigten uns die Schwarzen ihre Kehrseiten, trollten davon. Max strahlte, denn schließlich hatte ja er mich darauf aufmerksam gemacht.

„Warum hast du nicht zu schießen versucht", wollte er noch wissen.

„Ehernes Gesetz – erst schauen! Man schießt nicht auf Verdacht, Vermutung oder Wahrscheinlichkeit hin. Wenn es zu keinem sauberen Schuß reicht, bleibt die Kugel eben im Lauf. Und jetzt setzen wir uns auf den nächsten Hochsitz. Vielleicht befindet sich noch der eine oder andere Einzelgänger unterwegs."

Wir fühlten uns auf der Kanzel richtig wohl. Das Sonntagsgeläut der Kirchen aus den beiden benachbarten Dörfern lud zur Frühmesse ein. Friedvolle Stimmung breitete sich über Mutter Erde aus, und Max wollte sich augenscheinlich unterhalten. Flüsternd fragte er: „Wie soll eigentlich der Jäger von heute sein?"

Das ließ sich auf dem Hochsitz nicht ganz einfach erklären. Ich versuchte es mit einer Kurzfassung: „Nahrungsjäger, damit fing es an und die existieren bis heute in vielen Gegenden der Welt... Marktjäger, seit eine Differenzierung der Berufe sich herausbildete... Rekordsüchtige Schießer, ein Privileg des herrschaftlichen Hochadels. Dieser Typ ist mit dem Ende des Ersten Weltkrieges untergegangen... Und jetzt bei uns der Berufsjäger und der Freizeitjäger. Wie die Dinge bei uns liegen, kann heute nicht jeder Jäger in allen Jagdarten Spezialist sein: Hochwildjäger, Niederwildjäger, Flugwildjäger... Trophäenjäger... Aasjäger gibt es auch... Es muß genügen, ein ordentlicher Generalist zu sein, der sein Handwerk gelernt hat und jederzeit bereit ist, dazuzulernen... Hegejäger ist der Jäger der Gegenwart, aber das klingt leicht schwulstig..."

Max begnügte sich damit nicht und hakte nach: „Gibt es eine Art Berufsbild des Weidmannes?"

„Ja, es ist uralt. Mit Strapazen und Gefahren der Wildnis fertig werden... die Sinne schärfen... weidgerecht sein. Vielleicht gehört sogar die höhere Lebensintensität dazu; zurzeit allgemein besser bekannt als Selbstverwirklichungs-Trip... Na, so ungefähr."

„Nicht sehr präzise", bemerkte Max kritisch. „Welche Eigenschaften sind unerläßlich?"

„Hm, Geduld und Ausdauer... Aufmerksamkeit und Beobachtungsgabe... Gelassenheit... Entschlußfreudigkeit... Courage... und ein Verantwortungsgefühl... Schnelles Reaktionsvermögen, hätte ich fast vergessen... Wie der einzelne sich gibt und aussieht, hat keine besondere Bedeutung. Geh davon aus, ein guter Jäger ist Realist, er akzeptiert die Natur mit ihrer Härte. Die Abergläubischen unter uns brauchst du nicht ernst zu nehmen. Hüte dich vor den Seelenvollen und große Vorsicht gegenüber dem Schußneidigen! Er ist der geborene Egoist – und das nicht allein bei der Jagd."

Ein Häher rätschte. Irgend etwas schien ihn zu stören.

Wir verstummten und unsere Aufmerksamkeit suchte ein unbekanntes Objekt. Zwischen den Stämmen eine Bewegung. Wirklich, da trollte eine Sau daher, ohne die schützende Blätterdecke früh erkennbar. Wie erhofft Überläufer, Einzelstück, Jungkeiler! Gemächlich, kurz verhoffend, zog er über den Weg und strebte zielsicher die kleine Kirrstelle an. Ich machte mich leise schußfertig und ließ das Keilerchen „ins Zielfernrohr einwechseln", wie man so sagt. Ein Schuß unter den Teller, am Halsansatz, und er blieb im Feuer. Bei gutem Licht und einer Entfernung von etwa 50 Metern konnte da nichts schiefgehen. Dem gefürchteten Gebrechschuß kann ausgewichen werden. Trifft die Kugel, liegt das Stück; geht sie vorbei, hat man keine Nachsuche.

Das Weidmannsheil des Wochenendes konnte sich sehen lassen. Beide Buben hatten den Nervenkitzel gespürt, und heute tauschten wir die Rollen. Max arbeitete, ich assistierte.

Mittendrin überfiel er mich mit einer ungewöhnlichen Frage: „Begehen Tiere Selbstmord? Können sie das überhaupt?"

Ich überlegte und zögerte. „Nach allgemeiner Auffassung nein. Aber das braucht nicht unter allen Umständen zu stimmen. Das verhält sich so ähnlich wie mit dem Klischee, daß der Mensch denkt, während das Tier bloß instinktiv handelt. In Wirklichkeit bestehen die verschiedensten Übergänge. Wir wissen darüber nicht allzuviel. Vereinzelte Signale gibt es immer wieder, die uns nachdenklich machen sollten. Erst kürzlich wurde berichtet, daß der Löwe eines rumänischen Zirkus sich zu Tode hungerte. Die Raubkatze hatte einige Wochen vorher eine Dompteuse tödlich verletzt, als ihr ein Kunststück mißlang. Seit diesem Tag verweigerte der Löwe jede Nahrung, bis er einging. Ein Einzelfall, gewiß. Immerhin zeigt er, daß es Tierselbstmord geben kann. Es gibt Mensch-Tier-Beziehungen, die keinen Eingang in unsere Schulweisheit finden, weil wir sie nicht erklären können.

Unter Kaiser Claudius spazierten im alten Rom Androclus und sein Löwe durch die Straßen, und Androclus verdankte diesem Löwen sein Leben und seine Freiheit. Der Sklave war zum Tod durch die wilden Tiere verurteilt worden. Ein riesiger Löwe, der Anführer des Raubkatzenrudels, sprang auf ihn zu, hielt inne und tat gar nichts. Er hatte in Androclus jenen Menschen wiedererkannt, der ihn einmal in der Wildnis der Wüste von einer sehr schmerzhaften Krankheit in seiner Pfote befreite. Statt ihn zu fressen, verteidigte er ihn sogar gegen sein Rudel und erwirkte so die Begnadigung und Freilassung des Sklaven. Mit Löwen haben wir es bei uns ja nicht zu tun, indes – unsere Kenntnisse über Tierpsychologie sind gewiß sehr, sehr dürftig.“

Auf der Fahrt nach Hause beschäftigte uns die zweite Schwammspinnerinvasion. Die Forstverwaltung hatte in diesem Jahr an den Rändern zur dörflichen Feldflur Spritzmittel eingesetzt. Und zwar mit durchschlagendem Erfolg. Die Breite eines Waldweges trennte, wie mit dem Lineal gezogen, das Fraßgebiet vom nichtbefallenen Wald. Der Kontrast überzeugte, und der unbehandelte Wald sah böse aus, bar aller Blätter. Es bedurfte keiner besonderen Phantasie, zu erkennen, daß diese zweite Attacke für die Jungeichen voraussichtlich tödlich enden würde. Daneben stand die Forderung der Stunde: die chemische Keule mit Augenmaß anzuwenden. Wie sah der Kompromiß aus? Die Naturschützer mußten hin und her gerissen sein. Richtige Wechselbäder für die Bedenkenträger. Haltgebendes Detailwissen existierte kaum. Was konnte, was hatte der Mensch zu tun? Schon ein paar Wochen darauf antwortete die Natur selbst und erteilte uns eine beeindruckende Lektion.

In der Folgezeit zeigten sich die äußeren Umstände nicht so hilfreich wie bei Beginn der Einschulung der Buben in das Weidwerk. Zwei Wochen lang hatte sich eine Hitzeglocke über das Land gewölbt, mit Spitzentemperaturen von 35 bis 36 Grad. Sie scheuchte Mensch und Tier in den Schatten oder trieb sie an die kühlen Plätze. Ausgedörrter, rissiger Boden verwandelte jede Pirsch in ein knisterndes Geräuschfeuerwerk aus brechenden Ästen und welkem Laub.

Abrupt schlug dann das Wetter um, und eine heftige dreiwöchige Dauerregenperiode verdammte uns praktisch zur Untätigkeit. Nun, schlechtes Wetter gibt es für den Jäger nicht, allenfalls schlechte Kleidung! Mit Hannes besetzte ich im Pfälzer Wald gelegentlich eine Kanzel, wenigstens zum Beobachten. Es lohnte sich. Stellte sich doch ein blasender Erntekeiler – für uns tabu – direkt unter unseren Hochsitz, um sich auf wenige Meter in die Dickung einzuschieben. Ein „Geisterkeiler", der unser Abbaumen beträchtlich verzögerte. Diese Bassen bringt nicht viel aus der Ruhe. Kein Autolärm, kein Eisenbahnrattern und kein Flugzeugdonnern macht sie nervös. Hält der Mensch angemessenen Abstand zu ihnen, kümmert auch er sie nicht.

Zur Rehbrunft zog es mich wieder in den Bienwald. Dort bestand Aussicht, neben den Schwarzkitteln den einen oder anderen Rehbock in Anblick zu bekommen. Max begleitete mich wiederum. Gleich zwei Überraschungen erwarteten uns: Die ungewöhnlich vielen Gräben des Bienwaldes, die gewöhnlich parallel zur Lauter verlaufen, standen nach dem wochenlangen Regen voll Wasser. Boden, Moder, Schlamm, Matsch, alles ein ziemlicher Pfuhl, gaben dem Wald ein gänzlich anderes Antlitz. Dieser Landstreifen hatte bereits in früheren Jahrhunderten als Schutzriegel gegen die Stoßrichtungen kriegerischer Heerscharen zu dienen. Die systematisch angelegten Gräben vermochten, mit Wasser gefüllt, das Eindringen feindlicher Truppen mit schwerem Gerät durchaus wirkungsvoll zu verhindern. Na ja, das war einmal. In unserem Jahrhundert wurde hier der Westwall mit seinen Panzersperren erbaut, und auch die sind längst wieder verschwunden.

Die größte Überraschung bot allerdings der Wald selbst. Alle jungen Eichen hatten erneut, und zwar mit verblüffender Kraft, ausgetrieben. Der Wald bot einen Anblick, als hätte es den Schwammspinner niemals gegeben. Wir standen vor einem Wunder der Natur, und dieses Wunder warf ein Schlaglicht auf die Reserven der Natur. Zwei Wochen extreme Hitze, drei Wochen Dauerregen und der Johannistrieb genügten, um die Invasionen des Schwammspinners von 1993 und 1994 vergessen zu lassen. Ohne Zweifel hatte die Hitze die Eichen in einen besonderen Wachstumsstreß versetzt. In normalen Jahren wäre diese Hitzewelle in die hochsommerliche Wärmeperiode übergegangen, und das hätte wohl das endgültige Aus für den Jungeichenwald bedeutet. Eine Laune der Natur, gewiß aperiodisch, steuerte durch den Dauerregen einen anderen Ablauf. Den Rest besorgte die „Selbsterhaltung", welche auch die Bäume kennen. Der Wald sah fast wieder so normal wie eh und je aus.

Das darauffolgende Jahr ließ im jungen Eichenwald einige Schäden als Folgen der zweijährigen Schwammspinnerattacke erkennen. Die schwächeren Bäumchen waren stellenweise abgestorben, doch mehr so, als hätte der Schwammspinner eine Durchforstung vorweggenommen. Der Wald hatte wirklich überlebt.

Zufall, Zeitzeuge eines solchen Ereignisses zu werden. Demonstrativ zeigte uns die Natur, wie groß ihre versteckte Pufferkapazität gegenüber ökologischen Störungen zu sein vermag. Gleichzeitig erinnerte sie daran, wie unzulänglich unser eigener Wissensstand dabei ist.

Jagdlich kam uns die neue Situation, die ja die gewohnte alte war, natürlich zupaß. Also, Blattjagd von der Kanzel aus. Die ersten Fieptöne verhallten im Blätterwerk. Pause. Zweiter Ansatz. Pause. Und ein drittes Mal. Geduld. Da, eine Amsel zeterte, ein Häher fiel ein. Hier zog etwas heran. Die Amsel, die offenbar vorausflog, verriet sogar die Richtung. Und nun erlebten wir die dritte Überraschung dieses Tages. Da kam weder Rehbock noch Geiß, etwa vom Ruf ihrer Kitze angelockt. Was da am hellen Morgen aufs Blatten zustand? Eine Sau! Ein Keiler. Nicht besonders stark. Irritiert von seiner erfolglosen Suche, bearbeitete er kurz vor uns einen Eichenheister. Wie ein Bock beim Fegen oder Schlagen. Zum Zögern blieb keine Zeit. Wiederum wählte ich den Schuß unter den Teller, und prompt rutschte der Keiler auf der Stelle zusammen. Max strahlte mich an: „Das ging aber schnell!"

„Selbst wenn du auf der Jagd ganz alleine bist, langweilst du dich selten. Plötzlich wird eben das Handeln gefordert. Alles Grübeln stellst du weg, trittst in Aktion."

„Lieferst du das Stück bei der Forstverwaltung ab?" begehrte Max zu wissen.

„Ja, aber nur, weil unsere Gefriertruhe schon überquillt. Unsere Eiweißversorung ist bestens gesichert", schmunzelte ich. „Wir Jäger bessern halt damit unseren Küchenzettel auf. Der Mensch kann nicht von Steinen leben."

„Vielleicht von Schwammerln", frotzelte Max.

„Nicht besonders gut", lachte ich. „Sieh dich einmal um. Feuchtigkeit haben wir ja zur Genüge, die Jahreszeit paßt, jetzt wachsen die Pilze. Warum stehen denn da so viele unberührt im Wald herum? Was uns nicht schmeckt oder ungenießbar ist, muß keineswegs für alle Tiere des Waldes gelten. Die Nager beißen die Pilze an und lassen sie dann in Ruhe. Das muß seinen Grund haben. Mancher Pilz wächst in drei bis vier Tagen. Dabei produziert er eine beachtliche

Menge von Schutzsubstanzen, Alkaloiden mit Bittergeschmack. Und mit diesen Schutzstoffen hält er sich seine Freßfeinde vom Leibe. Wie du siehst, respektieren das die Säuger."

Wie überall, kam es eben darauf an, die Zusammenhänge zu erkennen, und dazu hatte der Bienwald an diesem Tage wirklich viel geboten.

Winterliche Drückjagden in den Wildkammern der Pfalz

Die individuelle Saujagd des Sommers, die höchstens einen zweiten als Begleiter verträgt, wird im Spätherbst oder Winter von den großen Drückjagden abgelöst, die man neuerdings und örtlich, dem militanten Zeitgeist gefällig, jedoch lieber Bewegungsjagden nennt. Sie werden bestimmt durch die Gesellschaft, die sich hier trifft. Das war freilich schon immer so, und trotzdem haben sie gegenüber früher aus mehreren Ursachen einen Wandel erfahren. Vor vielen Jahrzehnten, und vor allem einst im Osten, ließen sich solche Jagden unter den einander gut kennenden Jägerzirkeln ad hoc organisieren. Jeder wußte, bei Neuschnee wird gekreist, und hatte man in einem Revier irgendwo Sauen fest, ließen sich Treiber wie Schützen fast spontan aufbieten. Manchmal noch am selben Tag, mit Sicherheit aber für den folgenden. Im Pfälzer Wald hingegen, wo es seit Jahren nur noch grüne Jagden gibt und eine geschlossene Schneedecke überhaupt höchst selten zustande kommt, kann kein Jagdherr solch gelassenes Abwarten praktizieren. Im Einzugsbereich einer wirtschaftlichen Kernzone Europas läßt sich eine größere Jagdgesellschaft mit kurzfristigen Telefonaten gar nicht mehr auf die Beine stellen. Etliche Wochen vorher müssen die Organisatoren ihre Einladungen aussprechen. Ganz besonders gilt das für die „Kasimirs-Jagd“ des Regierungspräsidenten. Die Gedächtnisjagd des „Jägers aus Kurpfalz“ findet in der ersten Dezemberhälfte statt, während beispielsweise die Jagdfreunde Tierarzt Reiner R. und B. St. die ihrige in der zweiten Januarhälfte abhalten.

Liegt die Einladung auf dem Tisch, kommt Vorfreude auf. Die meisten Gastjäger, obwohl nicht unmittelbar an den Vorarbeiten beteiligt, haben in der Regel genügend Ahnung davon, wie eine Waldtreibjagd organisiert sein muß und vollziehen das im Geiste nach. Eine abwägende Gründlichkeit, gepaart mit absicherndem Verantwortungsgefühl und einer guten Menschenkenntnis, ist vonnöten und wird durch die Rechtspraxis geradezu gefordert. Jagdherr bzw. Jagdleiter können nach der Rechtssprechung mitverantwortlich gemacht werden, und faktisch geschieht das mehr und mehr. Das bedeutet, bei möglichen Unfällen mithaften zu müssen. Allein dadurch hat sich ein festes Schema herausgebildet, das bereits in der Vorbereitung Pate steht und die Durchführung bestimmt. Stereotyp wird auf die Pflicht des Jagdscheininhabers hingewiesen und natürlich auch darüber informiert, ob Verpflegung gereicht wird oder aus dem Rucksack erfolgt. Doch dem kommt wenig Bedeutung zu, denn der hungrige Magen bestimmt nicht die Jagd. Jedenfalls etwas ist in der Pfalz sicher, es gibt immer einen guten Schoppen zu trinken, den Glühwein außerdem. Die Mittagspause wird aus einem anderen Grund besonders geschätzt. Während ihr trifft man manch einen, mit dem man eben nur im Jahresabstand zusammenkommt, und das ausschließlich bei diesen Gesellschaftsjagden. Nicht immer funktioniert das. Manches altvertraute Gesicht fehlt. Berufliche Verpflichtungen oder auch Krankheiten durchkreuzen die gute Absicht. Und dem einen oder anderen erklang inzwischen das letzte Halali. Dafür gesellen sich neue Gesichter der Runde zu. Wer paßt? Wie viele werden benötigt? Es sollen nicht mehr Schützen als Treiber sein. Man braucht Hundeführer und Jäger, die Hunde haben.

Über all das muß sich der Jagdherr den Kopf zerbrechen. So kommt es, daß nicht jeder, den man kennt oder der eine Waffe gut zu führen versteht, eine Einladung erhält. Schießfertigkeit alleine genügt nicht; Luderschützen schätzt man allerdings ebensowenig. Woher die Schützen kommen, welchem Beruf sie nachgehen, ist kein Thema. Nur, in ungezwungener Weise sollten sie sich zusammenfinden können. Jedem seine Chance, beim abendlichen Schüsseltrieb ein bißchen persönlich näher aneinanderzurücken.

Eine wochenlange Vorausterminierung konnte auf das Wetter natürlich keinerlei Rücksicht nehmen. Wie es auch sein mochte, ob kalt oder Schnee, Regen oder trocken, ob fauchender Wind oder windstill, Eisglätte oder Matsch, das alles stand in den Sternen und zählte nicht. Jeder Jäger verstand es, sich darauf einzurichten.

Diese planerischen Vorarbeiten reichten aber nicht vollständig. Die Jagdstrecke, von der niemand wußte, wie sie ausfallen würde, wollte und mußte untergebracht werden. Und solange die Schweinepest als Epidemie grassierte, gab es strenge behördliche Kontrollen. Jedes erlegte Stück Schwarzwild mußte in Form von Gewebeproben gemäß veterinärmedizinischen Auflagen den staatlichen Ämtern vorgelegt werden, ehe die Freigabe für die menschliche Ernährung erfolgte.

Die sogenannten offiziellen Jagden, die einst Exklusivität ausstrahlten, haben diesen irritierenden Glanz ziemlich verloren, sofern solche Jagden heute überhaupt noch stattfinden. „Kasimirs-Jagd“ oder Privatjagd, überall hat sich, neben dem Jagdzweck als solchem, jene Bedürfnisbefriedigung herausgebildet, die dem Menschen ziemlich allgemein und nicht bloß bei den Jagden zu eigen ist: die Verknüpfung gesellschaftlicher Kontakte mit einem Vergnügen in der Winterlandschaft.

Der Tierarzt hatte gerufen und wer kommen konnte, der kam. Trotz ungünstiger Verkehrsverhältnisse trafen fast alle pünktlich beim Helmbachweiher im Rhodter Hinterwald ein. Eine ungeahnte Situationskomik beherrschte den Auftakt. Tage vorher hatte es geregnet, und in der vergangenen Nacht überzog ein massiver Kälteeinbruch binnen weniger Stunden die Hänge mit einem Eispanzer. Dazu kam in den frühen Morgenstunden noch ein Eisregen, der die Straßen in Flächen für Schlittschuhläufer verwandelte. Richtig merkten wir das erst, als wir aus dem Wagen stiegen. Rutschend und pendelnd gingen wir, unsere Balance einfangend, auf die Jagdherren Reiner R. und seinen Freund B. St. zu, um sie zu begrüßen. Selbst die Hunde rutschten aus und saßen jäh und verdutzt auf ihren Keulen.

Kein Schnee. Die Witterungsverhältnisse ließen Eile nicht aufkommen, und wie man einander kannte oder es sich gerade ergab, stellte man sich zusammen. Die Grüppchen verteilten sich über den Parkplatz. Zwei Winzer begrüßten einander erfreut: „Wo hast du deinen Terrier, die quirlige Hündin?“

„Sie ist nicht mehr.“

„Wie? Von einer Sau geschlagen oder überfahren?“

„Nein, auf so etwas kommst du nie im Leben. Wir haben sie immer im Hof gehalten, aber wie es bei der Weinlese nun einmal geht, achtet man nicht auf alles so genau. Es ist viel zu tun, und die Hündin war läufig. Natürlich trabten Rüden an, machten einen Heidenspektakel, denn sie biß alle ab. Mit einem machte sie eine Ausnahme, mit dem schien sie sich zu verstehen. Jedenfalls ergab sich im nachhinein folgendes Bild: Ihren Bevorzugten führte sie in den Weinkeller hinunter und dort sind beide am Kohlendioxyd der Weingärung erstickt. Nicht genug damit. Nachdem es die wachsame Hündin nicht mehr gab, wurde prompt eine Woche später bei uns mit Erfolg eingebrochen."

Hannes sah mich an und fragte zweifelnd: „Gibt's das?"

„Tödliche Liebesgeschichten sind kein Privileg des Menschen. Sie kommen uns bloß nicht so häufig unter die Augen und stehen auch in keinem Boulevard-Blatt."

Das Jagdsignal zur Begrüßung rief alle zusammen. Die Präliminarien folgten, die Schützennummer kam an den Hut, die Hörner verkündeten „Aufbruch zur Jagd", und erstaunlich schnell brachten uns die Allradfahrzeuge aus dem Talkessel auf die Hügelhöhen. Unterwegs wollte Hannes wissen: „Was ist heute an Schwarzwild freigegeben?"

„Alles, bis auf führende Bachen. Leitbachen sind sowieso tabu."

„Großzügig, gelt? Ist das woanders auch so?"

„Nein, in früheren Jahren wurden die starken Keiler ebenfalls geschont, nicht freigegeben. Die Jagdherren hier sind wirklich großzügig. Selbst bei den ‚Kasimirs-Jagden' des Regierungspräsidenten, bei denen grundsätzlich in den besten Wildkammern des ganzen Regierungsbezirkes gejagt wurde und die einzelnen Forstämter einander abwechselten, hatte nur ein Forstamtsleiter, jener von Johanniskreuz, die generöse Souveränität, seine Gäste damit zu überraschen, daß er zwei starke Keiler freigab.

Wie zu erwarten, kam an diesem Tag überhaupt keine starke Sau in Anblick. In den Wildkammern stecken ohne Frage urige, alte Erntekeiler. Aber selbst wenn man sie schießen dürfte, bleibt es eine große Ausnahme, daß sie einen Schützen anlaufen. Diese alten Bassen sind viel zu klug. Wunschdenken der Jäger verdrängt die Tatsache, daß Klugheit und nicht etwa Aggressivität unsere Wildarten erhält. Die Flucht wird bevorzugt, und alte Keiler stehlen sich äußerst leise davon, schwindeln sich durch."

„Also, die Freigabe starker Keiler ist etwas Besonderes?" hakte Hannes nochmals nach.

Ich mußte schmunzeln: „Ja. Die Wissenden, und es gibt da Unterschiede bei den Jägern, leisten sich deswegen das Großzügigsein. Doch abgesehen von dieser individuellen Note hat sich durch die Schweinepest hier Grundsätzliches geändert. Diese Epidemie des Schwarzwildes kehrt in schöner Regelmäßigkeit dann wieder, wenn eine Überpopulation entstand. Selbst rechtzeitiges Erkennen und schnelles Eingreifen im Anfangsstadium helfen kaum. Eigenart und Lebensweise des Schwarzwildes machen das so schwierig."

„Das verstehe ich nicht."

„Es gibt Epidemien, die verlaufen so heftig, daß sie 90% aller Sauen hinwegraffen. Sie räumen in der Überfülle kräftig auf. Dann dauert es etliche Jahre, bis sich aus dem geringen Rest ein normaler Schwarzwildbestand neu gebildet hat. Die jetzige Epidemie indes scheint ein abgewandeltes Virus zu haben. Ganz genau weiß man das noch nicht. Manche Stücke haben gar nichts. Andere werden befallen und heilen die Krankheit aus. Der Tod hält seine Ernte vor allem unter den Frischlingen, dem jüngsten Nachwuchs. Es verhält sich wie bei der Grippe. Einmal ist sie heftig und befällt fast alle, und das andere Mal erwischt sie nur bestimmte Gruppen unserer Bevölkerung.

Jedes Jahr im Herbst entmischen sich die Saubestände. Die einen Schwarzkittel ziehen an die Haardt zu den Edelkastanien, die anderen wandern Richtung Waldfischbach und suchen die Eichelmast. Das Kernstück des Pfälzer Waldes entleert sich seiner Sauen. Im Dezember und Januar, in der Rauschzeit, kehren sie wieder in das Zentrum zurück und vermischen sich. Da können also vorher die Vorderpfälzer Sauen die Schweinepest haben und die Hinterpfälzer Sauen nicht. Oder umgekehrt. Nach der Rauschzeit ist auf jeden Fall das Virus überall verbreitet, und das läßt sich nicht aufhalten, selbst nicht mit rechtzeitigem und verstärktem Abschuß.“

Seit geraumer Weile hatten wir die Stände eingenommen, unsere flüsternde Unterhaltung verstummte, denn deutlich kam von der Ferne her das Anblasen der Jagd. Ein Horn nach dem anderen nahm das Signal auf, und die Klänge reihten sich aneinander, wurden vom Echo verstärkt, schwollen im Waldesdom an und verhallten weich. Die Lehrstunde über das Schwarzwild war nun für Hannes zu Ende. Jetzt setzte die Praxis ein. Zu diesem Zeitpunkt ahnten wir nicht, daß zum Ende des Tages das Abblasen des letzten Treibens die Natur furios selbst besorgen würde. Ein Wintergewitter beachtlicher Gewalt mit Blitz, Donner und Hagel verkürzte mit seiner abrupt einbrechenden Dunkelheit den Tag um eine volle Stunde. 10 Minuten genügten, um meinen neuen Filzhut völlig zu durchnässen. Das sagt alles.

Wir saßen schräg am Hang in einem gewaltigen Wurfboden einer Altbuche, geschützt gegen den Wind und mit gutem Wind. Ein frisches Lüftchen blies. Nicht weit vor uns hatte sich eine junge Schonung in einer Mulde ausgebreitet. Freies Schußfeld bestand nach jeder Richtung hin, und das genügte. Sogenannte Kaiserstände oder gute Plätze gab die Gegend von sich aus nicht her. Alles hing davon ab, wo die Sauen sich gesteckt hatten und in welche Richtung Hunde oder Treiber sie auf die Läufe brachten.

Ich führte meinen bewährten Gasdrucklader, hatte mich also für Brenneke-Flintenlaufgeschosse entschieden. Für kurze Entfernungen, unter 40 Metern, war dies eine ideale Waffe und handlicher als ein Repetierer. Die Ortsverhältnisse ließen weite Schüsse lediglich im Ausnahmefall einmal zu.

Unten im Grund fiel ein Schuß, dann folgten zwei Schüsse hintereinander, vom Nachbarn. Ferner Treiberlärm. Näher inzwischen und eine Spur lauter zwei Hunde. Hielten sie die Richtung, konnte es spannend werden. Plötzlich ein giftiges, wütendes Hundegekläff. Dabei verriet der Hals der Hunde wechselnden Standort. Hatte sich etwa eine Sau gestellt, war geneigt, die Hunde anzunehmen? Neue Töne erregten die Phantasie. Da, ein böses Knurren, ein klagender Hund und eine besorgte Kommandostimme: „Aus! Aus! Loslassen!" Nun fiel auf der Anhöhe ein Schuß, und dort, wo die Kuppe sich in das andere Tal wendet, in rascher Folge eine Reihe von Schüssen, ganz so, als würde ein Stück Wild die Schützenlinie entlangdefilieren, jedem Jäger sich als Ziel anbietend. Gleich darauf wurde die Jagd abgeblasen.

Mittagspause.

Zunächst klärte sich die Hundegeschichte auf. Einen älteren Rauhhaardackel hinderte sein Eifer daran, sich dem Selbstbewußtsein eines jungen, starken Drahthaarrüden unterzuordnen, kurz: ihm Platz zu machen. Beide Hunde, voll Jagdpassion, vergaßen vorübergehend ihren Auftrag und kämpften erst einmal die Vorrechte aus. Der Drahthaar griff sich den Dackel im Genick, daher der Klagelaut. Wäre der Hundeführer nicht gleich zur Stelle gewesen, hätte es für den Dackel ein bitteres Ende gegeben. Der Rauhbauz stand sichtlich unter Schock und mußte zur Ruhe im Wagen abgelegt werden. Hier hatte sich der Kleine überschätzt, als er dem Großen in den Weg trat. Wie die Szenen stets einander gleichen! Wo blieb die Einsicht, wo die Ahnung?

Dann kam die Meldung durch: Ein starker Keiler ist gefallen, mindestens 110 Kilogramm schwer. Er hatte die

Hunde so lebendig gemacht. Der glückliche Schütze war, Dianas Hand wurde spürbar, keiner der Alten und keiner der Repräsentanten. Einer der jüngeren Jäger hatte seinen Lebenskeiler zur Strecke gebracht.

Das Feuer loderte zwischen einem Dreibeingerüst und oben dampfte der Glühwein. Unweit davon schnitten kundige Hände Prager Schinken, Schweinerollbraten und Leberkäse je nach Wunsch der Hungrigen auf. „Worscht, Weck und Woi", die heiligen drei W der Pfalz, verbreiteten mit ihrer Fülle bald allseits eine satte, harmonische Zufriedenheit.

„Wir wußten, daß so ein starker Keiler da ist", bestätigte Reiner R. „Wir haben ihn gefährtet, gelegentlich auch gesehen. Aber diese alten Herren, Herrscher in ihrem Bereich, wurden ja nicht umsonst so alt. Sie haben gelernt, ihre Schwarte vor dem zerfetzenden Blei in Sicherheit zu bringen. Man braucht diesen Brocken nur anzuschauen. Er hat Waffen, vor denen sich andere hüten mußten. Und die kleinen Lichter verraten, wenn auch schon gebrochen, noch etwas von der Klugheit dieser Uriane." Reiner R. schränkte ein: „Vielleicht geht mit mir der Tierarzt durch und ich unterstelle ihnen etwas, was es so nicht gibt."

Der Schütze selbst hielt sich im Hintergrund. Ihm wurde gratuliert, und viele wollten hören, wie es sich im einzelnen abspielte. Die Neugier waltete rücksichtsvoll, wußte doch fast jeder aus eigener Erfahrung, wie rasch zu viele Wiederholungen das Erlebnis verändern. Das mußte nicht sein. Zudem stand ihm als Schützen noch ein schönes Stück Arbeit bevor. Er hatte aufzubrechen.

Nicht viele Jäger sind es gewöhnt, ein Stück Wild von mehr als 100 Kilogramm in freier Natur kunstgerecht zu versorgen. Man half ihm. Unmittelbar nach dem Aufschärfen der Bauchdecke verbreitete sich ein Duft, der etliche Beobachter aus der Windfahne treten ließ. Die starken

Sauen müssen so bald wie möglich aufgebrochen, wenigstens gelüftet werden. Trotz Winterzeit und obwohl noch keine Stunde verstrichen war, ließ der innere Gasdruck die Bauchdecke praller und praller werden. Ein Rauschzeitkeiler.

„Wer den wohl zum Essen bekommt?“ fragte einer unwillkürlich.

„Der Keiler muß in die Gefrierkammer, mindestens ein halbes Jahr, selbst dann ist er kaum genießbar“, antwortete ein anderer.

„Stellt euch vor“, flachste ein dritter, „wir lebten unter den Eiszeitjägern, wo man glaubte, durch Trinken des Blutes vom Wild oder Gegner dessen Lebenskräfte sich anzueignen. Brr.“

„Na, inzwischen haben wir gelernt, mit diesen Geschöpfen vernünftig umzugehen. Unter der Herrschaft des Islams können es die Menschen bis heute nicht“, beruhigte ein weiterer. „Ihre Berührungsangst ist übergroß. Tote Schweine lassen sie liegen und nehmen jederzeit in Kauf, daß ihre Reisfelder von den Sauen verwüstet werden.“

„Das ist das eine Extrem. Das andere können wir bei unseren Haustieren sehen. Nur 50% des Schlachtkörpers werden verspeist. Der Rest, und das sind im wahrsten Sinne des Wortes Millionen Tonnen von Pansen, Schwarten, Knochen oder Gedärmen, wird zu Schuhcreme, Kosmetika, Dünger oder Futter aufgearbeitet. Recycling perfekt! Dabei sitzt der Hunger nach wie vor tief im dunklen Bauch, seit Generationen dort verankert. Heute noch spaßt kaum jemand bei uns mit dem, was auf den Tisch kommt. Was von der Pfanne oder dem Ofen gebraten, gegrillt, gekocht, gegart oder auch roh auf den Teller kommt, wird nicht beschmutzt.“

„Richtig, bis heute müssen wir mit der Beute vertraut sein wie mit dem Feuer, dem Herd. Keiner von uns weiß, wann und wie schnell er wieder in Urzustände zurückgeworfen werden kann."

Ohne daß es in der Runde jemand mitbekam, verschlechterte sich das Wetter. Die Jagdherren wollten wenigstens noch ein Nachmittagstreiben durchführen. Dabei überrollte sie das Unwetter. Mitten im Treiben schob sich eine schwarzdunkle Wolkenbank mit erstaunlicher Schnelligkeit herauf und verdunkelte binnen Minuten den Tag. Ein furioses Wintergewitter mit einem Nässeschauer sondergleichen brach das Treiben ab. Es gestattete uns nicht einmal mehr den üblichen Abschluß. Durchnäßt und frierend versammelten wir uns schließlich in einer Pfälzer Gastwirtschaft. Rasch füllte unser Lärm den Raum und erfreute den Wirt. Der wiederum stimmte mit seiner Fürsorge uns bald auf den gemütlichen Teil des Tages ein. Das Weidwerk hat es bei Gesellschaftsjagden nie anders gehalten. Die dabei von ihm ausgehende eigene Atmosphäre vollzog in problemloser Ungezwungenheit wie selbstverständlich den Brückenschlag von Menschen aus verschiedenen Gesellschaftsschichten. Die Jagdherren zeigten sich über den erfolgreichen Jagdtag sichtlich zufrieden. Die allseitige Disziplin vermied böse Überraschungen von vornherein. Kein Hundemann mußte einen Verlust beklagen.

„Hunde gehören zur Jagd", erinnerte sich einer, der das Klagen des Dackels gehört hatte. „Die Meutegemeinschaft Mensch und Hund ist halt eine uralte Beutegemeinschaft."

Die Unterhaltung wurde breit. „Jagdhunde – ein uferloses Thema. Jeder Hundebesitzer schwört auf seine Wahl. Reinrassig muß der Gebrauchshund sein, bis zum Gehtnichtmehr. Bestimmte Hunderassen sind heute überzüchtet. Irgendwann macht sich ja die ständige Inzucht bemerkbar. Die Hunde bekommen flattrige Nerven, sind nicht mehr schußfest. Und siehe da, die Rassen verschwinden wieder aus unserem Weidwerk. Sie kommen quasi aus der Mode, unauffällig, versteht sich."

„Der Grundsatz aller Naturkundler, daß ein großer Genpool für jede Art überlebenswichtig ist, hat sich halt noch nicht überall herumgesprochen", wurde einer ironisch.

„Dabei kennt man in der Viehzüchtung das Schlagwort von der Luxurierung der Bastarde. Unsere Hundezüchter freilich setzen auf Reinrassigkeit. Bastarde sind ihnen ein Greuel."

„Vielleicht deswegen, weil diese die Lebenstüchtigeren sind. Ist das bei uns etwa anders? William, der Normanne, der England eroberte, war ein Bastard. Die Natur läßt sich eine Zeitlang verbiegen und macht einiges mit. Die Ägypter praktizieren die Inzucht, und die Habsburger tun das auch. Irgendwann bricht es zusammen. Selbst das Ödipus-Ereignis ist kein ausschließliches Vorrecht des Menschen. Immer wieder haben genaue Beobachter berichtet, daß Rehgeißen auch von ihrem eigenen Sohn beschlagen wurden."

„Hundezucht ist eben ein Geschäft wie jedes andere. Solange Geld damit gemacht werden kann, haben vergleichende Einsichten es schwer. Wie auch immer, ohne verläßliche Gebrauchshunde geht es bei der Jagd nicht, zumindest bei uns nicht. Es lohnte nicht, solche Gedanken zu vertiefen, das schafft nur Lagermentalitäten."

Man wechselte das Thema.

„Immerhin wurde man heute toleranter gegenüber dem Weidmannsheil eines anderen", übernahm der Vorderpfälzer Rudi M. das Wort. „Als ich vor Jahrzehnten meinen Lebenskeiler unweit von hier schoß, hatte man mir diesen gewiß nicht zugedacht."

„Wieso das?"

„Schützen braucht man bei Gesellschaftsjagden. Lücken oder zu große Abstände zwischen den Jägern dürfen nicht sein, sonst ist der Mißerfolg bereits vorprogrammiert. Ich erhielt damals eine Einladung und einen Stand zugewiesen, der wenig Schußfeld bot und kaum etwas erwarten ließ. Die Treiber rückten bis an die Schützenlinie heran, ehe sie kehrtmachten und zurücktrieben, also den Trieb hobelten. Wie das so geht, die einen Treiber sind voraus, die anderen hängen hintendran. Unweit von mir, zur rechten Hand, hörte ich sie außer Sicht plaudern, und auf der linken Seite hatten sich schließlich ebenfalls einige zusammengefunden. Mit einem Mal direkt vor mir das Geräusch brechender Äste, ein Tapsen im Laub. Pause. Dasselbe noch einmal, und dann tauchte er auf, der mächtige graue Kasten. Vor mir! Der Keiler bewegte sich langsam, verhoffte, wendete seinen Kopf, zuerst der einen Geräuschkulisse zu, drehte ihn dann auf die andere Seite, wartete und setzte sich langsam in Bewegung. Verhoffte wieder. Abermals dieselbe aufmerksame Orientierung zu den beiden Treibergrüppchen hin. Genau mittendurch strebte er weiter, und das ging stangengerade auf mich zu. Bot sich mir da eine Chance, wie sie mir mein Jägerleben noch nie bescherte? Die grobe Sau war auf 20 Meter heran. Ich hatte angebackt, und da der Wutz immer wieder verhoffte, hätte ich einen sauberen Schuß längst abgeben können. Für das Schußfieber blieb keine Zeit. Das Ganze war zu faszinierend, und irgend etwas hielt mich zurück. Vielleicht die Neugierde, wie nah der Keiler anwechseln würde. 12 Meter, immer noch kam er unentwegt vorsichtig näher, 10 Meter, 8 Meter, 7, 6, 5 Meter. Jetzt hatte er mich erkannt, warf sich ohne zu zögern mit einem entschlossenen Ruck herum. Die ganze Breite seiner wuchtigen Gestalt bot sich mir, fehlen konnte ich ihn da nicht. Hochblatt warf ihn der erste Schuß und bannte ihn auf die Stelle. Der zweite, unverzüglich hinterher, war bloß ein Fangschuß, sicherheitshalber abgegeben. Allseits riesige Überraschung, genau wie bei mir. In dem Sumpf von Gefälligkeiten, den es damals gab und heute noch gibt, war mir der Keiler nicht zugedacht gewesen. Der Deputats-Amtsleiter wirkte ein bißchen säuerlich. Das konnte aber meiner Freude keinen Abbruch tun."

„Wo Menschen, sind, da menschelt's! Trinken wir einen. Weidmannsheil!"

Ungarische Jagdtage

Ungarn! Ein Wort mit Zauberklang in Jägerköpfen. Erhöhter Pulsschlag, Wunschwirbel und Stoßseufzer! Für den Wanderjäger hatte das Land trotz der kommunistischen Regierungsform nichts von seiner traditionellen, seit mehr als hundert Jahren bestehenden Anziehungskraft verloren. Die Ausstrahlung der Perestroika Gorbatschows im Osten Europas in der zweiten Hälfte der achtziger Jahre bremste allerdings meine Neigung spürbar, dort erneut zu weidwerken. Zeiten politischer Spannungen in einem Land laden nicht dazu ein, solche Gegenden zur Erholung oder zu einem kurzen Ausstieg aus dem Alltag aufzusuchen. Ungarns Entscheidung vom September 1989, seinen Eisernen Vorhang an der Westgrenze von heute auf morgen abzubauen, löste ein politisches Erdbeben aus, dessen Wellen durch den ganzen Marxismus des Ostens liefen. Ungarn, bislang der Reformstaat, bescherte dieser Wechsel einen Umbruch. „Von oben" wurde den Ungarn Freiheit und Demokratie über Nacht verordnet, und die Staatspartei löste sich auf. Das alles binnen eines halben Jahres. Die Reprivatisierung der Wirtschaft wurde eingeleitet und ließ erwarten, daß die Landwirtschaft wieder mehr privaten Charakter annahm, selbst dann, wenn viele Genossenschaften sich nicht auflösen würden.

Der Umbruch mit seiner Öffnung zur westlichen Freiheit sollte auch mit neuem Wind die jagdwirtschaftlichen Strukturen dieses Jagdlandes durchlüften. Das Weidwerken dort gewann spontan wieder an Reiz, und das verlockte uns, eine jagdliche Erkundungstour im Frühsommer 1990 zu starten.

Bislang bestand eine Teilung der Jagd zwischen der Forstverwaltung, die den Wald betreute, und der Domänenverwaltung, die sich um die Agrarerzeugnisse kümmerte. Die jetzt sich bietenden Chancen privatunternehmerischer Investitionen boten den Ungarn nach dem Zerbrechen der Fesseln der Planwirtschaft die Möglichkeit, die Devisen-Gastjäger des Westens großzügiger und stärker in ihr Land zu holen. Schlagartig waren die besonderen Jagdreservate für die eigenen Parteibonzen und die Offiziersschicht der Russen frei geworden, und das schätzte man auf ein Mehr von fast 40% an Jagdfläche. Nun, es gab dort Lernfähige von erstaunlicher Schnelligkeit. Sie begriffen, daß sie mit dem neuen Start von Anfang an in den jagdwirtschaftlichen Wettbewerb mit Polen, Baltikum, Tschechien, Slowakei und Bulgarien gerieten, und da wollten sie die Nase vorne haben.

In der Chance des Experimentierens, des Suchens nach neuen Wegen, in Zeiten, wo sich die Strukturen noch elastisch zeigten, sich erst entwickelten, steckten auch Chancen für die Gastjäger. Für einen guten Rehbock – dort bekanntlich keine Seltenheit – bot sich für uns der Juni an. Inzwischen zählte das Rehwild, kaum zu glauben, zum „Schadwild“!

Gemessen an unseren Absichten, konnten ein paar Jagdtage, selbst wenn das Wetter verrückt spielte, nicht fehlschlagen. Im Gegenteil, sie konnten bloß balsamisch wirken.

Wie erwartet, profitierten wir von dem neuen Geist. Die Formalitäten schrumpften lediglich auf ein Einladungsschreiben, und Grenzschikanen hatte eine jähe Geisterhand weggewischt. Mit Jägern gab es für die Ungarn kaum je Probleme. Nach wie vor in seiner großen Mehrheit vom Bauerntum geprägt, wurzelte das Leben dieser Menschen tief in einer Natur, aus der sie lebten. Schon aus dieser Tradition heraus wußten sie von der Notwendigkeit einer pfleglichen, erhaltsamen Behandlung der Erde, der Tiere und auch der dazu notwendigen Menschen, seien es die Bauern selbst, seien es Hirten, Fischer oder Jäger. Sogar in der Phase des real existierenden Sozialismus verstanden sie es, in ihrem Land die hohe Jagdkultur und die gute Jagdwirtschaft aufrechtzuerhalten. Das angrenzende Jugoslawien indes hatte längst seine Jagdverhältnisse heruntergewirtschaftet.

Unser Reiseziel, das Revier Diana, lag östlich des Mittelgebirges Vértes, von der Stadt Csàkvàr ausgehend wie ein gleichschenkeliges Dreieck von 12 mal 12 mal 18 Kilometern in der leicht welligen Ebene westlich Budapests.

Unsere kleine Gruppe, Hans-Heiner R., Marlene T. und mich, hatte der Berufsjäger Franz (Ferenc) G. bereits erwartet. Ohne viel Umstände brachte er uns in die überraschend komfortable, zentral und zugleich versteckt in einem Akazienwäldchen gelegene Jagdhütte. Franz, der deutsch sprach, stellte eine Schüssel Kirschen auf den Tisch und führte uns in die neue Lage ein. Was wir hörten, klang für unsere Ohren wenig überraschend, faszinierte aber sichtlich die Ungarn selbst. Mit einer Spontanität, die viele Zauderer einfach niederwalzte, war der Kampf ums liebe Geld entbrannt. Die Forstverwaltung zeigte in den alten Zeiten in ihrer Mehrheit kein Interesse daran, die Jagd selbst zu betreiben. Ihre Vertreter standen in erster Linie in der Reihe der Holzwirte, und das bestimmte ihre Schwerpunkte. Jetzt aber erweckte die Jagd bei ihnen begehrliches Interesse und sie suchten, auch die Jagdwirtschaft unter ihre Kontrolle zu bekommen. Die ungeschmälerte und unmittelbare Devisenquelle stach ihnen ins Auge. Die harten Währungen, das absolute Volumen, das waren neue Segel, die zu neuen Ufern führen konnten.

Die Domänenverwaltung andererseits wollte den Jagdbetrieb vor allem deswegen unter ihre Kontrolle bringen, weil sie stark unter dem Wildschaden litt. Da ging es nicht nur um Deviseneinnahmen, da schlug bereits die Schadensvermeidung zu Buche.

Wir wollten das durchaus etwas genauer wissen, und Franz schilderte bereitwillig: „In den landwirtschaftlichen Genossenschaften, wie sie bei uns seit 40 Jahren entstanden sind, haben wir riesige Äcker Weizen, Mais oder Sonnenblumen. Ein Maisacker von 100 Hektar ist nichts Ungewöhnliches. Wuchs der Mais einmal genug heran, wechselt dort das Hochwild ein und geht praktisch nicht mehr heraus. Ein Rotwildrudel findet dort seine Äsung in reichlichster Fülle, unmittelbar neben dem Bett. Das Wild bewegt sich praktisch kaum noch. Es braucht ja bloß zum Äsen hochzuwerden. Satt, tut es sich gleich daneben nieder. Ruhe hat es auch. Täglich vergrößert sich die freigeäste Fläche. Zuletzt hat der Platz in einem solchen riesigen Maisacker, der von einem Rotwildrudel abgerundet und niedergewalzt wird, die Größe eines Fußballfeldes. Dort spielt sich im September häufig sogar die Hauptbrunft ab. Erst wenn im Herbst die großen Maschinen über das Land gehen und die Ernte einbringen, sehen wir unsere Hirsche wieder.

Das Schwarzwild treibt es noch viel schlimmer. Fraß in Hülle und Fülle, das bringt die Vermehrung in Schwung. Wir wissen uns kaum noch zu helfen und führen jetzt einen rigorosen Reduktionsabschuß durch. Wer letztlich in dem Gerangel zwischen Forst- und Domänenverwaltung den kürzeren ziehen wird, läßt sich noch nicht absehen. Wir kennen außerdem noch nicht die Methoden oder die Art und Weise, wie wir die westlichen Jäger an unseren Jagdmöglichkeiten teilhaben lassen, und zwar dermaßen, daß beide Seiten zufrieden sind. Wenn man von westlichen Jägern spricht, meint man in Ungarn vor allem die deutschen Gastjäger."

Hans-Heiner R. äußerte sachlich: „Natürlich, eure Spannungen zwischen den politischen und wirtschaftlichen Polen unter dem Kommunismus lassen sich nicht in wenigen Monaten abbauen."

Franz lachte spontan dazu: „Ja, die Doktrinäre und Technokraten von einst schlagen jetzt munter aufeinander ein."

Die Reviergröße in diesem Landstrich, keine Donau-Au, wurde von der Jagdgenossenschaft mit 8000 Hektar (80 Quadratkilometer) angegeben, könnte auch etwa 10.000 Hektar umfaßt haben. Der durchschnittliche jährliche Abschuß beträgt etwa 20 Hirsche und 10 bis 20 Stück Kahlwild. Weiters 50 Sauen. 15 Rehböcke mit mehr als 300 Gramm Geweihgewicht sind erlaubt, und dazu kommen 10 Abschußböcke; Geißen werden nur wenige geschossen. In Ungarn verfährt man noch heute wie bei uns vor einem Jahrhundert: Viele Geißen bringen viel Nachwuchs, daher tut man beim Geißenabschuß möglichst wenig!

Trophäenböcke hat Ungarn genug, und im Kochtopf schmeckt alles Jungwild besser als alte Stücke. Kein Anlaß also zum Heranhegen besonders starken Rehwildes; das ist ja vorhanden. Im übrigen sieht der Ungar das Rehwild als Bestand seiner Landschaft an, genauso wie den Hasen, und macht keinerlei Aufhebens davon. Für ihn bedeutet Wild automatisch Hirsch und Sau.

Auf eine gezielte Frage von mir erfuhren wir, daß Gastjäger schon in den Maiwochen alle guten Böcke erlegten.

Die Devisen sprudelten demnach munter. Um einen guten Bock brauchte ich mich mithin nicht weiter zu bemühen und konnte mein Hauptinteresse uneingeschränkt dem Schwarzwild zuwenden.

Gleich am ersten Abend zeigte sich die Bühne der Natur recht belebt und vielfältig besetzt. Bei der Anfahrt im russischen Jeep verdrückte sich ein Fasangockel im Feld. Bock und Geiß standen im Weizen, der die Rehe fast vollkommen deckte. Ein Baummarder hatte sich jäh vor unserem Jeep in eine Randhecke verdrückt, ein Hase ließ sich indes keineswegs von uns stören.

Der Hochsitz, auf dem ich allein bleiben durfte, wirkte etwas widerborstig und wird sich als unverwüstlich erweisen. Man hat ihn aus Akazien, einem erstaunlich harten Holz, zusammengezimmert. Sonst kaum besonders zu gebrauchen, konnte es wenigstens dazu verwendet werden. Sie wuchsen zudem an jeder Ecke. Mehrhundertjährige Akazien gehörten zu dieser Landschaft wie die gewaltigen Weiden zu den Donau-Auen. Gelegentlich, so erzählte man mir, dient das Akazienholz zur Umzäunung von Pferdekoppeln. Selbst da ist Vorsicht geboten, denn die Akazienrinde enthält einen Giftstoff, dem schon manches Pferd zum Opfer fiel. Ungarische Pferde scheinen allerdings besser daran gewöhnt zu sein als andere. Doch, wer weiß darüber genau Bescheid? Und wer weiß besonders viel über die Giftstoffe der Natur? Der Weißdorn, in den Heckensäumen überall anzutreffen, hat nicht nur böse Stacheln. Seine Stiche verursachen häufig schmerzhafte Infektionen, wobei anscheinend niemand recht weiß, ob dies pflanzenstoffliche, bakterielle oder virusbedingte Ursachen hat.

Die Kanzel war gut gewählt. Mein Blick wanderte im weiten Rund und wurde immer wieder von schon goldgelben Weizenhalmen eingefangen. Franz hatte nicht übertrieben. Die Ackerflächen konnte man schwer schätzen. In der

Länge schoben sie sich eineinhalb bis zwei Kilometer über die Bodenwellen; eineinhalb bis zwei Kilometer auch in der Breite. Hunderte Hektar Weizen – vor mir ein Weizenmeer. Und dazu zig Hektar Mais und Sonnenblumen.

Graswege teilten die Äcker. Die untergehende Abendsonne zirkelte den Schlagschatten einiger Bäume und sogar den der Kanzel in die gelbe Fläche. Wie abrupt sich das Bild einer Landschaft wandeln kann, erfuhr ich gleich am nächsten Morgen. Pünktlich waren wir um 3.30 Uhr startbereit. Es regnete. Tristes Wetter. Das monotone Rauschen begeisterte nicht. War es sinnvoll, unter diesen Umständen zu einem Morgenansitz hinauszugehen? Franz meinte, wir sollten es trotzdem versuchen, und als er unser Zögern bemerkte, half er ein bißchen nach und wies darauf hin, daß er in seiner Pflicht stünde. Klar, für ihn ging es darum, seine Gäste zu Schuß zu bringen, Regen hin, Regen her. Jeder zeitliche Ausfall verminderte seine Trinkgelder. Dafür mußte man Verständnis aufbringen.

Die Hochsitze präsentierten sich durchwegs als nach oben offene Kanzeln. Der Bindfadenregen rieselte gleichmäßig auf die Regenhaut herab. Graufahl dämmerte im Osten der Tag heran, und der Wind blies die bis auf die Felder niedergesunkenen Wolken über die Halme. Ein Wasserschleier hatte sich über die Landschaft gelegt, den Böen gelegentlich zerrissen. Es regnete sich sichtlich ein. Ich rechnete es meiner Schlaftrunkenheit zu, daß ich mich hatte umstimmen lassen, bei diesem Sauwetter auf einer offenen Kanzel auf Sauen anzusitzen. Doch das schien müßig. Wer, wie ich, gerne unbekannte Landstriche jagdlich kennenlernen will, hat sich mitunter ungewohnten Auffassungen anzupassen. Früher hieß es: „Wenn der Wind jagt, soll der Jäger zu Hause bleiben!“ Und man sagt bis heute ebenso: „Keine Regel ohne Ausnahme!“

Tatsächlich, es lohnte sich! Mit einemmal wurde ich in

dem Nebel zweier Hirsche gewahr. Einer mit hochgetragenem Haupt, jung, ein richtiger Zukunftshirsch; sein Geweih vielleicht 5 Kilo schwer. Freilich, der Nebel täuscht leicht, verzerrt die Konturen und trägt oft wuchtiger auf, als es der Wirklichkeit entspricht. Völlig unempfindlich gegen das Wetter, ließen sich die beiden Hirsche mit dem Einziehen Zeit. Sie brachten jedenfalls Abwechslung in die fahle, glanzlose Helle. Vielleicht kommen die Schwarzkittel auf die Läufe. So sie dem überall gegenwärtigen Wasserdunst nicht ausweichen können, bewegen sie sich und suchen unruhig herum. Sitzt man zufällig in der Nähe ihrer Wanderrichtung, kann es schon einmal vorkommen, daß Rotten von 25 bis 30 Stück an einem vorbeiwechseln. An diesem Morgen jedoch nicht. Zwei Hasen ästen am Ackerrand entlang. Auch sie störte das Wetter nicht. Doch es half alles nichts, der penetrante Landregen verbannte uns zuletzt in die Hütte.

Jäger Franz versuchte, das Beste daraus zu machen und leistete uns Gesellschaft. Freimütig plauderte er über seine Situation. Ihm persönlich brachte die politische Wende im Beruf Ärger ein, mit dem er überhaupt nicht gerechnet hatte. Bisher dominierte die staatliche Jagdorganisation (MAVAD) und hielt den Jagdtourismus Ungarns fest in der Hand. Ohne MAVAD-Zentrale auf der Burg in Budapest lief kaum viel. Nun versucht sie, ihre Monopolstellung auch ohne die staatliche Rückendeckung zu erhalten. Dann ändert sich jedoch an der alten Abhängigkeit nichts, und somit schien der Streit vorprogrammiert. Franz wechselte seinen Brötchengeber. Als Berufsjäger hatte er seit langem überdurchschnittlich viele Kontakte mit den westlichen Ausländern und aufmerksam hingehört, wenn diese von der sozialen Marktwirtschaft und ihren Möglichkeiten sprachen. Nun ging er daran, davon jene Möglichkeiten herauszufinden, welche seine Heimat künftig mitgestalten sollten.

Sein Wissensdurst und Informationssuchen waren groß. Daher wußte er auch, daß bei uns ein kleiner Kreis chaotischer Außenseiter in unregelmäßigen Abständen das Töten des Wildes durch die Jäger als Mord anprangerte. Kopfschüttelnd sagte er: „Stellt euch vor, ich habe – bei uns ungarischen Berufsjägern nichts Außergewöhnliches – in meiner Berufslaufbahn schätzungsweise 1000 Stück Rehwild geschossen, ungefähr 500 Sauen und um die 400 Stück Rotwild... Jäger sein ist in Ungarn ein Beruf wie jeder andere auch, und in der Öffentlichkeit haben wir eine gute soziale Reputation, die uns nicht streitig gemacht wird."

„Bei uns dagegen spricht man, wenn man den Jäger ärgern will, vom Wildmetzger", warf ich als ironische Bemerkung ein.

Franz verzog lachend das Gesicht und tippte bloß mit den Fingern an die Stirn.

Hans-Heiner R. mischte sich etwas ernsthafter ein: „Das sind die Auswüchse unserer Wohlstandsgesellschaft. Genau betrachtet, trennen uns kaum mehr als 500 Kilometer Luftlinie nach Osten von Lebensverhältnissen, wie sie noch bis 1939 in ganz Europa als allgemein selbstverständlich galten. Inzwischen sind in Deutschland über 40 Jahrgänge herangewachsen, von denen kein einziger aus eigener Erfahrung weiß, was Hunger wirklich bedeutet. Und so reden die eben wie der Blinde von der Farbe. Wir haben in unserer Gesellschaft eine Moral entwickelt, die das Töten menschlichen Lebens durch Abtreibung als bedingt tauglich zuläßt. In derselben Gesellschaft gibt es Splittergruppen, die dem Töten von Wildtieren ihre Zustimmung versagen. Diese vorschwätzerischen Mundwerker treten gerne als Unheilpropheten auf und schreiben die Menschheit als hoffnungslosen Fall ab. Gleichzeitig erheben sie den Anspruch, mit ihren grausigen Ideen der Menschheit Bestes zu wollen. So verrückt geht es bei uns zu."

„Eure Sorgen möchte ich haben!“ meinte Franz kopfschüttelnd und abschließend.

Der neue Tag brachte klaren Himmel mit strahlendem Sonnenschein. Die Landschaft sah geputzt aus. Franz bezog mit mir am Abend eine Kanzel an einem riesigen Weizenfeld. Ein goldgelbes Rechteck von 1000 Meter Länge und 500 Meter Breite lag wenige Meter unter unseren Füßen. Verhältnismäßig früh regten sich die Rehe, vor allem die Geißen. Im Weizen, wo sie tagsüber in ihren Betten saßen, wurden sie nun zu ihrer gewohnten Stunde hoch und zogen die Saatfurchen entlang. Ich bekam sie erst in Anblick, als, ihrer Gewohnheit folgend, beim Sichern ihre erhobenen Häupter über den Ähren sichtbar wurden.

So blieb es nicht lange. Am linken Rand des Feldes nahmen wir außer Schußweite ein Rudel Rotwild wahr. Dort zog sich ein Taleinschnitt hin, an dessen Hang ein Akazienwäldchen stand und in dessen Grund ein Bächlein murmelte. Das Rudel verschwand, kam wieder, verschwand, kam erneut. Franz hatte das aufmerksam beobachtet: „Dort müssen Sauen sein. Die stören das Rotwild nachhaltig. Wir wechseln den Hochsitz, gehen zum nächsten. Dort sind wir dem Geschehen näher.“

Franz baumte sogleich ab. Ich wollte so leise wie möglich hinterher. Wollte, denn die letzte Sprosse brach unter meinem Gewicht krachend, und der Lärm hallte weithin über das Feld. Wir verhofften beide, aber bloß kurz, denn Franz steuerte sehr zügig, ohne viel auf Geräusche zu achten, den Acker entlang der nächsten Kanzel zu. Diese stand keine 50 Meter vom Waldrand entfernt. Alles Wild, das dort auswechselte, mußte in schußgerechter Entfernung kommen. Den Platz hätten wir gleich zu Anfang wählen sollen, aber selbst ungarische Berufsjäger wissen nicht immer, wo sich die Rudel, die Rotten und die Einzelgänger gerade herumtreiben.

Das Wild auf dem Feld registrierte unseren Platzwechsel nicht, fühlte sich zumindest nicht beeinträchtigt. Da tummelten sich zwischen Waldrand und Ackermitte friedlich drei Schalenwildarten nebeneinander. Kein alltäglicher Anblick bei uns zu Hause. Ich fing zu zählen an. Ein Zwölfer mit prahlender Krone und starken Stangen, Geweihgewicht schätzungsweise achteinhalb Kilogramm. Er stand auf dem schmalen Grünstreifen am Waldsaum. Unweit davon ein Eissproßzehner, etwas schwächer, jedoch von einem Beihirsch begleitet. Zu dieser Jahreszeit pflegen manche Hirsche Männerfreundschaften! Vier Rotspießer bewegten sich im Weizen. Summa summarum allein sieben Geweihträger! Das Kahlwild hielt sich etwas abseits davon. Alttier, Schmaltier und zwei Kälber zählte ich. Und direkt vor uns schmatzten mitten im Feld auf etwa 80 bis 120 Meter zwei starke Sauen, und drei schwächere erkundeten das weitere Terrain. Zu dem uns bekannten Rehwild gesellten sich noch ein Schmalreh und eine Geiß mit zwei Bockkitzen. Alle hielten vornehmen Abstand zueinander, und Menschen nahmen sie ja keine wahr.

Die 10,5 Millionen Ungarn hatten ihre Flur nicht mit Freizeitparks aufgepeppt. Es kam mir vor wie einst in meiner Kindheit, als mich mein Vater am Rande unserer Stadt das erste Mal mitnahm, um mich in das Weidwerk einzuführen. Um kritische Wilddichten sorgte man sich damals nicht. Und die Ungarn scheinen es bis heute so zu handhaben, benutzen die Zahlen der Wilddichten eher als Orientierungsmarken.

Franz holte mich aus meinen Gedanken zurück und stupste mich an. Meinem fragenden Blick begegnete er mit der Aufforderung: „Du willst Sauen schießen. Schieß jetzt eine von den beiden Starken."

„Das sind ja starke Bachen", gab ich zurück. Franz schüttelte unwillig mit dem Kopf und wurde deutlich: „Darauf können wir keine Rücksicht nehmen." Nun, schließlich hatte er das Sagen, und die ungarische Jägerei brauchte wahrhaftig keine Nachhilfe. Der Schwarzkittel stand auf etwa 80 Meter breit. Bei ihm suchte ich mit dem Zielstachel das Blatt. Mein Schuß hallte über das Feld, die Sau setzte sich blitzschnell in Bewegung, rutschte nach wenigen Metern zu Boden, mühte sich sichtbar behindert wieder auf. Durchrepetiert. „Nachschuß!" drängte Franz. Wie die Dinge lagen, sah ich jedoch eine ungewöhnliche Chance und kümmerte mich diesmal nicht um seine Wünsche. Die Sau verschwand in Richtung Hangwald. Sie hatte einen guten Schuß, das wußte ich. Die andere Sau indes verharrte wie angewurzelt. Die Chance einer Dublette! Von der Stellung her mußte ich einen Schuß auf den Kopf riskieren. Zeit zu warten gab es nicht. Der zweite Knall rollte über das Feld, und der zweite Schwarzkittel sackte an Ort und Stelle in sich zusammen.

Sauendublette! Innerhalb von 10, vielleicht 15 Sekunden. Diana hatte es gut mit mir gemeint. Franz strahlte hochbefriedigt über das ganze Gesicht. Von der anderen Seite quer über das Feld kamen meine Jagdfreunde. Hans-Heiner R. und Marlene T., die das Geschehen nicht so genau verfolgen konnten, staunten über das, was ich ihnen berichtete, und ihr herzliches Lachen sagte alles.

Die eine Bache lag am Anschuß. Der zuerst beschossenen Bache galt nun die unverzügliche Nachsuche, obwohl uns inzwischen Düsterheit umgab. Du lieber Himmel, wie sollte das gehen? Franz hatte zwar gute Hunde, sie jedoch zu Hause gelassen und dachte nicht daran, sie jetzt zu holen. Er griff sich lediglich aus dem Jeep seine Lampe und einen längeren Strick. Dann forderte er mich zum Folgen auf. Für einen eventuellen Fangschuß. Mit der immer mehr hereinbrechenden Nacht wurde es im Scheinwerferlicht zunehmend schwieriger, die Schweißfährte zu halten. Wie dachte sich Franz das eigentlich? Unmöglich, mit dem Repetierer in diesem Dickicht ohne was zu sehen einen Fangschuß anzubringen. Genausowenig vorstellbar, eine annehmende Sau zu stoppen. In Tunesien – die Erinnerung daran tauchte blitzartig in meinem Gedächtnis auf – hatte ein Schütze einen guten Keiler zweimal ins Leben getroffen und war dennoch angenommen worden. Dem blieb nichts anderes übrig, als seine Flinte quer zu nehmen; einem fernöstlichen Schlagstockkämpfer gleich, um sich mit Hin-und-Her-Geschiebe den Keiler vom Leibe zu halten, bis dieser abließ und wegtrollte. Immerhin, das trug sich am hellen Tage zu. Doch nicht einmal das schien mir machbar. Ich sah nichts, während Franz unbeirrt zielsicher ins Stockdunkel des Waldes hinein weiterging. Im Scheinwerferkegel mußte man zusehen, wie man selbst mühsam weiterkam.

Nun ja, um einen Keiler handelte es sich nicht, und das Stück hatte einen guten Schuß, da konnte von übermächtiger Lebenskraft nicht mehr viel geblieben sein. Franz hielt alle paar Schritte kurz inne und lauschte. Er hörte die Bache blasen. Endlich vernahm auch ich es. Schnell erfaßte er, wo sie sich ins Wundbett geschoben hatte, und kurz darauf leuchtete sie der Scheinwerferkegel voll an. Mein nun möglicher Fangschuß verkündete das Ende der Nachsuche.

Franz meinte: „Es ist besser, wir holen Hans-Heiner. Zu dritt bringen wir sie leichter hinaus." Drehte sich um, zückte sein Messer und kerbte auf dem Rückweg die Baumrinde der Akazien, um den Weg leichter zu finden. Wahrhaftig, der Mann braucht seine Hunde nicht, der weiß, was er finden kann und findet sein Wild. Mir peitschte im Dunkeln das Geäst ins Gesicht, und er fand mit schlafwandlerischer Unbeirrbarkeit und Unbekümmertheit den Weg. Hans-Heiner wartete schon ungeduldig darauf, helfen zu können. Marlene T. drückte ich mein Gewehr in die Hand, und zurück ging es, hinein in den verfilzten Unterwuchs. Keine der von Franzens Hand markierten Stellen konnte ich erkennen. Er schon! Seine Routine erheischte Respekt, denn es ging ohne jeglichen Widergang direkt zur Sau. Franz legte ihr eine Schlinge hinter die Teller. Ungeniert spannte er sich selbst dann ein. Dabei legte er sich den Strick, der in der Mitte einen Lederlappen trug, vor die Brust. Hans-Heiner griff den einen Hamer, ich den anderen, und Franz zog wie ein Pferd im Geschirr den Schwarzkittel aus dem Gebüsch.

Unverzüglich wurde die andere Bache beigeholt, der Rest war Routine. Am Firmament strahlten die Sterne. Sie erinnerten mich an einen anderen Abend, daheim, als ich meinem Forstbeamten unverhofft einen Überläufer ablieferte. Damals stieg aus einem einsamen Landschaftstrichter des Pfälzer Waldes das „Sau tot" majestätisch in den Nachthimmel. Der begeisterte Sohn des Hauses hatte es sich nicht nehmen lassen. Klar, soweit gingen die Ungarn nicht. Dafür stellte die Nachsuche an diesem Jagdtag selbst die Sauendublette in den Schatten. Die Könnerschaft des Waldläufers mußte man erlebt haben. Er verstand das Weidwerk als Handwerk und beherrschte es perfekt. Beide Sauen hatten aufgebrochen fast das gleiche Gewicht, die eine 66, die andere 67 Kilogramm.

In der Jagdhütte zog sich der Abend lange hin. Immer wieder hieß es „Doktor-Bácsi, Weidmannsheil!" (Bácsi heißt zu deutsch Onkel und versteht sich – übrigens auch in Österreich – als liebevolle, achtende Anrede.) Wer als Gast im Sinne der Ungarn handelt, kann rasch zu ihren Herzen vordringen. Sie hegen den Deutschen gegenüber keine Vorbehalte.

Der letzte Tag fand mich in der Nähe unserer Jagdhütte in aller Herrgottsfrühe auf einer Kanzel. Als ich die Leiter hochstieg, schimpfte aus dem Wald mit „Gock, gock" ein Fasanhahn, der sich auf seinem Schlafbaum gestört fühlte.

Kaum senkten sich die ersten hellwarmen Sonnenstrahlen über die Baumwipfel auf die Wiesen, standen vier Rehe im Gras. Am hungrigsten zeigte sich eine Geiß mit ihren zwei Kitzen. Kein Wunder! Kurz darauf stand auch ein Bock auf den Läufen, und alsbald gesellten sich noch zwei weitere Rehe hinzu. Der Augenschein überzeugte unmittelbar: Hier fand das Rehwild seine Deckung, seine Äsung und jene Ruhe, die es für die Kinderstube in der Natur braucht. Ein Anblick, der uns zu Hause kaum noch oder jedenfalls nur sehr selten gegönnt ist. Ja, unsere Erkundungsfahrt hatte sich in jeder Hinsicht gelohnt.

Im übrigen bot sich Ungarn durchaus für einen erweiterten kombinierten Urlaub an. Meine Absicht, das extraschwere Einzelstück einer Abwurfstange für einen Leuchter zu erstehen, hatte uns nebenbei nach Budapest geführt. Großstadtleben. Wie überall, und doch etwas anders. Die Läden sahen wir bereits mit Lebensmitteln und Konsumgütern aller Art geradezu „westlich“ gefüllt. Lang entbehrte Südfrüchte gab es in den Geschäften. Budapest, das bedeutete jedoch mehr als das. Über dieser „Weltstadt der Badekultur“ lag auch ein Hauch seiner heilkräftigen Quellen. Seit der Römerzeit wurden diese Wasser geschätzt und genutzt. Sollte ich nicht den nächsten Jagdurlaub in Ungarn mit einer Familienbadekur verbinden? Die Menschen und das Land locken zur Wiederkehr. Auf welche Gedanken man bei der Jagd doch kommen kann…

Weil ich mich für einen Sommergams entschied, blieb mir solch phantastischer Anblick versagt. Und auch ein ordentlicher Wachler! (Seite 78)

1987

Keiler in der Mancha

Will einer auf Schwarzwild jagen und schätzt starke Keiler, denkt er da etwa an Spanien? Sie sind jedoch dort genauso zu Hause wie in Osteuropa; körperlich nicht ganz so wuchtig. Die hochsommerlichen Temperaturen, 40 Grad und teilweise mehr erreichend, belasten, nicht anders als bei uns auch, Herz und Kreislauf der Wildschweine, wobei starke Schichten Weiß isolierend wirken. Zentralspanien ist ein gebirgiges Land und kennt winterliche Kälteperioden. Diese lassen sich jedoch nicht mit jenen des östlichen Kontinentalklimas vergleichen. Das Wild hat sich dem lokalen Klima angepaßt, und weil die Keiler dort alt werden können, sind sie auch kapital. Das hat seinen Reiz.

In diesem Land, wo die Sonne den Boden ausdörrt, die Erde knochenhart wird, bis sie zerspringt und Risse sie durchziehen, in dem bis in den Oktober hinein hochsommerliche Temperaturen selbstverständlich sind und die Sterne sich anschicken, am Nachthimmel einen glitzernden Teppich auszubreiten, dort die Brunfttage der Hirsche mit dem Weidwerken auf alte Keiler zu verbinden, bedeutet Jagen der Extraklasse. Ein Revier in der Mancha, in den Bergen von Toledo, beeindruckte mich vor Jahren besonders. 1982 und 1989 durfte ich dort die Hirschbrunft erleben, wie es sonst nur in Ausnahmerevieren des Ostens

Oben: Ein Keiler aus dem Pfälzer Wald – Rhodter Hinterwald.

Unten: Jägersenior Josef K. vor der Hagelhütte in der Hinterriß, in der uns der Pfälzer Wein so gut mundete wie kaum einmal zu Hause. (Seite 100)

möglich ist. Nun zog es mich erneut dorthin, allerdings mit stärkerem Interesse am Schwarzwild.

Keine Frage, „Jagdtourismus" ist legitimes Weidwerk! Aus der Perspektive des Gastgebers und seiner ökonomischen Grundkalkulation dieses Wirtschaftszweiges stellt das eine „nachhaltige Nutzung wildlebender Tiere" dar. So gesehen, gibt es keinen Unterschied zwischen dem ausländischen oder einheimischen Gastjäger. In Spanien denkt man nicht im entferntesten daran, den Jagdtourismus als Auswuchs deutscher Wohlstandsgesellschaft zu betrachten.

Wie im Wirtschaftsleben üblich, stehen Leistung und Gegenleistung nach dem beherrschenden Grundsatz von Angebot und Nachfrage einander gegenüber. In Spanien ist das Jagdrecht, wie in Deutschland und Österreich, an den Besitz von Grund und Boden gebunden. Dieses geldwerte Vermögensrecht wahrzunehmen, steht in der Freiheit des Grundbesitzers.

So die eine Sicht. Vom Gastjäger aus umfaßt sie nicht alles. Ihm, dem Wanderer in fremden Revieren, bedeutet das unbekannte Flair kaum weniger. Selbst ein bekanntes Revier bietet in Jahresabständen überraschend Neues und weckt die unstillbare Neugierde in uns. Hinzu kam dieses Mal das sich abzeichnende Ende einer politischen Ära. Der sterbende Marxismus des Ostens hat seine Todeskeime bis in die sozialistischen Bastionen des Westens ausgestreut und dort bis in breite Bevölkerungskreise Neuorientierungen ausgelöst. Seit 1991 war in Spanien der wirtschaftliche Boom erlahmt. Selbst die Olympischen Spiele in Barcelona und die Weltausstellung in Sevilla im Jahre 1992 vermochten die Wirtschaft nicht wieder nachhaltig zu beleben. Dieses Land steht heute vor einer Arbeitslosenquote von 22%. Nie zuvor gab es in Spanien mehr Jugendliche und jemals weniger Arbeit für sie. Unter solchen Umständen können spontan schlummernde kriminelle Energien freigesetzt werden. Mein Ziel, das Revier El Sauceral, hatte das unverhofft und drastisch zu spüren bekommen. El Sauceral ist ein Revier, das wegen seines Artenreichtums an Tieren und Pflanzen auf der Iberischen Halbinsel seinesgleichen kaum hat, von Spaniens berühmtestem Nationalpark Coto de Donana in Las Marisma, Andalusien, einmal abgesehen. Allein das interessiert, wenn es kriselt, wenig. Als ich die letzten organisatorischen Formalitäten telefonisch abklären wollte, hörte ich Ungewohntes. Die Familie Liesau hatte auf ihrem Besitz im August 1994 einen Waldbrand, der etwa 7000 bis 8000 Hektar Monte, etwa ein Drittel der gesamten Revierfläche, vernichtete. Brandstiftung konnte nicht ausgeschlossen werden.

Sollte ich absagen? Ach was, größere Wildverluste gab es dabei nicht, und so blieb ich bei meiner Absicht. Die zwangsläufige Verdichtung des Wildes in den restlichen Revierteilen erhöhte vielleicht sogar die Chancen der Keilerjagd, und die Hirsche röhrten allemal.

Frisch, als wäre es erst gestern gewesen, standen die Ereignisse der Brunft von 1989 vor meinem geistigen Auge. Damals hatte mein Jagdfreund Walter Sch. die beste Trophäe von uns allen mit nach Hause gebracht: einen Videofilm! Mit seiner Videokamera fing er an einem Wildacker die „Sultane" ein. Der ungestüme Platzhirsch trieb sein Rudel durch Heidekraut und Besenginster, jagte es hinaus auf die Freifläche, fand Zeit, sich Rivalen zuzuwenden und die Beihirsche mit einem Andeuten des Sprengens fluchtartig zu vertreiben. Seine Gesten genügten. Zum Entscheidungskampf ließ es kein anderer Geweihter kommen. Gelegentlich wurde der Platzhirsch leicht aus dem Konzept gebracht. Doch nur kurz, dann ging alles von neuem los. Das Rudel verschwand, der Hirsch hinterher, und plötzlich dröhnte, übermächtig laut, die majestätisch gewaltige Stimme aus unmittelbarer Nähe ans Ohr. Walter Sch., mit seiner Videokamera längst schußfertig, bekam Jagdfieber, und dann passierte es. Hoch erregt, schnellte der Hirsch mit einer Riesenflucht aus dem Jarrahgestrüpp, stand vier Meter vor der Kamera und donnerte einen unvergeßlich wilden Sprengruf in das Mikrofon, wobei der Atemnebel des Orgeltons Walter Sch. in die Nase fuhr. Der Testosterondruck des Kapitalen mußte gewaltig sein. Walter Sch. hat eine Szene bildlich gebannt, die jedes Weidmannsheil mit der Büchse in den Schatten stellt.

Hirsche gab es genug, Erlebnisse waren garantiert. Freilich, ein Platzhirsch in seiner Brunftbenommenheit ist ein Naivling gegenüber einem gewieften Keiler. Nach wie vor gilt der Erfahrungssatz: Keiler kann man nicht erzwingen. Immer gibt es bei ihnen einen Unsicherheitsfaktor; um so größer, je älter und mißtrauischer die Keiler. Meine Entscheidung stand fest. Dort wollte ich wieder jagen, in einer vom Tourismus gänzlich unberührten Landschaft.

Leider konnte ich den Seniorjagdherrn nicht wieder begrüßen; er war inzwischen in die ewigen Jagdgründe hinübergewechselt. Die nächste Generation hat mit Tatkraft und Schwung das Erbe in seinem Sinne übernommen. An der Spitzenqualität des Reviers änderte sich nichts, der Waldbrand allerdings stellte sie vor eine Aufgabe, die sich infolge ihrer ungewohnten Einmaligkeit einfach nicht überschauen ließ. Die Bergweltwildnis der Monte bestimmte die Faszination der Landschaft, und diese war auf der Brandfläche verschwunden. Dort zeigte sich das Revier nackt, leer; ein harter Kontrast.

„Unser Rotwild hat sich, wie das Muffelwild auch, stärker als vorher um die Wildäcker zusammengezogen. Die Sauen wechseln in der Brandzone an die Kirrautomaten nur bei Nacht und verlassen diese lange, lange vor dem ersten Morgenlicht“, informierte mich Paco, der Älteste, und fuhr fort: „Den Rotwildbestand schätzen wir zurzeit auf etwa

700 Stück, und wir haben nicht nur einen, wir haben etliche gute Keiler."

Als ich 1982 das erste Mal hier jagte, sprach Liesau senior von rund 600 Stück Rotwild. Was also den Bestand an Hirschen betraf, hat sich dieser gewiß nicht verschlechtert. Änderungen anderer Art ergaben sich aber geradezu zwangsläufig. Man spürte in der Finca Liesau die engagierten und ordnenden Hände von Frau Liesau und Tochter Cori. Im Mittelpunkt der Finca, im Trophäen-Hexagon, hatte der mächtige Grizzly des Vaters, erlegt im Jahre 1970, seinen Platz gefunden. Die Geweihe hochkapitaler Ungarnhirsche schmückten die Kaminwände, und stilgerecht in der Mitte hing ein riesiger Kronleuchter, aus acht starken Abwurfstangen sibirischer Marale gefertigt. Ein edles Stück jagdlichen Kunsthandwerks. Immerhin richtete vor einigen Jahren selbst da ein Hausbrand beachtliche Schäden an und vernichtete zahlreiche Trophäen. Alle Menschen hier sind sich der Brandgefahr und ebenso der Wasserarmut durchaus bewußt.

Einen spanischen Sommer kennzeichnet nicht nur die Hitze, er währt auch lange. Und im Winterhalbjahr? In den Bergen gibt es Frost, und manchmal fällt in Höhen von 800 bis 1100 Metern Schnee. In den Häusern wird es spürbar kalt. Die üblichen offenen Kamine im Inneren heizen die Räume nicht; sie blasen die Wärme bloß durch den Kamin davon. Jeder Versuch, mit einer kräftigen Glut entgegenzuwirken, erhöht das Risiko. Brennt es erst einmal, sind die Leute ziemlich rasch hilflos. Die Wassermenge im Löschteich, meist handelt es sich eher um kleine Zierbecken auf der Terrasse, reicht nur für die ersten wenigen Minuten der Brandbekämpfung. Ob alles der Feuerteufel mitnimmt oder ob man mit ihm fertig wird, entscheidet sich innerhalb einiger Minuten.

Familie Liesau zog daraus ihre Lehre; mit Erfolg, wie sich

überraschend schnell zeigte. Sohn Christian hatte für seine Familie mitten im Revier einen geschmackvollen, nagelneuen Bungalow errichtet, den er in der technischen Ausstattung autark gestaltete, von der eigenen Wasserquelle, die einen zum Schwimmbecken umfunktionierten Löschteich füllte, bis zur kombinierten Solarzellen- und Fußbodenheizung und einem in den Felsen gesprengten Hauskeller. Gerade über diesen Bungalow raste die Feuerwalze hinweg, genauer, an ihm vorbei. Der Bau hatte mit einem Radius von etwa 100 Metern ringsherum eine Abstandsfläche, auf der es nichts Brennbares gab. Mit seinem Wasser konnte Christian den Boden an der heranrollenden Flammenfront feucht halten und die Feuerwalze stoppen. Das Haus mit seinem überragenden technischen Standard in Valdelaosa, dem Tal der Bären, in herrschaftlicher Einsamkeit der Berge von Toledo, wurde vom Flammenmeer ausgespart.

Frau Sitta Liesau teilte mir für den ersten Abend ihren bewährten Jagdführer Gregorio zu. Das Wiedersehen war spontan herzlich, hatten wir doch schon 1989 mit Erfolg im Canto Menudo gejagt. Canto Menudo, zu deutsch „kleine Steine", war Jägerhütte und Areal zugleich. Dieser Platz prägte sich mir bereits beim ersten Besuch unauslöschlich ein. Wer wird schon in aller Herrgottsfrühe durch das offene Fenster herein von einem gewaltigen Brunftschrei geweckt? Wir Jäger saßen alle aufrecht in den Betten! Unvergeßlich!

Dahin zog es mich wieder mit Gewalt. 1982 verbrachten wir dort gleich die erste Nacht. Indes, das Erlebte blieb unwiederholbar, denn Paco hatte diese Jagdhütte abgerissen und den Ort in eine Baustelle verwandelt. Nach dem Modell seines Bruders stand er im Begriff, an jener Stelle seinen eigenen Herrensitz zu errichten. Moderne Fluchtburgen aus dem Trubel von Madrid! Der Jagd taten die baulichen

Aktivitäten keinerlei Abbruch. Jagdlich war Canto Menudo einer der besten Plätze im Revier. Rot- und Schwarzwild teilten sich ihren Lebensraum friedlich. Wie ich vermutet hatte, trat tatsächlich eine Verdichtung des Wildes ein. Die Gewohnheit des Rotwildes, sich zur Brunftzeit an bestimmten Plätzen, den Brunftplätzen, zusammenzufinden und der Ausfall von einem Drittel seines früheren Bewegungsraumes schufen eine nicht alltägliche Situation. Auf wenigen hundert Metern standen die verschiedenen „Sultane" mit ihren Rudeln einander gegenüber und verkündeten ohne Unterlaß röhrend ihre Ansprüche.

Wir fuhren mit unseren Landrovern mitten durch das lebhafte Geschehen und mußten überrascht feststellen, daß die Hirsche von uns kaum Notiz nahmen. Über 14 Tage herrschte bereits voller Brunftbetrieb und noch zeichnete sich kein Nachlassen ab. Das kraftstrotzende Orgeln der Platzherren empfand ich wie eine Begrüßung. Nur wenn wir ihnen allzu nahe kamen, setzten sie sich mit einigen wenigen, fast müde wirkenden Fluchten seitlich ab.

Es dauerte nicht lange, und der Landrover wurde geparkt. Gregorio steuerte einen Bodenschirm an. Das ging gar nicht so leicht, bewegten wir uns doch mitten im Rotwild, fast wie Wanderer auf der Alm durch eine Kuhherde. Die Leittiere schenkten uns keine besondere Aufmerksamkeit, und die Hirsche trieb ihre Hormonpeitsche herum, also blieb wenig Zeit für den zweibeinigen Störenfried.

Am Himmel jagten kräftige Windstöße aus Südwesten die Wolkenfetzen vor sich her und rissen gelegentlich blaue Lücken auf. Am Boden mußte der Wind küseln. Es schien geradezu unvermeidbar, daß uns irgendwann einmal ein Stück in den Wind bekam. Ob dessen Verhalten dann Signalwirkung auslöste? Vor uns und rechts und links überall Rotwild. Wir lavierten uns durch, nutzten jede Deckung, auch die schlechte der Stockausschläge von

Steineichen, die alten Fliederbüschen ähnelten, verbargen uns hinter „Matrono“, den Erdbeerbäumen, und hohem Besenginster.

Ein junges Hirscherl, an der Brunft sichtlich unbeteiligt, plagte der Hunger. Fast 10 Minuten lang hatte es seinen Grind am Boden, ohne auch nur einmal aufzuwerfen, und ließ uns bis auf wenige Meter herankommen. Endlich nahm uns der Hirsch wahr, erschrak, federte mit einem blitzartigen Schnellstart hochflüchtig weg und beruhigte sich alsbald wieder. Drollig anzusehen! Ein anderer Hirsch stand auf größere Entfernung im Jarrahgestrüpp, ruhig wie ein Denkmal. Nur Haupt und Geweih folgten neugierig unserer Vorbeipirsch. Nicht genug damit. Die verschiedenen Kahlwildrudel wechselten durcheinander, vereinigten sich wieder und ignorierten uns völlig. Die einzelnen „Machos“ beobachteten das Treiben und röhrten einander an. Jeder auf seine Weise. Der eine stand unverwandt, wendete lediglich das Haupt, hob es beim Röhren. Ein anderer Hirsch, etwas unruhiger, vertrat sich auf seinem Platz die Läufe. Ein weiterer saß im Bett und schrie von da aus in größeren Abständen, ohne daran zu denken hochzuwerden. Ein vierter zog laut meldend auf die Stimmen der anderen drei zu. Ja, der sichtbar stärkste von allen kümmerte sich ganz und gar nicht um das Geröhre. Er hatte nur ein starkes Alttier mit einem Schmaltier vor sich, hing an deren Feuchblättern und zog unbeirrt hinter diesen beiden her, mochten alle anderen schreien, soviel sie wollten.

All das spielte sich auf kleinem Raum ab. Die Wilddichte erinnerte mehr an ein Wildgehege als an die freie Natur. Schließlich erreichten wir den Schirm und richteten uns ein. Wie immer galt der erste Abend der Orientierung, der Beobachtung, der Einstimmung. Den Steyr-Mannlicher-Repetierer hatte ich an die Deckung gelehnt. Höchstens für den Fall der Fälle, daß ein Keiler in Anblick kam, wollte ich eine Ausnahme machen.

Wenige Tage vor meinem Eintreffen hatte es stärker geregnet. In Spanien verändert das sofort die Landschaft; jeder Tropfen Wasser belebt die Natur, läßt das fahle Gelb der ausgetrockneten Erde verschwinden. Die freien Flächen und Hänge überzog jetzt ein Hauch von Grün. Vor uns, vielleicht auf 50 oder 60 Meter,ästen mehr als 30 Stück Kahlwild. Dazu drei schwache Beihirsche, die stumm blieben. Wo war der Platzhirsch? Vielleicht zu müde? Hinter uns, teilweise verborgen im Tal, ging es lebhafter zu. Mindestens zwei Rudel, insgesamt etwa 20 Stück Rotwild, standen dort, und zwei starke Hirsche, die einander zwar ununterbrochen anschrien; jedoch zeigten sie keinerlei Interesse an einer Auseinandersetzung und blieben gegenseitig auf Abstand. Der stärkere schien sein Rudel herauszusortieren. So etwas konnte ich noch nie beobachten.

Ein böiger Windstoß fuhr ebenso heftig wie anhaltend durch das mannshohe, undurchdringliche Gestrüpp von Christrosen und Rosmarin. Wie auf Kommando richteten sich plötzlich die Häupter allen Rotwildes direkt auf uns. Unsere gute Deckung schützte natürlich nicht vor dem Wind. Prompt kam der nächste Windstoß. Ein einziger bellender Laut des Leittieres genügte, und im Nu hatte es alle mit in die Senke genommen und unseren Blicken entzogen. Welch krasser Wechsel! Plötzlich saßen wir einer leeren Bühne gegenüber. Nein, nicht ganz. Wie hingezaubert stand er allein mitten auf dem Acker. Er, ein uriger Basse. Keiler kontra Hirschrudel? Wohl kaum. Man hatte sich längst aneinander gewöhnt. Klassisch in Statur und Haltung, stand vor uns unverkennbar ein grobes Schwein. Der zigmal erträumte Augenblick. Blitzschnell fiel meine Entscheidung. Während ich vorsichtig nach dem Repetierer langte, reckte der alte Basse seinen Wurf in den Himmel, wendete prompt und tauchte so schnell wie gekommen im Besenginster unter. Der Wind meinte es wahrhaftig nicht gut mit uns; wir gaben auf.

Beim Heimweg machte mich Gregorio auf kleine Steinpyramiden aufmerksam. Ich wußte damit nichts anzufangen, bis er mich aufklärte. Sie dienen dem Ankirren der Sauen. Es genügt, einige Maiskörner zwischen die Steine zu streuen. Den Jägern bringt das zwei Vorteile: Zum einen müssen die Sauen erst einmal die Felsbrocken wegschubsen, und das räumt Zeit genug ein, sie studieren zu können. Zum anderen kann man aus der Ferne mit dem Glas gut kontrollieren, ob sich Sauen an den Pyramiden zu schaffen machten, ein Ansitz sich lohnen könnte. Überall entwickeln die Jäger aus den örtlichen Bedingungen heraus ihre besonderen Kniffe und Tricks und verstehen es auch, diese meisterlich zu handhaben.

Das Kamingespräch am Abend drehte sich einzig und allein um den Waldbrand vom 20. August 1994. Frau Liesau berichtete: „Sie kennen unser Revier. Es ist langgestreckt und von der Geographie her leicht in drei Teile zu gliedern. Der mittlere Teil, das Tal der Bären, wurde fast vollständig verbrannt. Das Feuer nahm ganz oben, auf der Höhe eines Bergkammes, in einer Pinienaufforstung seinen Ausgang. Glühend heiß war der Tag, und ein starker Wind wehte aus Westen. Die Feuerwalze raste irrsinnig schnell den Berg herunter, durch das Tal, züngelte an den Seitenhängen hoch, übersprang jeden Weg und jede Brandschneise, schoß noch an der wie ein Sperriegel das Tal abgrenzenden Bergwand hoch und überfiel sogar die Kuppe zum Nachbarn hin. Meine beiden Söhne befanden sich im Revier. Christian verteidigte sein neues Haus, das mitten im Feuer lag, aus seinem Löschwasserreservoir. Ein Segen, daß das Feuer rund um das Haus nichts Brennbares fand. Ungefährlich war das nicht. Paco weilte im anderen Tal, konnte aber wegen des Brandes nicht durch die Flammen zu Christian vordringen. Mit Walkie-talkies verständigten sich die Brüder untereinander. Erst nach Stunden erreichten wir beim Staat, daß er uns mit zwei Flugzeugen und einem Hubschrauber bei den Löscharbeiten unterstützte. Diese Aktionen konzentrierten sich ausschließlich auf die Pinien. Für uns bedeutete das keine große Hilfe."

„Und wie entstand das Feuer? Etwa durch Brandstiftung?"

„Beweisen können wir nichts, nehmen aber Brandstiftung an. Vermutlich handelte es sich um einen persönlichen Racheakt. Man schätzt, daß in diesem Jahr in ganz Spanien 360.000 Hektar Wald und Busch durch Brand vernichtet wurden und nimmt an, daß 95% der Brände gelegt worden sind. Das deprimiert sehr. Selbst wenn man einen solchen Zündler einmal faßt, wird er kaum groß bestraft. Das Gesetz betrachtet den Terror gegen die Natur als ein leichtes Vergehen. Außerdem interessiert die Politiker das Thema kaum und so wird auch nur wenig zur Vorbeugung unternommen. Was unter Franco aufgeforstet wurde, wird so langsam wieder verwüstet. Bald werden wir Nordafrika gleichen."

Das Gesagte klang glaubwürdig, ein resignierender Schwanengesang auf untergehende Werte, vielleicht auch ein leiser Protest gegen die rücksichtslose Stadtgesellschaft. Ich hatte Schwierigkeiten, solch wenig einsichtiges Verhalten der Offiziellen zu verstehen.

„Warum verhält sich die Verwaltung so gleichgültig?"

„Ach, da gibt es Grotesken, die Außenstehende kaum verstehen können. Als beispielsweise in Katalonien ein Waldbrand sich auf Barcelona zufraß, wurde von der zentralen Regierung aus Madrid Hilfe angeboten. Barcelona lehnte ab. Lieber ließ man es brennen. Die absolute Eigenständigkeit wird in diesem Land derart als Selbstzweck empfunden, daß selbst in Fällen extremster Notlage dieses Gehabe vernünftiges Handeln auszuschalten vermag."

„Das ist ja hirnrissig", entfuhr es mir.

„Hier hält man das für normal! Zur gleichen Zeit, als man sich in Katalonien zu stolz zeigte, zentrale Hilfe anzunehmen, herrschte im südwestlichen Teil Spaniens Wassernot. In der Mitte Spaniens haben wir jedoch infolge der zahlreichen Staustufen absolut ausreichend Wasser. Dieses fließt sowieso, wenn auch geregelt, in diesen Landstrich ab. Nur war es halt nicht genug. Die Bitte um Hilfe, also um mehr Wasser, lehnte der Gouverneur der Mitte ab. Er weigerte sich, aus seinen reichlichst gefüllten Staustufen Wasser abzugeben. Die Madrider Zentralregierung mußte ihn erst dazu zwingen. In Spanien will jeder sein eigener Herr sein und ist stolz darauf, es zu sein. Kaum jemand denkt daran, sich einmal, und sei es bloß einer allgemein guten Sache zuliebe, einer Sache, die man nur in Gemeinschaft ausführen kann, irgendwie ein- oder gar unterzuordnen. Die Hilfsbereitschaft für den Nächsten ist ziemlich gering. Das spanische Ego hat das christliche Wort ‚Liebe deinen Nächsten' in die Kirchen und Kathedralen zurückgedrängt und dort eingesperrt."

Mit bitterer Sachlichkeit wurde dies festgestellt. Frau Liesau schickte sich ins Unvermeidliche.

„Wenn wir Glück haben, wird es im Herbst reichlich regnen. Da könnte die Monte neue Luft schöpfen. Es wachsen hier verschiedene Heidearten, wie Erikaheide, Lavendelheide, Glockenheide, der Besenginster, Jarrahstauden. Alle diese Mittelmeerbüsche sind zu Stockausschlägen fähig. Vielleicht, wenn es reichlich Wasser gibt, legt sich nächstes Jahr viel neues Grün über die verbrannte Erde. Probleme verbleiben für unser Wild mit der Natur. Verbrannte Eichen tragen keine Früchte. Dieser Ausfall an Eicheln bedeutet für uns verstärktes Füttern und stärkeren

Abschuß. Na, wir werden sehen, wie wir damit zu Rande kommen."

„Das möchte ich mir recht ausgiebig ansehen, denn man lernt so etwas nicht alle Tage kennen", gab ich zur Antwort. Mit einem gedanklichen Brückenschlag setzte ich das Thema kontrastierend fort: „Hier ist das Flammenmeer eines Waldbrandes in jedem Fall eine Katastrophe. An manchen Plätzen Afrikas hingegen wird Buschfeuer bewußt gelegt und angefacht, um zu jagen."

Ein etwas ratloser Blick traf mich, und dann kam leicht schüchtern die Frage: „Woher wissen Sie das?"

„Von einem Bischof aus dem ehemaligen Togo. Er nahm bei uns in der Pfalz an einer Hubertusmesse teil und erzählte uns das. Ihn beeindruckte unsere Hubertusmesse derart, daß er versprach, diese Form, so gut er konnte, mit nach Afrika zu nehmen. Die jungen afrikanischen Jäger wollte er damit vertraut machen."

Frau Liesau lachte erheitert: „Das nenne ich Export mitteleuropäischen Brauchtums über kirchliche Wege nach Westafrika..."

Neugierig geworden, setzte sie nach: „Und wie jagt man mit Hilfe des Buschfeuers?"

„Das Feuer macht die Tiere hoch. Sie fliehen davor und werden an einer geeigneten Stelle erwartet. Wo es keine Vegetation gibt, erlischt das Feuer von selbst. Hat man es geschafft, einen Büffel oder Panther zu töten, ist die Jagd zu Ende. Man schleppt die Beute ins Dorf, hängt sie an einem Pfahl oder Baum auf. Dann wird eine Gerichtsverhandlung abgehalten..."

„Wie bitte?"

„Ja, die Dorfältesten befragen Büffel oder Panther, ob er jemals einen Menschen tötete. Bejaht er das, wird er nicht gegessen, sondern sofort vergraben. So sagte der Bischof."

„Wie erkennt man aber, ob der tote Panther bejahte?"

„Das weiß ich auch nicht, und der Priester verriet es nicht."

„Was solche Rituale unserem Verstand alles zumuten. Gut, daß wir sie nicht alle kennen", lachte Frau Liesau.

Der Morgen versteckte sich noch im Übergang von der Nacht zum Tag; grau, feucht und etwas kühl. Gregorio, der chauffierte, trug Handschuhe. Mir reichte es, das Kurzärmelhemd mit einem Langärmelhemd zu tauschen. Nebel lag auf dem Boden. Zu Hause hätte ich auf einen Schlechtwettertag geschworen, hier ließ ich mich überraschen. Langsam kletterte im Osten blaß die Sonne über den Bergkamm. Sie entfaltete rasch ihre Kraft und löste die Wolken auf. Bald umgab uns ein Tag – wie am Mittelmeer gewohnt – strahlender Bläue.

Wiederum mußte ich mich erst an das mir ungewohnte Waldbild gewöhnen. Zu Hause stehen die Bäume hoch und eng beisammen. Der Wald wirkt geschlossen und dunkel. Hier, in der Monte Zentralspaniens, stehen die Bäume locker auseinander und werden nur an besonders feuchten Stellen hochwüchsig. Eichen herrschen vor. Die wenig attraktive Korkeiche findet sich neben der Steineiche. Mit deren Neigung zu buschigem Stockausschlag. Dazu ein Sträucherunterwuchs, aus dem die Gruppen des Erdbeerbaumes und hochwüchsige Besenheide herausragen. Die Haupttriebe der Besenheide verholzen mit der Zeit und verfärben sich schwarz. Bei genauerer Betrachtung dämmerte es mir, daß diese Art von Laubwald wahrscheinlich die widerstandsfähigste gegen einen Waldbrand sein dürfte. Die im Laub steckende Feuchtigkeit wirkt dämpfend, im Gegensatz zu den ätherischen Ölen in den Nadeln der Koniferen.

Gregorio steuerte den Landrover zunächst durch die Brandfläche, um mir die verheerende Wirkung des Feuers zu zeigen. An der Grenze von verbrannter Erde zum Jarrahgestrüpp parkte er. Die Flammen hatten den Unterwuchs gänzlich vernichtet. Kahl der Boden, die Erde schwarz, die Steine schwarz verschmiert. Vereinzelt ragten verkohlte Stengel der Erdbeerbäume wie geborstene Spreißel in die Luft. Dazwischen schwarze Zeigefinger als kläglicher Rest der Besenheide. An den feuchteren Stellen, dort, wo die Eichen standen, versengte die Hitze am Altholz zwar das Blattwerk der unteren Stammpartien, erfaßte jedoch nicht die Gipfelblätter. Besonders die hochwüchsige Steineiche, so sie im Kern eines Holzgebietes stand, wurde nicht ganz so in Mitleidenschaft gezogen. Von allen Jungeichen verblieben indes nur tote Stämme. Weit ließen sich die Hänge einsehen, und auf dem mit Ruß eingefärbten Boden zeichneten sich Bilder moderner Grafik ab. Irreguläre Vielecke, entstanden aus jahrzehntelang benutzen Wechseln, die um die verschiedenen Strauchgruppen führten, hatten ein tapetenartiges Rautenmuster über den Grund gelegt. Deutlich hoben sich die Hauptwechsel zu den Futterautomaten ab. Mühelos konnte die Phantasie nachvollziehen, welche Geborgenheit die Dickung der Sträucher dem Wild hier einstens bot. Das Tapetenmuster zeigte, daß es in der Monte viel Leben gegeben haben mußte. Wir pirschten dem verschont gebliebenen letzten Winkel des Tals der Bären zu. Die Begleitmusik des Brunftkonzerts der Hirsche, das in voller Intensität weiterging, klang gut in unseren Ohren, lenkte uns aber nicht ab. Ein besonders wütender Schrei ließ uns einmal innehalten und beobachten. Gerade vor uns zog nach Stimme und Gebaren ein „Sultan“ vom Berg herunter. Unsere Windfahne mußte bald seinen Windfang kitzeln. Dann würde er ausweichen, wir brauchten also mit ihm nicht mehr zu rechnen.

Gregorio stand plötzlich wie angewurzelt, starrte in das Heidekraut am Hang und signalisierte mit beiden Händen, wo sich dort etwas bewegte. „Jabalí“, rief er mir zum besseren Verständnis zu. Die Spanier sprechen das „Chabalí“ aus. Allein bis zum „Chabalí“ war ich mit meinen wenigen Brocken Spanisch noch nicht vorgedrungen. Ich verstand nicht, was er meinte und wußte auch nicht, daß das Wildschwein hieß. Verflixt! Sosehr ich mich anstrengte, ich sah einfach nichts. Und immer wieder zeigte mir Gregorio mit seinen Händen in der Landschaft, wo das „Chabalí“ sich gerade hinbewegte. Er sah es ganz genau – und ich sah nichts. Dazu röhrte der „Sultan“ vom Hang unverdrossen, und die näher kommende Stimme verriet, daß er uns schlicht ignorierte. Doch der „Sultan“ interessierte nicht, es ging um „Chabalí“! Und das bewegte sich weiter.

Gregorio gab es schließlich auf, weil er sah, daß ich ihn nicht verstand. Der Hirsch röhrte noch immer, und das deutlich näher. Kein Zweifel, er zog direkt auf uns zu, bei absolut schlechtem Wind! Zornig seine Stimme, wütend, tief, aber nicht explosiv unbeherrscht. Irgendwann mußte er uns in den Wind bekommen und dann würde er sich genauso verdrücken wie das „Chabalí“ es getan hatte. Na, um 9 Uhr vormittags war es auch an der Zeit, zur Finca zurückzukehren. Ein deutliches Ästebrechen durchkreuzte meine Gedanken. Der „Sultan“ stand knappe 60 Meter direkt vor mir, kümmerte sich keinen Deut um den schlechten Wind und zog jetzt unverdrossen weiterhin auf

Kein Kapitalbock, kein Knopfer, keine sich um ihr Kitz sorgende Geiß stand im Bienwald auf das Fiepen zu … (Seite 132)

mich zu. Gregorio wurde schon wieder aufgeregt, signalisierte, der Hirsch sei gut, ich solle schießen.

Was tun? Mir stand der Sinn noch immer nach einem Keiler. Allein, was sollte es. Jagen bedeutet ja unter anderem, selbst unverhoffte Gelegenheiten zu nutzen. So ging ich erst einmal in die Hocke und richtete mich, zögernd und abwartend. Der Hirsch jedoch wartete nicht, er hatte es so eilig, als wollte er uns über den Haufen stürmen. 40 Meter. Der Hirsch erkannte den Menschen, verhoffte, hob das Haupt, sicherte. Im Zielfernrohr konnte ich an seiner Haltung und von den Lichtern seine Unschlüssigkeit ablesen. Er schien selbst überrascht, aber das würde nicht mehr lange andauern. Sei es darum!

Es blieb nur ein Schuß auf den Stich. Im Knall brach der Hirsch zusammen und blieb im Feuer. Meine 9,3 x 64 ersparte die Nachsuche. Gregorios Augen strahlten, und dann hörte ich eines der wenigen deutschen Worte, die er zu gebrauchen wußte: „Weidmannsheil!“

Auf einen Keiler pirschte ich – ein Sechzehnender lag vor mir! Läuft bei der Jagd etwas leicht abseits der Normalität, läßt sich das Weidmannsheil nur am Mantelsaum fangen, mit schnellem, entschlossenem Handeln. Ruhig stand Gregorio, voll Selbstbewußtsein. Stolz auf sein Können. Seine Körpersprache verriet alles, auch sein glückliches Zufriedensein. Dem Kapitalen mußte in der Finca Genüge getan werden. „Sol a sombre“, was soviel wie Licht und Schatten

Oben: Das Rehwild zeigt sich in reinen Waldgebieten verhältnismäßig standorttreu, nur Böcke stellen sich während der Brunft manchmal kilometerweit um. (Seite 109)

Unten: Schwarzwild-Drückjagd: „Der Keiler verhoffte, wartete ab, sondierte den Treiberlärm, ehe er sich wieder in Bewegung setzte – und mich stichgerade anwechselte!“

heißt, kam auf den Tisch. Nomen est omen. Das Mischgetränk aus Kognak und Anis ließ im Nachklang viel „Prost!" und „A su salut!" – das „Weidmannsheil!" mit der Linken schien noch nicht bis hierher vorgedrungen – durch das Haus hallen.

Am Nachmittag lag der Aufbruch des Hirsches bereits auf dem Luderplatz der Mönchsgeier. Natürlich wurden mir diese „Buitre" gezeigt. Es sind die stärksten Geier der Alten Welt und erreichen ein Gewicht bis zu 12 Kilogramm. Der Mönchsgeier kommt nirgends häufig vor, tritt im allgemeinen nur einzeln oder in kleinen Gesellschaften bis zu 5 Vögeln auf. Er zählt zu den zänkischesten und scheuesten Geiern. Hier in El Sauceral schien das anders zu sein. Der Luderplatz ist offensichtlich eine so gute und zudem ständige Nahrungsquelle, daß sich sogar so etwas wie eine Kolonie bilden konnte. Wenn man will, eine Art Rarität. 35 Vögel hatten sich eingefunden, und Paco fuhr mit dem Landrover auf 50 Meter an ihrem Sammelacker vorbei. Ganz langsam. Das löste ein faszinierendes Schauspiel aus, wie man es so wahrscheinlich nicht häufig zu sehen bekommt. Die Mönchsgeier wurden durch den Wagen nicht verängstigt, fühlten sich jedoch gestört. Der erste Vogel begann zu starten und hob ab, und das nahm die ganze Gesellschaft mit. Es sah aus, man kann es gar nicht anders vergleichen, als würden mehrere Jagdstaffeln hintereinander zum Einsatz starten. Einer nach dem anderen bekam Luft unter die gewaltigen Schwingen und es dauerte einige Zeit, bis alle 35 Geier in der Luft waren und sich kreisend in die Höhe schraubten. Mit ihrer Flügelspannweite von rund zweieinhalb Metern bot diese Geierkolonie am Himmel einen grandiosen Anblick.

Nach wie vor galt mein Hauptinteresse einem guten Keiler. Also plazierte mich Gregorio abends auf einem Kaiserplatz für Sauen. Im Schatten eines vom Brand verschont gebliebenen Hanges lag ein Kirrplatz, an den man das Schwarzwild lange gewöhnt hatte und der in der neuen Situation besonders gern angenommen wurde. Weithin ließen sich die heranführenden Wechsel einsehen, ein paar Zwickel im tiefliegenden, ausgetrockneten Bachbett ausgenommen.

Man verwendete hier eine spezielle Art von Futterautomaten. Das Gerät konnte ja nach Wunsch aufs Füttern oder Ankirren eingestellt werden. Die Mengenabgabe ließ sich regulieren. Eine Zeitschaltuhr löste den Mechanismus aus, und dann fielen die Maiskörner auf einen rotierenden Verteilerteller aus Metall. Das Prasseln der Maiskörner wirkte wie ein Essensgong, der die Sauen zum Fressen rief. Die Schwarzwildrotten stellten sich bald darauf ein, ohne allerdings ihre gewohnte Vorsicht aufzugeben. Vor dem Brand, wo Unterwuchs den Sauen jede gewünschte Deckung bot, hatte man das System etwas ausgebaut. An den Hauptwechseln ließ man dünne, mit einer Markierungsuhr verbundene Nylonfäden herunterhängen, die als Zähleinrichtung fungierten. Nach einiger Zeit wußte man, wie die Sauen die einzelnen Wechsel zu dem Automaten annahmen. Das Schwarzwild hatte sich binnen weniger Wochen an die Fütterungszeit gewöhnt. Nach morgendlicher Kontrolle des Zählwerkes ließ sich die Fütterungszeit angepaßt variieren. Der Wecker, der den Sauen zum Fressen klingelte, funktionierte gut. Jetzt freilich war die Sache etwas durcheinandergeraten. Weil aber das Schwarzwild aus alter Gewohnheit seinen Kirrplatz aufsuchte und dort auch stets Mais vorfand, durfte man sich an diesem Ort etwas erwarten. Es fragte sich nur wann? Würde das Licht zu einem Schuß noch reichen?

Langsam verschwammen die Konturen allmählich. Nichts regte sich weit und breit. Die Schußentfernung betrug etwa 60 Meter. Bestens. Mit einem Mal bedeutete mir

Gregorio, dessen wache Sinne etwas vernommen hatten, daß dort im Bachbett Wild ziehen müsse. Diese Rinne lag zwischen unserem Stand und der Futterstelle. Mit verstärkter Konzentration lauschte ich in die beginnende Nacht hinein. Steinelte es auf dem Gegenhang? Ein kräftiger Rippenstoß von Gregorio beseitigte alle Zweifel. „Chabalí“ war da! Großmächtig, unscharf zwar in seinen Konturen, aber geschäftig am Werk. Wahrhaftig, El Sauceral bot viel. Erst dreimal befand ich mich zur Jagd unterwegs, und jedesmal hatte ich ein grobes Schwein vor mir. Wo gab es das sonst noch? Dazu, nebenbei quasi, einen starken Hirsch. Viel Zeit durfte ich jetzt nicht verlieren. Jede Sekunde nahm das Licht mehr ab. Verflucht, beim Blick durchs Zielfernrohr bekam ich Schwierigkeiten. Befand sich das Wild in Bewegung? Oder täuschte ich mich? Endlich meinte ich, soweit zu sein und – beging einen großen Fehler: ich schoß. Eine kleine Steinwolke stiebte in die Höhe, und ein rasantes Getrappel des unverletzten Keilers verlor sich in der Ferne. Stille! Mehr Geduld hätte ich aufbringen müssen – und für heute verzichten! Am nächsten Abend wäre der Basse an derselben Stelle garantiert wieder erschienen. Nun konnte ich ihn vergessen. Meine dritte Chance hatte ich vergeben und mehr schienen nicht vorgesehen, denn trotz aller weiteren Anstrengungen konnte ich den spanischen Keiler, dessentwegen ich eigentlich gekommen war, nicht zur Strecke bringen.

Von kleinen und grossen Gesellschaftsjagden

Wenn die Tage kürzer werden, abends sich die Busch- und Strauchzeilen früher und schneller als im Sommer zu dunklen Linien verdichten, Waldparzellen die Form schwarzer Flächen in der Ebene annehmen, Baumalleen an Napoleonsstraßen genauso wie Pappeln und Weiden an den Bachläufen zu grauen Wänden verschmelzen, dann leuchtet ein neuer Akzent im Weidwerk des Jahres auf: Die Zeit der herbstlichen Gesellschaftsjagden bricht an. Die der kleinen, gemütlichen, aber auch die der großen, mit viel Aufwand organisierten; in jedem Fall Jagden, denen die langen Abende der Schüsseltriebe mit ihren Diskussionen, vom Hundertsten ins Tausendste kommend, folgen.

Es sind Jagdtage, die für den einzelnen Jäger nichts Charakteristisches haben durch etwaigen Jagderfolg. Auf Gesellschaftsjagden ist die persönliche Strecke gleicherweise zweitrangig wie ein Zufallsergebnis. Nein, solche Tage werden von jener anheimelnden Geselligkeit geprägt, wie sie in wohltuender Entspannung aufsteigt, sobald die müden Knochen unterm Tisch ausgestreckt sind und die kalten Wangen angenehm durchblutet werden, sobald der Magen durch kräftig-deftige Kost beruhigt wird und ein herzhafter Tropfen die Lebensgeister beflügelt.

In solchen Stunden sitzt man beisammen, weiß und will niemand etwas wissen von Standesunterschieden, und jedermann erwartet mit Neugier gute Geschichten, spannend erzählt. Informationsaustausch auf uralte Weise, nicht nüchtern knapp wie in Presse und Fernsehen. Geschätzt wird das behäbige, sich plastisch entrollende Erlebnis des anderen, sei es, weil das die eigene Erfahrung bereichert, sei es, weil es eine jagdliche oder menschliche Grenzsituation wie eine Sternschnuppe aufleuchten läßt oder alte Erinnerungen weckt, ja sogar als Stichwortgeber die schon vorerwähnten interessanten Diskussionen auslöst. Es sind Stunden, die von der Spontanität der Akteure leben, weder Programm kennen noch sterile Klubatmosphäre haben.

Das sind jene Tage und Stunden, an denen junge Menschen sich mit Leichtigkeit in den Lebensstrom der Älteren einreihen können. Tagsüber braucht man sie als Treiber, wobei ihnen jeder warmherziges Wohlwollen entgegenbringt, und abends können sie, zuhörend, mit manchen Details des Lebens vertraut werden, denen sie unter ihresgleichen, in der Schule oder auch zu Hause einfach nicht begegnen.

Wie selten im Jahr, schulen diese Tage der Gesellschaftsjagden unseren jagdlichen Nachwuchs. Die Jugend wird ernstgenommen, wird ermuntert, wird leise, eher unauffällig angeleitet. Sie spürt dabei oft nicht ihren erwachenden Ehrgeiz, das tastende Wetteifern mit den Erfahrenen, wie er sich zunächst beim reinen Beobachten einstellt. Immerhin beginnt damit der erste Schritt zum Weidwerk überhaupt. Die Anleitung zum richtigen Beobachten eignet sich aus mehreren Gründen dafür bestens. Es befriedigt die Neugierde besser – und wer ist schon nicht neugierig? Beobachten zu können ist zudem, und das ganz besonders bei der Jagd, eine elementare Voraussetzung für den Erfolg. Das fängt bereits mit den unsteten herbstlichen Wetterverhältnissen an. Der angehende Jäger muß sich bewußt werden, wie die Unschärfe dunstigen Lichts manches gar nicht wahrnehmen läßt, was man an einem klaren Tag auf weite Entfernung mühelos erkennen kann. Man lernt ein neues, anderes Sehen, nicht unähnlich dem Fotografen, dessen Auge eine spezielle Sichtweise sich aneignet, oder dem Maler, der so etwas von Haus aus mitbringt.

In der abendlichen Geselligkeit läßt sich dann manches der kleinen oder größeren Aha-Erlebnisse vertiefen. Fragen, Antworten, Verständnisblitze und Erstaunen führen weiter. Da unterscheiden sich plötzlich die Dampfplauderer von den Unterhaltern, die Unbefangenen von den Kopfmenschen. Das ist so unterhaltsam wie das Jagdgeschehen selbst. Und weil das so ist, habe ich, wenn es irgendwie ging und die Schule es zuließ, meine Buben zu Tagen und Stunden dieser Art mitgenommen, mochte das der abendliche Enteneinfall am Rhein oder in der Rheinebene sein oder die Jagd auf den Rieslinghasen am Haardtrand.

Enteneinfall am Baggerloch, am Rehbach und am Rhein

In der pfälzischen Rheinebene wird natürlich auf Enten genauso gejagt wie anderswo. Die Wasserjagden mit dem Kahn und einem angehängten „Seelenverkäufer", getarnt im mächtigen Schilfurwald, wie in den seenreichen Landstrichen Osteuropas üblich, kennt man jedoch nicht. Die Voraussetzungen dafür fehlen.

Ein paar Bäche durchziehen die Rheinebene; in Rheinnähe finden sich kleinere und größere, aber kaum einmal verschilfte Baggerseen, wo sich die Enten wohlfühlen könnten. Was es aber gibt, das sind Baggerlöcher verschiedenster Größe in fast jeder Gemeinde, ja, selbst größere

Aussiedlerhöfe haben solche Planschstellen. Sie sind indirekte Produkte der Flurbereinigung, der Kommassierung, wie es in Österreich heißt, die bereits bei der Planung systematisch in den Kreislauf bäuerlicher Arbeitsvorgänge einbezogen wurden. Der Qualitätsstandard unserer Bodenfrüchte verlangt Sauberkeit, sonst braucht der Landwirt gar nicht auf den Markt zu gehen. Die Spülanlagen benötigen ein Wasserreservoir und Absetzbecken, und die Baggerlöcher eignen sich dazu bestens, haben zudem den Vorzug der Billigkeit und geben im Notfall sogar Feuerlöschteiche ab. Sie sind quasi aus der Situation geborene ökologische Winkel, deren Strauchunterwuchs an den Rändern, vermischt mit ein paar Jungfichten, unserem Niederwild Schutz und Ruhe bietet. Findet sich dann in der Nähe noch ein kleiner Wasserlauf, gewöhnlich mit recht bescheidener Wasserführung, reicht das schon aus, um die Stockenten, unser dominierendes Wasserwild, dauernd bei uns zu haben.

Mit der Stockente sind wir am besten vertraut, und es überrascht, wenn sich einmal eine andere Art dazugesellt, etwa die zu den Tauchenten zählende Tafelente.

Die Nähe des Rheins garantiert den Jägern ihren Entenstrich. Eine Handvoll Schützen mit ihren Hunden genügen dem Revierinhaber, und alle kommen sie gerne. Sie kennen ihre Standplätze am Bachufer, in der Deckung der Alteichen, oft schon wipfeldürr und erstarrende Zeugen vergangener Jahrhunderte. Immer wieder erlebt man dann, daß der abendliche Enteneinfall ganz gewiß nicht die lohnendste, aber vermutlich die anregendste Bejagungsart unserer Wildenten darstellt.

Wenn Hans B. anrief, hörte die kleine Schar seiner engeren Jagdfreunde im Geist förmlich das Klingeln der Enten, lange bevor es Tatsache wurde.

Hans B. hat sich ein ebenso hübsches wie modernes

Haus im rückwärtigen Teil des großen Hausgartens seines alten Bauernhofes errichtet. Es steht leicht erhöht, nicht wie sonst üblich ebenerdig auf einem tief in den Boden eingelassenen Keller, sondern, mehr der elsässischen Bauweise abgesehen, auf einem aufgeworfenen Hügel. Die Erde dazu, dem eigenen Grund entnommen, hinterließ einen Tümpel, genutzt in seinem bäuerlichen Betrieb und geschätzt als Tummelplatz von Haus- und Wildenten, die sich den Lebensraum einvernehmlich teilten.

Für die Verfestigung der Tümpelränder brauchte Hans der normalen Naturverjüngung nur wenig nachzuhelfen. Dieses Naturbecken hatte man mit dem nahen Rehbach geschickt verbunden, um je nach Wasserführung auch zu einer regelmäßigen Wassererneuerung zu kommen. Ein durchaus idyllischer Ort, und uns Jägern diente das Baggerloch stets als Treffpunkt, wenn es am Freitagabend zum Enteneinfall ging.

Gleich in der Nähe gab es eine Kuriosität, welche die Möglichkeiten der Entenjagd etwas vergrößerte. Der Ranschgraben, ein schwacher Wasserlauf, überquerte den stärkeren Rehbach. Das Wasser des einen mündete nicht etwa in das des anderen; nein, in früherer Zeit war es den Menschen offenbar nützlich gewesen, hier eine regelrechte Wasserkreuzung – oben drüber, unten durch – zu schaffen. Ab der Kreuzungsstelle begleiteten zunächst alte Pappeln die Wasseradern und entzogen mit ihrem dichten Unterwuchs das eingeschlossene Gelände allzu neugierigen Blicken. Weiter östlich, kurz vor der endgültigen Vereinigung der beiden Bäche, hatten mehrhundertjährige Eichen die Ufersäume besetzt. Je nach Zahl der Schützen konnte der untere oder obere Teil bejagt werden. Rudi M. teilte gewöhnlich die Standplätze zu. Das Brüderpaar Edwin und Ernst B., beides Flugwildspezialisten, pflegte er zu trennen. Der Senior, Schorsch Sch., bekam einen Platz mit weiten

Sichtmöglichkeiten. Na, jeder wurde gut bedient und jeder wurde vergattert: „Schießt ja nicht auf das Wasser! Die abprallenden Schrote sind unberechenbar und niemand hat es gern, Schrote um sich herum prasseln zu hören."

Der abendliche Entenstrich währte normalerweise nicht lange. Je nach Lichtverhältnissen, ob klarer Himmel oder Wolkendecke, und unabhängig von der Lichterfülle aus unserem industriellen Raum, ist in einer knappen halben Stunde alles vorbei. Das reine Erlegen selbst gerät in den Hintergrund, dafür vergrößert sich aber der Spielraum für die Beobachtung. Frische Abendluft nach der Stubenhockerei, einen Buben dabei und damit Zeit füreinander auf einem lauschigen Platz unserer Ballungszone, wenige Minuten von daheim und ein leises Hineingleiten in die Jagd nach Väterart – das gehörte zum abendlichen Entenstrich.

Mitunter floß der Rehbach so gleichmäßig, daß seine Oberfläche wie ein Spiegel wirkte und an manchen durchbrochenen Uferstellen die knorrigen Eichen umgekehrt in den Boden zu wachsen schienen. Nicht selten, nach dem Verschwinden des letzten rötlichen Schimmers im Westen, legte sich eine fahlblaue Helle bandartig über den Horizont. Glitzerndes Sternenlicht wagte sich hervor und lud zum zauberhaften Verweilen ein. Verfiel man der Stimmung allzusehr, verpaßte man schon einmal seine Chance und überließ eben dem Nachbarn den Anflug, denn ob Schof oder Paar, die Enten wurden, je später sie anstrichen, um so weniger ausreichend sichtbar.

Jäh, erst unmittelbar vor der oft im Sturzflug erfolgenden Wasserung, tauchten sie aus dem Düster auf. Es blieb nur ein reflexartiges Handeln.

„Du wirfst den Schuß den Enten entgegen", stellte Max fest.

„Ja, und das geht leicht daneben. Auf sehr kurze Entfernung liegt die Schrotgarbe eng beisammen, gleicht beinahe schon einem Kugelschuß."

Ungetroffen von meinen Schroten suchten die Enten spontan Höhe zu gewinnen und strichen, dem Bach folgend, die Schützenlinie entlang. „Bum – Bum-Bum – Bum – Bum", knatterte es. Da, endlich klappte eine Ente die Schwingen zusammen und stürzte wie ein Stein zu Boden. Wie gesagt, bescheidene Strecken bescheren solche Abende nur.

„Getroffen?" wollte Rudi wissen.

„Nein, daneben!" schüttelte ich den Kopf.

„Hast wieder auf die Enten gehalten, natürlich. Vorhalten muß man, vorhalten!" frotzelte er.

Er hatte ja recht, nur ich kam nicht zurecht, wenn die Enten gerade bei mir wassern wollten und direkt von vorne anstrichen. Was machte das schon? Der Nachwuchs sollte ruhig sehen, daß den Lehrmeistern nicht allezeit alles gelingt.

Die Heimkehr zum heiteren Beisammensein in Rudis Erntewagen ließ Ärger über Fehlschüsse nicht aufkommen. (Erntewagen hieß bei uns ein Traktoranhänger, der an drei Seiten und von oben gegen Wind und Regen geschlossen war, zwei an den Wänden entlanglaufende Sitzbänke hatte, zwischen denen eine genausolange Tischplatte unverrückbar feststand. Dieses Vehikel diente normalerweise während der Erntezeit den Arbeitenden als Schutz gegen plötzliche Wetterunbilden. Nun diente er den Jägern.) Schorsch gesellte sich zu uns.

„Na, guten Anflug gehabt?" wollte ich wissen.

Er lachte: „Ja, und noch besseren Abflug. Einen Flintenspanner müßte man haben."

Edwin stellte sich sogleich hilfsbereit zur Verfügung. „Na, was haben wir für eine Strecke zu legen? Können Sie noch alle Enten tragen?"

Schorsch lachte: „Meinen Erpel lasse ich mir nicht abnehmen."

Am Schluß hatten wir einschließlich des Erpels fünf Antvögel.

Der Erntewagen, der unweigerlich eine drangvolle Enge schuf, ließ die bescheidene Strecke rasch vergessen. Er hielt sein spezielles Ambiente für den Abend bereit. Allseits und von oben bestens geschützt, öffnete er sich frei zum Baggerloch hin, das uns aus dem Dunkel wie ein riesiges Greifvogelauge anstarrte und aus unserem Winkel im Spiel der Lichter in den Farben des Regenbogens leuchtete.

Von der Lampe hing an einer Schnur eine halbe Hartwurst herab, so bestens geschützt vor der Freßgier der Mäuse. Der sparsame Munitionsverbrauch des Abends rechtfertigte nun keineswegs die Fülle an herzhaft-deftigen Hausmacherwürsten und die Alkoholika, die uns erwarteten. Hatten einmal alle Platz genommen, quoll die Mitte des Tisches bald über, und die Unterhaltung wechselte zwischen Aktuellem und Histörchen.

„Wie hoch kann eine Stockente überhaupt fliegen?" wollte einer unvermittelt wissen.

Hartmut L. schaltete sich ein und meinte: „Das hängt wohl von der Anpassung der Tiere in sauerstoffärmerer Höhenluft ab. Der Gams fühlt sich bei 3000 Metern wohl, das Steinwild verträgt auch 3500 Meter und mehr, und unsere Stockente hat man, wenn ich mich recht erinnere, noch in einer Flughöhe von 6000 Metern beobachtet."

„Ist ja gut, daß sie wenigstens zum Schlafen herunterkommen", stellte einer trocken fest.

„Vielleicht müssen wir überhaupt ganz anderes Schießen lernen, wenn wir jetzt mit den neuen Eisenschroten konfrontiert werden", meinte jemand und löste sofort Widerspruch aus.

„Das Eisenschrot kommt generell nicht so schnell. Nicht

alles, was heute die ökologisch engagierten Aktivisten anprangern, kann man als sinnvoll bezeichnen. Blei wird schlicht mit Gift gleichgesetzt, und das stimmt schon nicht. Damit fängt es an. Man vergißt das Elementare, das unerläßlich Notwendige, Einfache. Jedes Gift muß, soll es seine Wirkung entfalten, erst einmal in eine lösungsfähige Form gebracht werden. Ohne gelöste Form kann es kein Organismus aufnehmen. Das gilt für Vögel genauso wie für Säuger. Metallisches Blei ist aber extrem schlecht löslich. Nur Bleiacetat ist überhaupt wasserlöslich. Und wie aus Bleischrot auf dem Acker oder in irgendeinem Wildkörper das werden soll, wissen nicht einmal die Chemiker."

„Aber, so liest und hört man. Anscheinend geht man davon aus, daß es die Körpersäfte besser können als die Chemiker", widersprach einer.

„Das ist unausgegorenes Zeug", wurde gekontert.

„Na, jedenfalls bei den Sportschützenklubs in USA, die ihre Schießstände an den Rändern der Binnenseen haben, werden so viele Bleischrote verschossen, daß der Strand, an dem die Enten gründeln, zentimeterhoch mit Bleikugeln bedeckt sei."

„Mag sein. Mag auch sein, daß die wenigen Enten dort etwas in ihre Mägen aufnehmen. Aber wie soll Bleimetall im Entenmagen gelöst werden? Das geht nicht. Das ist Blödsinn aus Hysterie. Die Gefährdung von Tier und Mensch durch Blei über die Nahrungskette ist ein Märchen. Nirgendwo in der Welt kann Wasser metallisches Blei lösen. Auch das Grundwasser kann es nicht."

„Wie viele Stellen, wie viele Plätze für die Wasserwildjagd gibt es auf unserer Welt, wo die Verhältnisse so sind, wie sie heutzutage für die lächerlich kleinen Bereiche der Sportschießklubs angeprangert werden?" wollte ein anderer wissen.

„Die Frage beantwortet sich von selbst, denkt man an die

Abermillionen von Enten, Gänsen und Möwen, welche sich ja nicht gerade solche Plätze aussuchen."

„Na, irgendwie muß dieser hirnverbrannte Schmarren der Öffentlichkeit plausibel gemacht werden, und am besten geht das immer noch durch dummdreiste Behauptungen."

„Einverstanden! Aber ich will mich nicht verdummen lassen und sehe auch, daß durch populistischen Druck mehrere Branchen gezwungen werden, Geld – und zwar viel Geld – für Forschung und Entwicklung auszugeben, deren Richtung von vornherein erkennbar in einer Sackgasse endet. Ob etwa Zinkschrot eine Alternative sein kann, wird sich erst in längeren Zeiträumen herausstellen. Nach gängiger Erfahrung kennt man nicht alle Nachteile einer Neuerung gleich am Anfang."

Noch lange währte der Abend, noch viel wurde diskutiert...

* * *

Etwa 3 Kilometer westlich dieses Platzes hat sich die Jagdhütte von Rudi M. in den Schlagschatten einer großen Mülldeponie geschmiegt und liegt eingebettet in dem Zwickel zweier Rehbachwasserläufe; sommers wie winters nicht erkennbar. Trotz der nahen Verkehrsstraßen steht sie mitten in einer kleinen Parzelle des wildwuchernden Garten Edens.

Etliche tausend Jahre dient die Erde hier bereits dem Menschen, und der Queckbrunnen von Schifferstadt, an dem der berühmte „Goldene Hut" der Kelten gefunden wurde, sprudelt nur ein paar hundert Meter Luftlinie von hier.

Ein anderes Stelldichein, ein ähnlicher Entenstrich! Die Autobahn Speyer–Mainz mit ihrem nie abreißenden Geräuschpegel und den endlosen LKW-Kolonnen liegt lächerliche 200 Meter Luftlinie entfernt. Eine endlose Lichterkette funkelt herüber. Leuchtfinger greifen weit in die Dämmerung. Kein Jäger von heute erwartet, im Ausstrahlungsbereich von Großgemeinden mit seinen zahlreichen Naherholungsmöglichkeiten auf funktionsfähige Schutzzonen für das Niederwild zu stoßen. Daß es sie trotzdem gibt, hat man Jägern wie Rudi M., Kurt B. und Dr. B. zu danken. Sie verstehen es, mit kundiger Hand das örtliche Ökosystem zu erhalten. Das geht bis zu verschwiegenen, kleinen Brutstätten für die Enten. Nicht alle von ihnen ziehen sich auf die sorgsam gepflegte Biotopinsel in der Aulandschaft des Rheins zurück. Eine versumpfte größere Wasserlacke, liegt sie nur ungestört genug, wird von einem Entenpärchen durchaus als Brutplatz geschätzt. Wie groß die Anpassungsfähigkeit dieses Wasservogels wirklich ist, weiß man allgemein kaum. Immerhin kann er sich damit in der Rheinebene standortstreu entfalten.

Zu der Rheinebene gehört die ständige Veränderung in kleineren und größeren Ökosystemen. Das hier herrschende Sonderklima begünstigt diese Landschaft als eine breite Wanderstraße für Pflanzen und Tiere. Nicht alle von ihnen sind dabei gleichgewichtserhaltend. Nicht wenige treten erfolgreich als konkurrierende Ökosystemstörer auf und erzwingen früher oder später ein neues Fließgleichgewicht. Die Nutria gehört beispielsweise zu solchen Ökosystemstörern.

Nur vier Jäger kamen an diesem Abend im Spätoktober zusammen. Rudi wies mir den besten Platz zu, den Punkt des Zusammenflusses der zwei Wasserläufe, wo man auf beiden Seiten die begleitende Bachallee gelichtet hatte. Der niedrige Wasserstand ließ den Graben tiefer wirken. Hannes und ich stellten uns in die halbe Böschung, eine recht gute Deckung selbst für die scharfäugigen Enten.

An diesem Abend brauchten wir nicht lange zu warten. Sehr plötzlich setzte der Strich ein. Die Enten klingelten.

Kaum gehört, stießen sie schon zielgenau aus der Höhe herunter auf ihren nassen Landeplatz. Mein erster Schuß faßte eine voll aus dem Schof und sprengte die anderen auseinander. Wildes Schwingenschlagen. Eine flüchtete flatternd himmelwärts, gerade noch gut, um mit einem zweiten Schuß hinzulangen. Doch der ging daneben. Wenigstens reichte es für meinen Nachbarn, der nachschoß und sie herunterholte. Trotz Dämmerlicht – ein Blick in das Gesicht von Hannes, und ich sah, wie die Aktion ihn mitriß, gefangennahm und erfreute.

Der nächste Schof kündigte sich nicht an, kam lautlos. Bei meinem anderen Nachbarn knallte es, und eine Ente zog eine gerade Linie vom Himmel zum Boden. Eine weitere wollte sich über meinen Kopf hinweg zwischen den Lücken der hohen Bäume durchschwingen. Eine mächtige Verrenkung von mir, doch das Ziel stand abgezirkelt am Abendhimmel. Rums, und die Ente fiel klatschend ins Wasser, trieb gemächlich ans Ufer. Hannes bückte sich und wollte den Antvogel herausfischen, da klatschte es links und rechts neben ihm. Auf Armeslänge hatten drei Enten platschend gewassert und waren sofort in den dunklen Schatten des schützenden Ufers gerudert. Etwas verdattert blickte er auf mich, schaute dann den Enten nach und sah nichts mehr von ihnen.

Links und rechts fielen weitere Schüsse, und erneut schoß eine Einzelente direkt auf mich zu. Erster Schuß vorbei! Unbeirrt strich sie weiter. Zweiter Schuß. Sie himmelte kurz und stürzte dann. Für unsere Verhältnisse ein prächtiger Entenstrich, den wir heute erleben durften und der bald zu Ende gehen mußte. Da tauchte auf kurze Entfernung ein Pärchen auf. Fast Schnabel an Schnabel streichend und wiederum stangengerade vor mir. Rums! Beide Enten fielen mit dumpfem Aufschlag auf den Acker, mir vor die Füße.

„Was war denn das?“ wollte Hannes wissen.

„Ein unglaublicher Dusel, und alles in einer Viertelstunde.“

Die Hunde hatten bald die Enten von den Feldern aufgenommen und aus dem Wasser apportiert. Saubere Arbeit! Mensch und Hund, die uralte Zweckgemeinschaft, war noch nicht überholt, und beide Hundemänner schätzten es, ihren Lieblingen diese Möglichkeit zur Jagd geben zu können.

Meine fünf Enten brachten mir unverhofft die Würde eines Jagdkönigs ein. Im Nachtdunkel ging es nun die wenigen Schritte zurück zur Hütte, in der der Ofen schon kräftige Wärme abstrahlte. Rudi hatte bereits einen hohen eisernen Kübel mit Wasser auf die Ofenplatte gestellt. Er machte sich in seiner praktischen Art unverzüglich an die Verwertung des Federwildes. Damit begann gleich für Hannes die Einweisung in moderne Arbeitsgänge. In früheren Zeiten fiel das Rupfen des Federwildes den Frauen zu; zu Hause, mit der kaum vermeidbaren Folge, daß die wolkigen Unterfedern meist überall umherflogen. Heute, im Zeitalter der Plastikverpackungen und Tiefkühlhühner, -enten und -gänse, kennt man das längst nicht mehr und kaum noch jemand mag sich mit so einer Arbeit abgeben.

Rudi holte ein Thermometer und tauchte es in den Eimer, gab einen verhaltenen Schuß von Spüli, einem Netzmittel, hinzu und verfolgte aufmerksam die Temperatur des Wassers. Mit dem Netzmittel wird die Oberflächenspannung zwischen den Federn gebrochen. Die Federn werden anfeuchtbar, was die Rupferei schlagartig verändert, und gleichzeitig wird der Körper waschbar, wobei die ganze Prozedur kaum viel Zeit beansprucht.

„Warum bist du so genau mit der Temperatur?“ wollte ich wissen.

„Man hat mir gesagt, für Hühner bräuchte man 72 Grad

Wassertemperatur, für Enten 73 Grad, und in keinem Fall sollten 78 Grad überschritten werden, weil es da zu Verbrühungen käme. 10 Minuten innerhalb dieser Temperatur, und alle Milben unter dem Federkleid sind getötet, die Federkiele selbst prima gelockert. Du kannst die Federn ohne Anstrengung herausziehen. Das geht fix. So ein Vogel ist in 10 Minuten gerupft, ausgenommen und hygienisch sauber, einwandfrei.

An der ersten Ente wurde es Hannes demonstriert. An der zweiten hatte er es bereits zu versuchen. Die dritte galt ihm zum Einüben, und ehe wir uns versahen, lagen vier Enten, appetitlich hergerichtet küchenfertig da.

Eine abgewandelte Brühmethode, im Grunde gar nicht neu, wohl aber verbessert, perfekter. Allein, was heißt perfekter? Eine Erinnerung drängte heran und überfiel mich. Plastisch hatte ich wieder das grause Bild vor mir. Hongkong. Ein Sightseeingbummel durch die schmalen Straßenschluchten und der obligate Besuch des lokalen Marktes. Im Stockwerk des Federviehs hingen haufenweise gebündelte Hühner und Enten an ihren Füßen, mit dem Kopf nach unten, benommen, aber noch lebend. In einem kleinen Raum befand sich ein gemauerter Bottich mit etwa 3 Kubikmeter Wasserinhalt. Eine Dampfleitung ließ das Wasser kochen, bis es herausdampfte. Ein Chinese kam, schnappte sich jeweils ein Bündel von 4 Stück Federvieh, hing eines davon vorne und eines hinten auf seine Tragstange und marschierte auf diesen Bottich zu. Er warf die Hühner und Enten lebend in diese heiße Brühe, griff sich einen großen Schrubber, tauchte damit das Federvieh unter. Dann wälzte er alles vielleicht 5 Minuten um. 100 Grad Celsius! Mit einer dreizinkigen breiten Holzgabel fischte er ein Bündel des Federviehs heraus und warf es auf den Boden. Dann streifte er sich Handschuhe über, und mit unglaublich flinken Bewegungen rupfte er das Federvieh. Das ging mit Windeseile, und mit einer letzten Bewegung riß er den Kopf ab. Erst jetzt war der Vogel wirklich tot. Für den Chinesen eine Arbeit und er kannte es nicht anders. Man muß so etwas gesehen haben!

* * *

Oberst R. rief an. Auf seine Otterstädter Pachtjagd lud er abends ein paar Jäger zum Entenstrich an den Rhein. Natürlich tat ich mit, bestand doch die seltene Gelegenheit, an unserem großen Strom in den Refugien der Naturschutzgebiete jagen zu können. Die Mäander Vater Rheins haben über Jahrhunderte hinweg eine Flußauenlandschaft von etwa 4 bis 5 Kilometer Breite geschaffen, durchsetzt von zahlreichen Inseln. Die Auenlandschaft von heute ist selbstredend nicht mehr so wie vor der Tullaschen Rheinregulierung, die 1817 ihren Anfang nahm und bis 1874 dauerte. Die Verdichtung der menschlichen Besiedlung in den letzten 200 Jahren von 50 je Quadratkilometer auf etwa 200 je Quadratkilometer rückte den Menschen näher an den Rhein heran. Er hat dem Strom Land abgenommen, abgewonnen, und damit eine vielfältige wirtschaftliche, industrielle Tätigkeit unmittelbar an den Rhein herangeschoben.

Solche Eingriffe in die Landschaft, die es nach wie vor gibt, werden heute mit Hilfe moderner Biotopgestaltung gemildert und korrigiert. Mit Nasenrümpfen über die Fehler der Altvorderen und mit besserwisserischem Verurteilen ist man in unserer Zeit ja schnell bei der Hand. Dabei wird vielfach völlig vergessen, daß rechtzeitig weite Teile der heute geschützten Natur erst durch Zutun des Menschen entstanden. So beispielsweise die Mähwiesen der Auen, auf denen sich vierbeinige Rasenmäher, wie die Schafe, gütlich tun. Immerhin wirkte die Landschaftspflege inzwischen so erfolgreich, daß in den Rheinauen heute wieder ganze Reiherkolonien eine Heimstatt fanden. Angesichts dessen hat es seinen besonderen Reiz, an der wichtigsten Großschiffahrtsstraße Europas, wenn nicht gar der Welt, auf dem Hochwasserschutzdamm einmal den abendlichen Entenstrich zu erleben.

Der Oberrhein kennt noch verschwiegene Plätze an seiner Seite, wo Rutenkronen aus uralten, fast nur noch aus Rinde bestehenden Weiden in den Himmel ragen. Da wurden die Enten auch noch nicht durch die Besuchermassen so verdorben wie am Mittelrhein. Falsche Tierliebe läßt statt Tauben die Wildenten füttern. So kann zum Beispiel auf der Bacharach vorgelagerten Insel der Jäger nicht mehr auf den Entenstrich gehen, denn freudig schnatternd watscheln dort die Wildenten den Flintenträgern entgegen und lösen keinerlei Jagdreiz aus; eher den abwegigen Verdacht, dies könnte eine infame Überlebensstrategie der Enten sein! In der Pfälzer Rheinebene dagegen läßt das Land entlang des Stromes noch etwas von seiner Urtümlichkeit ahnen.

Der Herbst war ziemlich fortgeschritten. Ein Kälteeinbruch vor einigen Tagen hatte die verschiedenen stehenden Gewässer fast bis zur Mitte hin mit einer wachsenden Eisdecke überzogen und der Wind das Eichenspalier am Schutzdamm entlaubt. Auf unserer Seite gaben die nackten Äste mächtiger Eichen den Blick zum Himmel frei. Gegenüber reihten sich die schlanken Pappelstämme. Auf dem Strom herrschte, unberührt von der Dämmerstunde, lebhafte Berg- und Talfahrt der Binnenschiffer. Der Strom führte Niedrigwasser, so daß die Buhnen deutlich herausragten und ziemlich weit ins Rheinbett reichten. Die Breite des Rheins betrug hier 200 Meter, was uns sehr entgegenkam. Einerseits war es nur sinnvoll, auf querstreichende Enten zu schießen, andererseits ein Schrotschuß auf weiter als 20 Meter von vornherein zu unterlassen. Traf man, fiel der Vogel in den Buhnenbereich und wurde dort aufgehalten; ein leichtes Bringen für die Hunde, ohne ihnen eine besondere Wasserarbeit zumuten zu müssen.

Oberst R. faszinierte es mehr, die eigenartige Stimmung des schwindenden Tages am großen Strom zu erleben. „Quak, quak." Die Enten klingelten von weitem, und die Nachbarschützen eröffneten das Feuer. Einige Breitschnäbel drehten daraufhin sofort ab und wandten sich dem Ufer gegenüber zu. Das vorderste Paar indes zog unbeirrt seine Bahn. Oberst R. holte mit einem Doppelschuß eine davon vom Himmel. Ich konnte mich mit der zweiten beschäftigen, die kurz darauf neben der ersten ins Wasser klatschte. Beide trieben der Buhne zu.

„Na, leer gehen wir heute nicht nach Hause", lachte der Oberst zufrieden.

„Wir können ja unsere Aufmerksamkeit dem rückwärtigen Weiher zuwenden. Vielleicht ist dort mehr los", antwortete ich.

„Glaube kaum. Der Weiher ist weit zugefroren, nur in der Mitte gibt es noch eine offene Wasserfläche. Die Enten erkennen das Eis und landen dort nicht, sondern suchen sich anderswo offenes Wasser. Wenn sie sich doch einmal täuschen, wie bei schlechten Lichtverhältnissen, und auf Eis landen, gibt es eine drollig anzusehende Rutschpartie. Da schlittern sie auf ihren Rudern dahin, was sie ganz und gar nicht schätzen. Gelegentlich läßt sich das einmal beobachten. Aber sehr selten."

Entlang der Schützenkette fielen weitere Schüsse. Gleichwohl, der Entenstrich dauerte nur kurze Zeit. Hatte sich auch das Auge dem Dämmerlicht angepaßt, täuschte auch der Himmel über dem Wasserband mehr Helligkeit vor, als sie in Wirklichkeit bestand, das Schußlicht war vorbei.

An diesem Abend hatte, wie es der Zufall so will, jeder seine Ente geschossen und zwei Schützen sogar mehrere.

Mehr als elf kamen trotzdem nicht zusammen. Die Schnapszahl lud ein zum gemütlichen Abschluß, und „Jäger alter Rasse spürten abends nach dem Fasse".

Hörnerklang in der Rheinebene und im Pfälzer Wald

Im Herbst jeden Jahres finden, dem Brauch folgend, zeremoniell die Feld- und Waldtreibjagden, sei es zu Hubertus, sei es kurz vor den Festtagen – der Weihnachtshasen wegen – oder beim Regierungspräsidenten statt. Nun, Hörnerklang erschallt in dieser Zeit landauf, landab in seiner ursprünglichsten Form als Signal, als Verständigungsmittel, über die abgeernteten Felder, wird weitergereicht entlang der Schützenlinie, wird in der Ebene vom Wind zerrissen und verliert sich tonfetzenweise oder klettert verdichtet in den engen, schluchtartigen Taleinschnitten des Pfälzer Waldes vom Bachlauf zur Hügelkuppe hinauf.

Die Jagdhörner, heute bei uns als Pleßhörner oder in Frankreich als Clairons allgemein bekannt, waren in ihren primitiven Formen viele Jahrhunderte hindurch ein recht notwendiges Hilfsmittel des Weidwerks, ein Handwerkszeug, und sind es in ihrer Hauptfunktion bis heute geblieben. Mit ihrer Hilfe läßt sich die Ablauforganisation mehrstündiger Treibjagden leichter steuern und besser unter Kontrolle halten. Erst seit jüngerer Zeit macht man sich schon öfters einmal den elektronischen Fortschritt mit Walkie-talkies zunutze. Nichts dagegen zu sagen, denn je besser die Verständigung, um so größer die allgemeine Sicherheit, um so kleiner das Unfallrisiko. Die rasche, direkte Wechselsprechverständigung verringert die Mißverständnisse.

Sosehr sich der Weidmann vom melodiösen Klang der Jagdhörner angesprochen fühlt und deren Lautstärke weithin das Jagen verkündet, so werden keineswegs die Vorteile moderner Walkie-talkies verschmäht, die ergänzend den leisen Sprechton ermöglichen und Jagden ruhiger beginnen lassen. Das eine braucht das andere nicht auszuschließen. In ihrem Zusammenwirken werden sie in jedem Fall der jederzeit aktuellen Forderung nach Risikominderung besser gerecht.

Seltsam, wie die Bilder einander gleichen! Hatte man hier im Schifferstädter Raum vor 10 Jahren noch Erntejagden auf Flugwild und Hasen veranstalten können – nicht anders als in den verschiedenen Wildkammern des Pfälzer Waldes –, so haben sich diese inzwischen da wie dort zu ausgesprochenen Hegejagden gewandelt. Die Hege beschränkt sich jedoch nicht auf den Herbst, sie ist eine ganzjährige Aufgabe und ihr kommt vor allem im Frühjahr besondere Bedeutung zu.

Der gestandene Altpraktiker Rudi M., Mitpächter einer Schifferstädter Niederwildjagd, der als Vorruheständler über mehr Zeit als ehedem verfügt, hält insbesondere die Füchse kurz. Jeder gestreckte Reineke wird, elegant und in geradezu klassischer Form, im Kreislauf der Natur entsorgt. Im Winter, wo Rudi, mehr der Gewohnheit folgend, die erlegten Füchse abbalgt, hängt er die Fuchskerne als Futter für die Meisen in den Wind. Er tut das bis ins Frühjahr hinein. Der heute wertlose Balg erlaubt schnelles und einfaches Zurichten des Kerns. Solche „Gehängte“ erwachen bald zu einem erstaunlichen neuen Leben. Maden über Maden bedecken den Kern, in dessen Nähe es zu „duften“ beginnt.

Im späten Frühjahr tauchen hier dann Fasanhennen mit ihren Gesperren auf. Vom Fenster der Jagdhütte aus gibt es dabei allerhand zu beobachten. Der madenvolle Fuchskern hängt für die Küken zu hoch. Aber nicht für die Fasanhenne. Sie attackiert den Kern derart heftig und so lange, bis er baumelt und schwingt. Dann regnet es Maden auf den Boden, und die Küken picken und picken. Erst wenn keine mehr zu Boden fallen, findet das lukullische Fasanenmahl ein Ende.

Nicht jeder Fuchs muß vergraben werden. Recycling à la Natur, geschickt genutzt, dient in der Hand des Jägers der Flugwildhege.

Rudi teilte mich als Treiberschütze ein. Meinen Buben Max nahm ich als Nachbarn gleich mit, bot sich damit doch beste Gelegenheit, ihn auch mit der Welt der Gesellschaftsjagden und deren eigenen Problemen, wie etwa dem Rückgang der Hasenpopulation, vertraut zu machen.

Ein trockener Herbsttag, kaum Frost, so um null Grad, nahm seinen Anfang. Die Sonne lag über dem Land und erlaubte weithin klare Sicht. Wir hatten eine „geröstete Erde" vor uns, und das freute mich sehr. Wenn das Wasser in den Ackerfurchen steht und der schwere Letten beim Stapfen über die Schrollen sich an den Gummistiefeln zu regelrechten kleinen Wagenrädern aufbaut, kann ein langer Jagdtag Jäger und Treiber recht müde machen. Und die Hunde nicht weniger. Jedenfalls sah es heute nicht danach aus. Ich wandte mich Max zu.

„Wie viele Jäger sich heute hier versammelt haben, weiß ich nicht. Dürfte auch ziemlich gleichgültig sein, denn die Strecke wird so oder so nicht hoch ausfallen. Die Pächter haben die Jagd erst seit zwei Jahren."

„Was willst du damit sagen?"

„Bei illusionsloser Bewertung stehen sie vor einer kargen Bilanz. Die erbärmlich niedrigen Strecken dieser beiden Jahre zeigen vor allem eines: Der Hasenbesatz muß die kritische Dichte erreicht haben. Rudi M. und Dr. B. sind allerdings fest entschlossen, hegerisch nachhaltig einzugreifen. Dabei sehen sie sich ziemlich eingeschränkten

Möglichkeiten gegenüber. Im Grunde können sie nur, und das mit großem Zeitaufwand, das ganze Jahr über – die Heckzeit selbstredend ausgenommen – das Raubwild intensiv bejagen und das Raubzeug kurzhalten."

„Das haben sie ja getan", meinte Max. „Denk nur an die Fuchskerne als Fasanenfutter."

„Stimmt! Ich sehe das so ziemlich als einzige Maßnahme, von der man sich wirklich etwas versprechen kann. In manchen Revieren spricht man übrigens von einer fast explosionsartigen Vermehrung der Füchse. Egal, wie groß die Rolle einer starken Fuchspopulation für den aktuellen Hasenbesatz eines Reviers auch sein mag, eines kann man nicht wegdiskutieren: Wenn der Hasenbesatz sich nachhaltig und andauernd verringert, ist das umgekehrt ein Ausdruck der Schwäche für den Lebensraum. Genauer: Wie jedes andere Tier, braucht auch der Hase seinen ‚kritischen Raum'. Der darf nicht zu klein sein und muß ihm als Äsung eine gute Mischung an Grünzeug bieten. Der Hase äst Löwenzahn und Schafgarbe, Wegerich, Klee natürlich, Hahnenfuß, Hirtentäschel, Gänseblümchen, Kohl, Rüben und Salate. Unsere heutige landwirtschaftliche Intensivnutzung bietet das nicht mehr oder nur noch selten in der früheren Weise an. Man könnte sagen, der Hase wird schlecht bewirtet und hungert eigentlich, denn er muß sich falsch ernähren. Nicht alle Pflanzen vermag er nämlich gleich gut zu verwerten. Hinzu kommt beim Feldhasen, daß in Gebieten mit modernem Maschineneinsatz der Nachwuchs durch rasche Schnittfolge häufig vermäht wird. Auch die Verkehrsplanung und der Straßenverkehr greifen zusätzlich tödlich in die Population ein. Die Räume für Äsung und Bewegung verringern sich. Der Hase bräuchte Ausweichflächen in Form von Brachen, Magerwiesen und Niederhecken. Und die fehlen. Allerdings nicht mehr allerorten, muß man dazu sagen, denn die Flächenstillegungen, in erster Linie die mehrjährigen, gehen sehr stark in die Richtung des Gewünschten. Schließlich haben wir den ganzjährigen Schutz aller Greifvögel und länderweise auch der Rabenvögel. Es kommt da eine Menge zusammen, und dabei ist das noch nicht alles. Wenn es um die kritische Dichte der Hasenpopulation geht, meinen die einen, diese liege bei 2 bis 6 Hasen pro 100 Hektar. Andere schätzen sie auf 15 Hasen je 100 Hektar. Dabei kann in Abhängigkeit von den lokalen Bedingungen sogar beides richtig sein."

„Was heißt ‚kritische Dichte der Hasenpopulation' eigentlich?"

„Also, kritische Dichte bedeutet jene Grenzdichte, an der eine Population fast völlig zusammenzubrechen vermag, wenn es den entsprechenden Auslöser gibt; von der aus jedoch genauso eine Zunahme, ein Aufbau wieder erfolgen kann. Das Quantitative ist dabei ziemlich unklar, qualitativ wissen wir etwas besser Bescheid.

Ein Beispiel: Ein Besatz von 40 und mehr Hasen auf 100 Hektar (1 Quadratkilometer) gilt als hohe Dichte. Nimmt man die Sterblichkeitsrate des Jungwildes von 60% im ersten Jahr mit dazu, läßt sich aus diesen Zahlen vernünftiges Handeln für den praktischen Jagdbetrieb ableiten. Wenn Kälte, Nässe, Krankheiten, Äsungs- und Wassermangel, Autoverkehr und vieles andere dazu 60% des Jungwildes den Tod bringen – dafür hat man den Begriff der ‚kompensatorischen Sterblichkeit' geprägt –, liegt es auf der Hand, daß man bei den Hasentreibjagden bevorzugt die Junghasen schießen sollte. Werden aber bei den einzelnen Treiben zuviel alte Hasen geschossen, ist es absolut bedeutungsvoll, ob ein Revier eine hohe Hasendichte aufweist, diesen Abschuß also zu verkraften vermag. Liegt der Besatz dagegen in der kritischen Dichte, kann er mit dem jagdlichen Eingriff zusammenbrechen. Sobald es kritisch wird, muß eben die Bejagung des Feldhasen der Besatzsituation angepaßt werden, das heißt im Zweifelsfall für einige Zeit: Hahn in Ruh'!"

Wir gingen auf einem Acker, und Max, gewöhnlich links von mir, signalisierte, vor ihm läge ein Hase in der Sasse.

„Geh langsam darauf zu", rief ich zu ihm hinüber. „Wenn er sehr fest liegt, dich also sehr nahe herankommen läßt, weiche ihm im Bogen aus, treibe ihn nicht auf. Manche lassen sich gerne übergehen und flüchten lieber nach hinten weg. Da bleibt halt einmal ein Hase unbeschossen."

So kam es auch. Als wir wieder beisammenstanden, wollte Max wissen, warum er das Langohr nicht aus dem Lager werfen sollte.

„Weil es sich mit großer Wahrscheinlichkeit um eine alte Häsin handelte. Häsinnen bleiben manchmal in der Sasse so lange liegen, daß man geradezu auf sie treten kann. Wenn hier eine alte Häsin unbeschossen über den Winter kommt, kann das nur von Vorteil sein. Übrigens, hast du dir den Kopf des Hasen angesehen?"

„Nein, warum?" fragte er zurück.

„Weil das zum Lernen durch Beobachtung gehört. Bei den Säugern gibt es eine durchgehende Regel: Der Kopf ist beim männlichen Geschlecht breiter, kräftiger, wuchtiger als der Kopf des weiblichen Geschlechts. Häsinnen also sind durchwegs schlanker, feiner, zierlicher. Das muß man bei der jeweiligen Art allerdings erst unterscheiden lernen – durch scharfe und häufige Beobachtung. Erfahrene Jäger erkennen den Rammler in der Sasse an seinem dicken, struppigen Kopf."

„Warum bleiben manche Hasen liegen und warum stehen andere frühzeitig weit draußen auf und flüchten weg?"

„Hasen äugen durchaus gut. Wenn sie irgend etwas mißtrauisch macht, ergreifen sie eben das Hasenpanier. Ihr Gesichtsfeld nach vorne ist weit, etwa 270 Grad, nach hinten hälftig um 45 Grad. Der tote Winkel liegt praktisch nach hinten, sicher mit ein Grund, warum sie manchmal ausharren und sich übergehen lassen."

Allmählich verengte sich der Kreis mehr und mehr. In früheren Jahren, bei der damals hohen Hasendichte, bot ein Kreis, wenn er sich um das Hasenasyl, die Hasenkammer, den Konferenzacker zusammenzog, häufig ein erstaunliches Bild.

Hasen... Hasen... Überall Hasen.

Die Hasen kamen flüchtig im Pulk, verharrten bei dem sitzenden Vorläufer, machten kehrt, fluteten zurück und nahmen dabei die ihnen entgegenkommenden Löffelmänner mit. Mehrmals ging das im Kessel hin und her, bis endlich einer den Ausbruch wagte, gewöhnlich sich selbst dabei opferte und die große Masse ziemlich glimpflich durchkam. Allenfalls zwei, drei Jäger der nächsten Nähe leerten ihre Rohre und fanden zum Nachladen keine Zeit mehr. Nicht alle sechs Schüsse trafen auch.

Derartiges ließ sich heute und hier nicht erwarten. Lebendig ging es trotzdem her. Ein einziger Hase durchbrach die Schützenkette. Schüsse fielen. Der Hase verlor etwas Wolle, hatte also Schrote abgekriegt. Das minderte aber in keinster Weise die Geschwindigkeit seiner Flucht. Ein 85jähriger Senior pumpte auf über 100 Meter extra noch einmal hinterher. Kopfschütteln bei allen, die das sahen.

„Egal wie, er muß sich halt lösen", meinte einer mit ironischer Toleranz. Als man den Senior anschließend zur Rede stellte, warum er so weit schoß, verteidigte er sich damit, daß ein beschossener Hase weiterhin beschossen werden müsse, gleichgültig, auf welche Entfernung.

Ja, wo die Wünsche das Handeln beherrschen, ist keine Ausrede zu naiv und lächerlich, um nicht benutzt zu werden. Wenn die Schrote infolge der extremen Entfernung, selbst wenn sie treffen sollten, nicht mehr wirksam sein können, wird Schießen zur sinnlosen Ballerei, Weidwerk zur Aasjägerei.

Der Kreis war zu Ende, und langsam kamen die Jäger zusammen. Ein junger Pudelpointer hechelte mit heraushängender Zunge sichtlich erschöpft heran. Hunde sind Laufwunder, doch wenn ein junger Hund einem gesunden Hasen nachhetzt, erlahmt er lange vor dem Hasen.

„Unweit von mir hätte einer beinahe mit seiner Flinte durch die Schützenkette gezogen. Im letzten Augenblick setzte er ab. Das hätte Ärger gegeben", berichtete ein Schütze etwas ungehalten.

„Bisher herrschte zuverlässige Selbstdisziplin, und ich glaube, die Jagdpächter hätten einen Verstoß nicht hingenommen", meinte ein anderer.

Ein dritter, offenbar weitgereister Wanderjäger, hatte so einen Fall bei einer Niederwildjagd in Südtirol einmal miterlebt und erzählte, wie man es dort hielt: „Der adelige Jagdherr, aus einer Familie, die sich generationenlang von den europäischen Lehrmeistern der Jagd, der böhmischen Jägerei, schulen ließ, machte kurzen Prozeß. ‚Baron, ich hab's geahnt und dir dei' Kutschen schon bestellt. Kannst gleich einsteigen. Servus!' Eine solch prompte Verweisung von der Jagd wegen Undiszipliniertheit spricht sich rasch herum und wirkt nachhaltig."

Am Ende des Jagdtages konnte eine bunte Strecke verblasen werden: 2 Füchse, 73 Hasen, 4 Kaninchen, 3 Fasanhahnen, 1 Fasanhenne, 1 Ente, 1 Taube.

Die Fasanhenne war natürlich ein Fall für das Jagdgericht, und beim Schüsseltreiben kam sie prompt zur Sprache.

Die pfälzische Variante des Jagdgerichtes hat nichts von dem preußischen Streben nach Vollkommenheit an sich, eher schon von der süddeutschen Neigung, Unvollkommenheit einzugestehen. Das drückte sich allein dadurch aus, daß hier eine schlagfertige Figur von der respektheischenden Statur eines Obertreibers als Vorsitzender des Gerichtes, als Staatsanwalt und Verteidiger in einer Person fungierte.

„Liebe Weidgenossinnen und Weidgenossen, meine Herren Vorbeischützen! Ich möchte die gute Nachricht an den Anfang stellen. Die Strecke, die uns mit diesem Ergebnis alle überraschte, signalisiert, daß die Jagdpächter mit ihrer Hege auf dem richtigen Weg sind. Ihre erst wenige Jahre dauernden Anstrengungen, das Raubwild verstärkt zu bejagen und das Raubzeug kurzzuhalten, scheint wenigstens beim Hasenbesatz spürbar zu werden. Man kann ihnen dazu nur gratulieren und wünschen, daß es ihnen gelingen möge, ein Hasenasyl als Keimzelle für eine generelle Hebung der Population in diesem Raum zu schaffen... Hier liegt ganz offensichtlich ein brauchbarer Ansatz vor, sowohl dem Jäger wie dem Naturschützer durch die Praxis im Revier zu helfen und beide zukünftig zufriedenzustellen."

Schweigen.

Die Augen des Vorsitzenden suchten mit prüfender Gründlichkeit die Runde ab, bis sie mit fixierender Starre an einer Jägerin hängenblieben.

„Fasanhennen waren nicht freigegeben. Gleichwohl ist eine gefallen. Die Jägerin, die das zuwege brachte, meine Herren Vorbeischützen, nehmt euch als Vorbild der Hege. Es handelte sich nämlich um eine aidskranke Henne, was unsere Hegerin sogar auf Distanz erkannte, und solche sind ohnehin nicht verwertbar."

Großes Gelächter.

„Offenbar haben wir als Schützen einige nicht sehr konditionsstarke Herren unter uns."

Wieder glitt sein Auge suchend an den Tischen entlang, doch es blieb dieses Mal nirgendwo haften.

„Ein Kesseltreiben ist bekanntlich ein Treiben, bei dem

man am Schluß in einem Kreis zusammenkommt. Darum heißt es ja örtlich oder sogar länderweise und richtigerweise überhaupt nur Kreisjagd, denn – man treibt ja keine Kessel! Nur bei uns sagt man so, und dabei wollen wir es bewenden lassen.

Wenn sich aber in einer Ecke nichts bewegt, entsteht statt des gewünschten Kreises ein zugespitztes Ei. Ärgerlich, höchst ärgerlich das! Liebe Weidgenossen, treibt Fitneßsport, überwindet eure Schwächezustände. Wer Jäger sein will, muß fit sein. Aufs Alter schauen wir dagegen nicht so genau...

Der Schütze neben mir meinte derb-ironisch: ‚Schick ma denen da drüben eine Brenneke rüber, damit der Dreck von den Schrollen aufspritzt und sie in Bewegung bringt.'

Das habe ich zunächst überhört, schließlich jagen wir ja nicht mehr in der polnischen Renaissance, wo schon einmal die Radziwills auf ihre leibeigenen Treiber Funken rissen, weil sie kein Wild aufgestöbert hatten. Jetzt, in der Stunde des Gerichts, kann ich diese Bemerkung nicht durchgehen lassen. Der Betroffene wird dazu verurteilt, einmal die Futterstellen fachmännisch zu beschicken und sich bei Rudi M. bei passender Gelegenheit zu melden."

Dann holte der Richter ganz tief Luft.

„Ein Jäger hat es gewagt, den Obertreiber zu treten! Welch eine Desorientierung! Ich kann ihn beruhigen, Irrtümer wegen geistiger Absenz werden nicht bestraft...

Was ich allerdings nicht billigen kann, ist, wenn unter meinen Augen, den Augen des Obertreibers, die alten Jäger einem jungen Jäger die Hasen wegschießen. Das schlechte Beispiel wird verurteilt, als Buße eine Runde Schnaps festgesetzt. Da es zwei waren, die diesen Fauxpas begingen, können sie sich die Strafe teilen...

Zu rügen habe ich ferner eine gewisse Entschlußlosigkeit. Bei den Weidmännern muß man sie zwar selten beobachten, doch wo sie auftritt, ist sie fehl am Platze. Da hat es einer glattweg fertiggebracht, einen Hasen, der langsam übers Feld hoppelte und ihn ansteuerte, unbeschossen zu lassen, zu pardonieren. Aus unerfindlichen Gründen wollte er bei Rudi M. dafür eine Extra-Schußerlaubnis einholen und verpaßte so den Mümmelmann. Jäger müssen wissen, was sie zu tun haben, und geistige Ladehemmungen sind dem Weidwerk keineswegs förderlich. Eine weitere Runde Schnaps wird als Strafe festgesetzt...

Zu beurteilen haben wir zum Schluß noch die Glanzleistung eines jungen Treibers. Ihm gelang es, mit viel Passion, einen Hasen lebend zu fangen. Für den heutigen Tag bekommst du den Heiligenschein der Diana ums Haupt. Nimmst du das Urteil an? Ja! Gut, so ist es damit rechtskräftig.

Als letztes: Die einzige geschossene Ente wird von den Jagdpächtern dem jüngsten Treiber gestiftet. Und wie das Leben so spielt, die Ente geht an meinen Nebenmann, der noch keine 15 Lenze zählt."

Beifallklatschen...

Nachdem selbst die allerhungrigsten das zweite Jägerschnitzel erfolgreich bekämpft hatten, versank ein Teil der Jägerei in eine leichte Freßnarkose. Die wohlige Wärme des Raumes legte einen friedlichen Schleier auf die Gemüter. Bei den meisten kreisten die Gedanken um die Jagd, und locker anknüpfend an einzelne Erinnerungen von anderswo kam ein Plauderbrückenschlag von Nachbar zu Nachbar.

„Sicherheit wird aus guten Gründen ernstgenommen. Unsere Phantasie reicht ja nicht aus, sich all das auszumalen, was wirklich auch passiert", äußerte sich ein Tischnachbar und griff damit indirekt das Kernthema des Jagdgerichts erneut auf. Er stieß auf stille, aufmerksame Zuhörer, fühlte sich ermuntert und fuhr fort: „In einer Kleinstadt brachte ein Jäger sein Gewehr zum Büchsenmacher und übergab ihm die Waffe für eine Reparatur. In dem Städtchen, das in seinem Zentrum alte, enge Straßenzüge hat, fand sich ein Geschäft neben dem anderen. Gegenüber dem Büchsenmachergeschäft lag eine Fleischerei mit regem Kommen und Gehen.

Der Büchsenmacher nahm das Gewehr in die Hand, zielte ein bißchen durch das Fenster, und dabei löste sich ein Schuß. Das Geschoß durchschlug die eigene Ladenscheibe und auch das Fenster der Metzgerei. Glücklicherweise waren die Läufe in die Höhe gerichtet, aber selbst in der Höhe gibt es Ziele, die man tunlichst nicht treffen sollte. In der Metzgerei jedenfalls hingen an einer Schnur eine Reihe geräucherter Schinken, und just diese Schnur durchschlug das Geschoß ebenfalls. Und mit Schrecken verbreitendem Gepolter donnerten alle geräucherten Schinken im nächsten Augenblick auf die Ladentheke."

„Jägerlatein!" protestierte einer.

„Muß nicht sein. Vergeßlichkeiten kommen immer wieder vor. Im übrigen hätte auch der Büchsenmacher bei Übernahme der Waffe nachsehen müssen, ob diese eventuell geladen ist. Meiner tut das automatisch; ich ärgere mich manchmal direkt darüber, weil das so aussieht, als würde er mir nicht über den Weg trauen", äußerte sich ein anderer lautstark.

„Mir ist es vor Jahren passiert, daß mich ein recht selbstherrlicher Jägersenior mit bekanntem Namen und ebensolchem Imponiergehabe wegen irgendeiner Lappalie, die seiner Ansicht nach nicht richtig war, in aller Öffentlichkeit zusammenstauchte. Das Los bestimmte ihn kurz darauf zu meinem Nachbarschützen, was mir wenig gefiel, ihn dagegen noch ein bißchen überheblicher machte. Kurze Zeit später hatte er Schußmöglichkeiten und – schoß mir durch den Hut. Die Hutspitze klaffte auseinander. Stumm präsentierte ich ihm seine Glanzleistung, logischerweise mit nicht gerade freundlichem Blick.

Eine größere Verlegenheit habe ich noch nie beobachtet. Mir wurde nicht klar, ob diese ihn wegen des Widerspruchs zu seiner Großkotzigkeit überfiel oder aus dem nachträglichen Schock über den Gedanken, er hätte ja mich treffen können."

„Mein Gott", schüttelte es einen, „man braucht hie und da wahrhaft einen Schutzengel, um glimpflich davonzukommen."

„Ja, die Unfallgefahr bei Gesellschaftsjagden darf nicht bagatellisiert werden. Zu Recht verlangen die Jagdleiter bei den Waldtreibjagden grundsätzlich die Meldung der Schüsse durch den Schützen und, so er Erfolg hatte, auch, was geschossen wurde. Mit jedem Unfallopfer stehen wir im Blickpunkt der Öffentlichkeit."

„Der Statistik der Versicherer zufolge ist im Schnitt der Jahre bei uns jährlich etwa ein Todesfall zu beklagen", bemerkte einer dazu.

„Das stellt zwar dem Jäger in unserem Lande ein gutes Zeugnis aus. Jedoch, ein Opfer ist eines zuviel!"

Für Max war der Tag vermutlich ein Lehrtag besonderer Art und es wird sich noch gar manch solcher dazugesellen.

Den Haardtrand entlang

Wo im Westen der Rheinebene das Mittelgebirge der Haardt in den Rheingraben abfällt, schlängelt sich unsere Weinstraße von Süd nach Nord und verbindet einige der berühmtesten Weinorte Deutschlands miteinander. Dieser klimatisch gesegnete Landstrich mit seinen überwiegend recht fruchtbaren Böden ist eine typische Zone für Niederwildreviere. Je besser der Boden, um so weniger Wald. Am Haardtrand und bis weit in die Rheinebene hinein existiert der Waldbauer nicht mehr. Vielerorts fehlen auf den Gemarkungen der Bauern selbst die kleinsten Feldgehölzchen. Wo Gemeinden noch Waldbesitz haben, betrifft das den Hinterwald, den Pfälzer Wald.

In der Rheinebene dominiert der Weinbauer oder der Bauer mit Sonderkulturen, vom Obst bis zu Spargel und Rettich. Im Sommer bedeckt der Reben Grün die Hügel, im Herbst beherrscht die farbenfrohe Pracht des Weinlaubs die Landschaft. Sobald im Herbst die Edelkastanienbäume am Haardtrand ihre „Keschten" abwerfen, wird das zum Anziehungspunkt für die Schwarzkittelgesellschaft des Pfälzer Waldes. Dann zigeunern schon ab und zu schwächere Rotten weit in die Ebene hinein und überraschen manche Jagdgesellschaft mit ihrer Anwesenheit. Allseits Mordsaufregung, was gewöhnlich die Chancen der Sauen erhöht, mit heiler Schwarte davonzukommen. Aber selbst das Rehwild, an waldlose Fluren durchaus angepaßt, tut sich bei dieser intensiven landwirtschaftlichen Nutzung schwer und wird in manchem dortigen Revier zur Rarität. Dafür stehen aber einige Orte traditionell für den Inbegriff bester Niederwildjagden, so Böhl-Iggelheim, Haßloch, natürlich Meckenheim, Ruppertsberg und Niederkirchen, um nur ein paar herauszugreifen.

Es liegt aber noch kein volles Jahrzehnt zurück, daß sich die hohe Qualität dieser Reviere drastisch verschlechterte und die Strecken der großen Treibjagden bis auf ein Zehntel von ehedem absanken. Diese bittere Tatsache verursacht allgemeines Kopfzerbrechen, Rätselraten, heiße Diskussionsabende, Sorge um die richtige Revierpflege und um die Zukunft. Da sucht man den oder die Schuldigen, erforscht Ursachen, hegt Vorurteile, bis sie zum Dogma werden und Trendschwätzereien freien Lauf lassen. Kurzum, ein Hin und Her der Interessen. Die Landwirte schätzen nun einmal die Wildschäden nicht. Den Grünen sind die echten Grünen, die Jäger, nicht grün genug. Daß Hege eine Gesetzespflicht ist, hat sich noch nicht überall herumgesprochen; auch nicht, daß es moralische Verpflichtungen gibt, denen man nachkommen muß, etwa der Jagdgenossenschaft durch Veranstaltung einer herbstlichen Treibjagd den guten Willen zu beweisen. Die Bauern wollen wenigstens sehen, daß man ihre Wildschadensorgen versteht und teilt.

Die Revierinhaber möchten es ja gerne richtig machen, wenn man nur das Patentrezept dazu hätte. Fehler ahndet die Natur meist erst mit einer Zeitverschiebung von einigen Jahren. Der Mensch kann immer mit seinen korrigierenden Eingriffen falschliegen. Keiner ist ein Prophet, und gehandelt werden muß trotzdem.

Wie unter solchen Bedingungen eine Niederwildjagd heutzutage abläuft, davon soll hier die Rede sein. Die Jägerschaft versammelt sich, von vornherein wissend, daß die allermeisten der Flintenträger nicht zu Schuß kommen, vielleicht nicht einmal Hase oder Fasan sehen werden. Jeder weiß, es ist so gänzlich anders geworden. Die Schützen schießen durchwegs ordentlich. Wenn es ehedem kurz vor dem Abblasen eines Kreises vor der Schützenkette von Hasen nur so wimmelte und sie an ein, zwei Stellen zum Durchbruch durch die Linie der Schützen ansetzten, kam knisternde Spannung auf. Action, wie das Modewort heißt, machte sich breit. Der Lohn ein oder zwei Stunden währenden Stolperns und Rutschens über grobe Ackerschollen, nicht selten eines Balancierens und ballerinamäßigen Tanzens, um Halt zu finden, mußte in wenigen Sekunden blutdrucksteigernder Flintenaktivität konsumiert werden.

So trug sich's einstens zu. Heute sind landauf, landab die

Niederwildjagden zusammengebrochen, ist der Wildbesatz so katastrophal geschrumpft, daß die obligaten Treibjagden im Grunde für etliche Jahre nicht mehr stattfinden sollten. Manche Pächter verzichten ja auch darauf; die meisten allerdings behalten ihr gutes Image hinsichtlich einer Pachtverlängerung im Auge und leisten sich das nicht. Jagden finden weiterhin statt, freilich nicht, um den letzten Hasen und letzten Fasan zu schießen. Die Vernunft verbietet das. Und die hellwachen, aufgeschlossenen Bauern wissen mittlerweile ebenfalls, wie viele Gründe es für die gegenwärtigen Zustände gibt, wie komplex alles im Ökogeschehen verflochten ist.

Wie stets, kommen viele Faktoren zusammen. Die Flurbereinigung hat die Struktur der Landschaft verändert. Die verbreiterten Weinbergzeilen erlauben verstärkten Maschineneinsatz auf den vergrößerten Flächen. Die neue Sitte, sogar auf dem Acker rund um die Uhr zu arbeiten, schüttet die Lichterfülle eines Jahrmarktrummels über das Land. Eine einzige landwirtschaftliche Großmaschine macht streifenweise die Nacht zum Tag, sorgt für das tödliche Aus in der Kinderstube der Natur. Dazu die Chemie mit ihren Herbiziden, Insektiziden, Pestiziden, mit der Selektion der Nutzpflanzen von ihren Unkräutern; ohne Zweifel systematische Eingriffe in die Pflanzenökosysteme. Die Anwendung von Düngemitteln – genauer: die unnötige Überschußanwendung – trägt ebenfalls das Ihre dazu bei.

Als wäre es damit noch nicht genug, besteht seit Jahren ein vollkommener Schutz aller Greifvögel. Alle Greife sind in ihrer Existenz keineswegs bedroht. Bussarde, Sperber, Falken haben sich im übrigen längst darauf umgestellt, ihre Nahrung viel leichter, bequemer, ohne besondere Anstrengung an den Autobahnen und Schnellstraßen bzw. an jenen Straßen, wo der Verkehr mehr als flott rollt – und wo tut er das nicht!? – einfach aufzulesen. Ihre Beute jagen zu müssen, ist doch viel, viel anstrengender. Jeder Autofahrer kann das überall täglich beobachten. Zu allem Überdruß gesellte sich seit 1987 eine EG-Richtlinie über den Schutz der Rabenvögel hinzu. Herauskam dabei ein länderweises Zuschauenmüssen an der so üblen Gelegeräuberei dieser Galgenvögel, denen auch alles Jungwild, ob Hase, Rebhuhnküken, Fasanküken, zum Opfer fällt. Und die gestörte Ruhe durch die Freizeitaktivitäten des Menschen kam noch nicht einmal zur Sprache!

All dessen bewußt und eingedenk versammelten wir uns, wenn Meckenheim, Ruppertsberg oder Haßloch riefen, vor allem, um auf dem laufenden zu bleiben und sich gemeinschaftlich untertags und am Abend sachkundiger zu machen. Erfahrungen auszutauschen, gemeinsam neue Wege zu finden, die ganze Breite unseres Niederwildes wieder anzuheben und vielleicht mit neuer Hoffnung nach Hause zu gehen. Jagdpflichtübungen also! Beileibe nicht. Es sind Jagdtage, an denen die gemeinsame Sorge darüber vorherrscht, wie es weitergehen soll und wird. Jagdtage, an denen die Gespräche das Agieren mit der Flinte weitestgehend in den Hintergrund treten lassen. Es wird einfach die Absurdität empfunden, daß man Tierarten per Verordnung unter Jahresdauerschutz stellt und darüber der Hase, das Kaninchen, der Fasan und das Reh von unserem Küchenspeisezettel verschwinden, weil der Nachwuchs nicht mehr hochkommt. Wer lediglich den Finger krümmen will, der darf da ruhig zu Hause bleiben.

Wir standen auf der Flur von Meckenheim. Die Meckenheimer Jagdgesellschaft pflegte ihre Jagden generalstabsmäßig präzise vorzubereiten. Gewöhnlich gab es bis zur Mittagspause zwei Treiben, die über die abgeernteten Fluren der Nachtweide gingen. Treiber und Treiberschützen konnte man von weitem sehen. Die vorgestellten Standschützen machten sich auf ihren Sitzgelegenheiten klein oder suchten Deckung an einzelnen Walnußbäumen, um nicht allzu markant aufzufallen. Die Zeit nach der Mittagspause, ebenfalls zwei Treiben, galt den Weingärten zwischen den kleinen Hügelwellen und versteckt-stillen Winkeln. Schützen, Treiber, zweibeinige Apporteure, Hasenträger und Hornbläser wußten um die Abprallschrote von den Spanndrähten und ließen Vorsicht walten; dies auch ob der allgemein schlechten Sichtverhältnisse.

Toni D. hatte Hasen, Fasanhahnen, Kaninchen, Enten, Raubwild und Raubzeug freigegeben. Im ersten Treiben fielen natürlich Schüsse, doch das Ergebnis blieb äußerst mager.

Wilhelm Z. erboste sich: „Habt ihr den riesigen Krähenschwarm gesehen?! Ganzjährig geschützt nach der EG-Richtlinie. In früheren Jahren verschwanden die Krähen prompt, wenn wir die Flinten hochnahmen. Jetzt stört sie das überhaupt nicht mehr. Bequemen sie sich schließlich doch, Luft unter die Flügel zu nehmen, lassen sie sich wenige hundert Meter weiter auf der Wintersaat wieder seelenruhig nieder."

„Und im Frühjahr, besonders im Frühjahr, aber auch im Sommer halten sie unsere Junghasen kurz", meinte Günter H.

„16 Füchse schossen wir heuer", fügte Heinz V. hinzu, und Siegi S. ergänzte: „Ich habe mit meinen Fallen schon 23 Steinmarder gefangen. Unsere Fuchsdichte liegt bei weitem zu hoch. Wir versuchen, das Raubwild möglichst intensiv zu bejagen, und die Anstrengungen tragen bereits Früchte. Aber das reicht nicht. Alles muß zusammenwirken, wenn wir unseren Niederwildbesatz wieder auf eine Höhe wie früher bringen wollen. Die Galgenvögel zu schonen, und das noch das ganze Jahr über, ist schlichtweg Unfug und eine boshafte Narretei dazu."

„Nun, wenn wir heute mit vielleicht 30 Hasen und 10 Fasanen nach Hause gehen, können wir froh sein, und das macht ein Zehntel von dem, was noch vor einigen Jahren hier eine selbstverständliche Strecke bedeutete“, meinte Toni D. und fuhr fort: „Und wer weiß, ob das dann bei unseren Verhältnissen als Überbejagung gewertet werden muß? Gewiß nicht beabsichtigt, doch es fehlt uns der Maßstab. Wir wissen, es gibt einen Kippunkt, an dem die Population zusammenbricht. Auf Jahre hinaus. Bloß, wir kennen ihn nicht und haben zu viele Einflüsse, wissen auch nicht, wie groß die Rolle eines einzelnen Faktors ist. Alles steht zur Diskussion: Ausräumung der Landschaft, Flurbereinigung, Maschinen der Landwirtschaft, Düngemittel, Herbizide, Autoverkehr, schlechte Witterungsjahre, nicht so ganz neu, Krankheiten, wie beispielsweise die Kokzidiose, Verlust an Lebensraum, Vergrößerung der Felder, ganzjähriger Greifvogelschutz und die EG-Richtlinie zum Schutz der Rabenvögel, zuviel Raubwild, streunende Katzen und die Überbejagung durch uns selbst. Das alte Wort ‚Viele Feinde sind des Hasen Tod‘ findet besorgniserregende Bestätigung.“

„Heute wird manches davon wissenschaftlich untersucht, mit statistischen Methoden“, warf einer ein. „Vielleicht hilft das weiter.“

„Das glaube ich nicht“, kam es von Toni D. „Nicht alles, was das Gewand der Wissenschaft trägt, ist exakte Wissenschaft, und mit der Statistik wird hauptsächlich Schindluder getrieben. Um es ganz nüchtern zu sagen, wir brauchen nicht für jede Erfahrung einen wissenschaftlichen Beweis. Jetzt gerät das halt in Mode. Nehmen wir die Tatsachen, vergleichen wir sie mit den Erfahrungen von früher, sehen wir hin, was sich geändert hat und handeln wir dort, wo wir es können. Konkret: Rabenvögel genießen bei uns Narrenfreiheit, da läuft nichts. Aber Fuchs, Marder sowie das Kleinraubwild können wir intensiv bejagen und das Raubzeug kurzhalten. Und wenn heute abend nur 5 Füchse, 1 bis 2 Marder auf der Strecke lägen, hätte sich alleine deswegen unsere Gesellschaftsjagd gelohnt, und die Hasen und Fasane könnten wir vergessen."

„Richtig – und überjagt wäre das Revier auch nicht. Das haben wir ebenfalls in der Hand." Die Meinung in der Runde war einhellig.

„Bei unseren Naturschützern wird die Elster singvogelmäßig verharmlost und es heißt, die Rabenvögel seien auf der Landflucht wegen der Flurbereinigung, die ihnen den Lebensraum eingeengt hätte."

Schallendes Gelächter und Kopfschütteln allseits. Da haben offenbar einige Schreibtischökologen den Sinn für die Zusammenhänge von Lebensgemeinschaften gänzlich verloren. Krähen und Elstern sind Kulturfolger, ungeniert kreuzen sie dort auf, wo sie einen reicher gedeckten Tisch vorfinden. Deswegen sehen wir sie in den Parkanlagen der Stadt genauso wie an den Rändern unserer Autobahnen. Wo sie in Schwärmen auftreten, fürchten sie auch keine Greife. In den Stadtrandwohngebieten hausen sie unter den Singvögeln mehr denn je. Als schlimme Nesträuber plündern sie die Gelege aller Singvogelarten. Es reicht ihnen nicht, die Eier aufzuschlagen, sie töten Jungvögel, Rebhuhnküken nicht anders wie die Junghasen.

„Man redet vom Rabenvogelschutz und zielt auf uns Jäger. In diesen ideologischen Ansatz ist man vernarrt bis zur ökologischen Hochstapelei. Heute sollte jedermann wissen, daß die Regulierung einer Population vom gesamten Nahrungsangebot abhängt. Für die Aasfresser wurde dieses viel breiter. Also nimmt vorerst einmal ihre Zahl zu. Jede Müllkippe hat ihre Krähenschar, und die Krähen halten diese besetzt wie einst im Mittelalter ihre Galgenberge. Der Mensch der Gegenwart hilft ihnen, sich zu vermehren und auszubreiten und setzt noch einen drauf durch das völlige

Abschußverbot. Das eine verstärkt das andere, und das Ungleichgewicht in der Natur wird so groß wie selten zuvor. Aber wer hat jemals einen ideologischen Grabenkämpfer erlebt, der klarsichtig geworden wäre?"

Siegi S. mischte sich ein: „Bei den Rabenvögeln handelt es sich um keine vom Aussterben bedrohte Tierart. Außer dem seltenen Habicht und dem noch selteneren Uhu haben sie keine Feinde in der Natur. Nach dem Zahlenmaterial, das ich kenne, greift der Habicht etwa pro Jahr 1 Krähe und 2 bis 3 Elstern. Er lebt ja nicht von diesen allein. Auf einer Jagd von 1500 Hektar leben aber nur etwa 2 Habichte. Das bedeutet nichts gegenüber den Krähenschwärmen hier. Man braucht sich bloß umzusehen. Sie nehmen das Jungwild, wo sie es finden und greifen können. Ich habe interessehalber auf einer Fläche von 50 mal 100 Metern, also einem halben Hektar, systematisch die leergeschlagenen, zerbrochenen Vogeleier gezählt. Im ersten Jahr fand ich 157, im darauffolgenden 166, vom Fasan bis zum Stieglitz. Daran hat sich bis heute nichts geändert. Wagt es ein Jäger, entgegen dem Verbot die Krähenvögel trotzdem zu schießen, verliert er sofort seinen Jagdschein. Und genau das will keiner riskieren."

„In der öffentlichen Diskussion bestreiten die Naturschützer allerdings, daß die Singvögel so dezimiert werden. Da gibt es eine wissenschaftliche Studie aus dem Stadtgebiet von Osnabrück und so manches andere mehr."

„Na, diese modernen Feldversuche kranken prinzipiell an ihren Auswahlkriterien. Etliche Faktoren werden gar nicht erfaßt. Als ob die Menschheit die Galgenvögel erst heute kennen und beobachten würde. Man kennt sie aber seit Jahrhunderten und hat Erfahrungen mit ihnen. Das zu ignorieren, ist bornierte Geistesschwäche, aber typisch für den Zeitgeist. Nur so entstehen solche Widersprüche: Da sollen Rebhuhn, Hase oder Birkhuhn geschützt werden, gleichzeitig aber auch deren Feinde, die Rabenvögel. Diese Rabenvogel-Schutzrichtlinie ist nichts anderes als ein vergifteter Pfeil gegen die Jägerei."

„Man operiert mit Behauptungen und ignoriert das Wissen. Blamagen können nicht ausbleiben, anscheinend aber trotzdem keinen Sinneswandel herbeiführen", warf ich ein. „Kürzlich tötete ein Schwarm von Rabenkrähen in der Nähe der hessischen Stadt Herborn mehr als 35 Lämmer. Was macht man in so einem Fall? Ganz einfach, man bestreitet die Tatsache und hält die Mitteilung darüber für unverantwortlich. In Wirklichkeit haben die Vögel nichts anderes getan als zu allen Zeiten auch. Ich erinnere mich recht gut, wie mir mein Großvater, der noch im 19. Jahrhundert zur Jagd ging, einst als Kind erzählte, daß er ein Kolkrabenpärchen beobachtete, wie es ein Gamskitz getötet hat. Der eine Vogel attackierte von hinten und hackte mit dem Schnabel auf das Weidloch. Das Kitz wendete das Haupt, da landete der andere Vogel auf diesem und hackte nach den Lichtern. Ein paar Schnabelhiebe genügten, und das Kitz war blind. Schwingenschläge drängten es dann an den Abgrund, in den es stürzte. Was Kolkraben damals taten, taten auch damals schon Rabenkrähen.

Hacken Krähen den frischgeborenen Lämmern die Augen aus, ist das Natur. Das Fangen von Raubwild mit einer Totschlagfalle dagegen wird als Tierquälerei angeprangert. Das ist der Mensch in seinem Widerspruch, in seiner Dummheit. Das Wissen von einst geriet einfach in Vergessenheit."

Ein Jagdgast aus dem Saarland, der aufmerksam unser Gespräch verfolgte, lachte: „Wißt ihr, wie die anderen Nationen es damit halten? Kürzlich weilte ich zu Gast in einem Revier westlich von Versailles. Ich staunte nicht schlecht, wie ungeniert die Franzosen Krähen und Elstern vom Himmel holten. Ich fragte sie, ob sie die Rabenrichtlinie nicht kennen würden. Natürlich kannten sie diese. Mit sanftem Lächeln und ein bißchen Ironie klärte man mich auf. ‚Bei euch machen die Preußen die Gesetze, die Bayern schimpfen darüber und die Rheinländer und Pfälzer halten sich daran. Wir handhaben das anders. Wenn eine Richtlinie so unsinnig ist wie diese, deren Sinn niemand begreift, kann sie zwar formal zum Gesetz werden. Aber niemand hält sich daran. Es wird einfach ignoriert.'"

Toni D. nickte zustimmend: „Und wie halten es die Engländer damit? Sie bejagen nach wie vor die Rabenvögel, das ganze Jahr über. Im klassischen Land der ‚Birdwatchers' mit über 500.000 Mitgliedern in ihrer Vogelschutzorganisation sind sich Jäger und Vogelschützer in der Beurteilung der Rabenvögel einig. Sie kümmern sich nicht um die Richtlinie. Man kennt dort unsere Diskussion nicht!"

„Das sagt eigentlich alles! Die halbe Million Briten können ja nicht alles Dummköpfe sein, denen man jetzt erst zeigen muß, wo es in Zukunft langzugehen hat", meinte ich, „unsere Nachbarn sind viel zu nüchtern, um vom Boden abzuheben. Aber bei uns sollen offenbar die Jäger Untertanen einer Meinungsmafia werden!"

Ein Bub radelte freihändig heran, schwang in der einen Hand eine Weinflasche und unterbrach die Unterhaltung. „Wo iss'n der Vadder? Ah, da iss er", wandte er sich an Günter H. „Einen schönen Gruß von der Mama, damit ihr nicht soviel Durst aushalten müßt!" sagte er und drückte seinem Vater eine Literflasche in die Hand. Der lachte: „Ein Trollschoppen aus der Flasche, gar nicht so schlecht!" Und dann ließ er die Flasche kreisen. (Unter einem „Trollschoppen" versteht man in der Pfalz einen halben Liter Wein, der in der Runde von Mund zu Mund geht. Ist er getrunken, soll sich jeder davontrollen; kurz: das Aufbruchsignal.)

„Einen guten Wein soll man so behandeln wie eine Frau im Bett – liebevoll!“ gab einer geistreich und gewiß auf Erfahrung basierend von sich. Dann nahm er einen kräftigen Schluck.

Das anschließende zweite Treiben hatte ebenfalls nicht viel gebracht. An diesem Vormittag gab ich keinen einzigen Schuß ab. Zur Mittagspause versammelten sich alle an einer Feldwegkreuzung zwischen Ruppertsberg und Meckenheim. Die Rebenlandschaft der sanften Bodenwellen vor dem Haardtgebirge lag vor unseren Blicken. Neustadt, Haardter Schlößchen, Königsbach, teils angeschmiegt an die, teils hochgeklettert in die Kastanienwaldparzellen des Berghanges. Ohne Zweifel, eine begnadete Landschaft zwischen Obstbäumen und Weinstöcken; bald purpurn, bald gelb. Und dann wieder rot. Mochte die Jagd bescheiden sein, das Wetter meinte es wenigstens gut mit uns. Noch besser allerdings die Frauen der Jagdpächter. Die waren ebenso eifrigst wie freundlichst bemüht, reichlich Erbsensuppe auszuteilen, eine Suppe, in der die Wurst eindeutig Oberwasser hatte. Und dazu Wein, „Woi“!

„Wo blieben die Fasanen?“ Eine berechtigte Frage, eine, mit der wir uns sehr ernsthaft auseinandersetzen mußten. Vor 30, 40 Jahren, damals, als das Kartoffelkraut bis in den Herbst auf dem Feld stand, erwies sich der Fasan als wichtiger Nutzvogel. Er pickte die Kartoffelkäfer von den Blättern. Recht häufig fand man seinen Kropf voll mit diesen Schädlingen. Inzwischen ist das Wirtschaften nach alter Bauernart verschwunden. Differenzierte Spezialisierung und der geballte technische Fortschritt lassen heute in der Pfalz zwei Ernten im Jahr zu. Ein Umbruch, der einem erst im Abstand der Jahre richtig zu Bewußtsein kommt.

Ein Jahrhundert der Umbrüche! Nicht nur in der großen Welt, sondern nicht minder in den kleineren Welten, wie etwa dem Weidwerk. Wurden vor 1934 Jagdmethoden wie eh und je praktiziert, so schuf das Reichsjagdgesetz nicht wenige davon radikal und ersatzlos ab. Das war ebenfalls ein Umbruch. Ein weiterer spielte sich ab im Wandel des Klischees von Dörflern und Städtern, was eine Menge mit der modernen Art der Baulandnutzung an den Siedlungsrändern der Kommunen zu tun hat. Früher faserten diese Ränder in die Landschaft hinein auf, mit heruntergekommenen Gehöften und Scheunenbehausungen, wie ein alter Teppich in Auflösung. Verwahrloste, wildwuchernde Obsthaine boten manchem Lebenskünstler Schutz. In solchen Parzellen gab es daher einen soliden, versteckten Reichtum an Niederwild. Die Fasanen fielen gerne in solche Hausgärten ein und suchten sich dort ihre Schlafbäume. Gewitzte Pfälzer hatten – verbotenerweise, versteht sich – damit das ganze Jahr über Wild auf dem Speisezettel. Sie brauchten nur nachts vor die Tür zu gehen und sich einen oder zwei Fasane vom Schlafbaum zu holen – was sie auch taten. Die Fleischversorgung funktionierte solcherart unauffälligst und billigst. Lediglich besondere Festtage veranlaßten einen Gang zum Metzger, um etwas Abwechslung in den Küchenzettel zu bringen. Schonzeit kannte man nicht und übte man nicht. Mancherorts war das routinierte Gewohnheit, eine leise, verschwiegene Gewohnheit, denn die Dörfler hatten unter sich ihren eigenen Kodex.

Beim Nachmittagstreiben erhielt ich einen Stand zugewiesen, der außerhalb der regelmäßigen Weingartenzeilen lag, direkt neben dem gepflegten Stück einer Torbogenruine. Ich hatte größeres Schußfeld und so Muße, mir das alte Mauerwerk ein bißchen näher anzusehen. Eine Inschrift klärte auf. „Schreinshausen“ stand da in großen Antiklettern. Und darunter: „Die Geschichte deckt ihren Mantel über Werden und Vergehen!“ Ich stand vor dem spärlichen steinernen Rest eines Ortes zwischen Mußbach und

Meckenheim, der im Dreißigjährigen Krieg untergegangen war, eines von Deutschlands „verstorbenen“ Dörfern. Ein halber Torbogen erinnert an die verbrannte Erde einer mörderischen Zeit. Die Menschen mochten die Wüstung nicht wieder besiedeln und überließen es der Weinrebe, diesem Ort neues Leben zu bringen.

Ich sah nichts. Von fern, aus einem stillen Winkel, hallte gedämpft der Schall einiger Schüsse zu mir her. Damit hatte es sich. Die Pächter verzichteten auf das vorgesehene vierte Treiben.

Auf der Strecke dieses Jagdtages lagen am Abend, und das bei mehr als 50 Gewehren, schließlich 29 Hasen, 1 Kaninchen, 8 Fasanhahnen – und kein Fuchs.

In diesem Landstrich gehört es nicht zu den festen Bräuchen, beim anschließenden Schüsseltreiben ein Jagdgericht abzuhalten. Ausnahmsweise fand aber gerade nach diesem Jagdtag eines statt; aus erzieherischen Gründen und in vereinfachter Form, galt es ja, den Nachwuchs beizeiten auf die Fehler aufmerksam zu machen, die zwar immer wieder unterlaufen, aber tunlichst vermieden werden sollen. Zwei leicht Schußhitzige – das giftige Wort von unverbesserlichen Aasjägern machte die Runde – hatten ihre Hasen auf zwei, drei Meter beschossen und damit zu Haschee verarbeitet. Natürlich wurden diese zum vollen Preis den Schützen übergeben. Damit nicht genug, ließ die Jagdgesellschaft die beiden zu einem Fuchsansitz in der nächsten Vollmondnacht verdonnern.

Wer in Zukunft hier mitjagen wollte, mußte sich einem solchen Urteil unterwerfen.

Das schadenfrohe Gelächter stärkte dem Richter das Rückgrat. Einmal im Zuge und weil es so gut ging, verknackte er gleich einen weiteren Jäger zum nächtlichen Fuchsansitz. Der wußte nicht recht, wie ihm geschah.

„Wieso ich?“ begehrte er zu wissen, hatte er ja den ganzen

Tag über sein Augenmerk mehr einer attraktiven Jägerin als der Jagd gewidmet und nicht einmal einen Schuß abgegeben.

„Weil du deinen Stand verlassen hast, um dich mit deiner Nachbarin zu unterhalten. Solche Sünden dürfen nicht ungestraft bleiben. An deinem Stand, den du so leichtsinnig verließest, suchte der einzige Fuchs des Tages unbeschossen das Weite. Ja, mein Lieber, Raubwild erfordert eben Aufmerksamkeit, da darf man sich nicht einmal durch eine hübsche Nachbarin ablenken lassen!"